走近大思想家

Madeleine Lazard

蒙田传

〔法〕马德兰·拉扎尔 著 马振骋 译

上海人民出版社

Voicy du grand Montaigne vne entiere figure,
Le Peinctre a peinct le corps et luymesme l'esprit:
Le premier par son art egale la Nature,
Le second la surpasse en toutce qu'il escrit.
Thomas de Leu fecit.

蒙田肖像

蒙田城堡

拉博埃西雕像

卡特林·德·美第奇　　　　　　亨利·德·那瓦尔国王（亨利四世）

亨利二世

玛格丽特·德·瓦卢瓦（玛戈王后）

洛蕾特圣母院

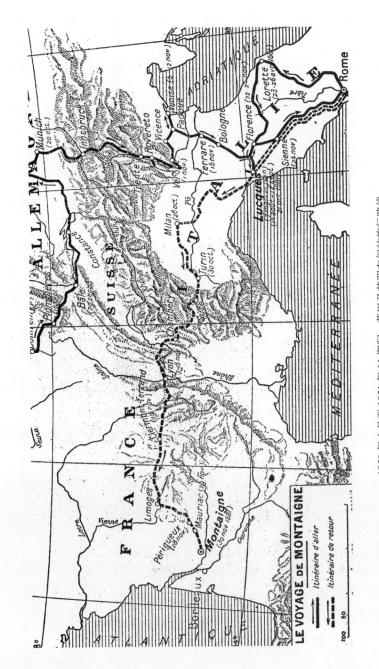

LE VOYAGE DE MONTAIGNE

Itinéraire d'aller
Itinéraire de retour

1850 年 6 月至 1851 年 11 期间，蒙田及其朋友们的旅行路线

马蒂尼翁元帅

瘟疫（版画）

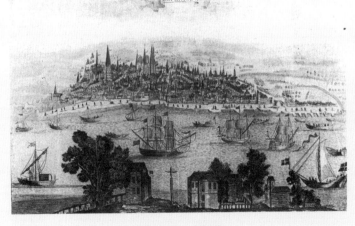

波尔多城市图

波尔多景色（版画）

玛丽·德·古内肖像

蒙田陵墓

位于波尔多市中心广场的蒙田雕像

目 录

前　言

　　蒙田这人只写过一部书:《随笔集》。但这是法国文学中独一无二的一部书,其成功历经几个世纪而不衰。理由则是各种各样的,根据读者所处的世代对他这部作品与个人形象而定的。

　　对十七世纪的读者来说,这是正人君子的经书或怀疑论者的手册;对十八世纪的哲学家来说,这是批评精神和拒绝极端的体现;激烈的保守主义者的作品或解放者与革命者的颠覆性书籍,明智书,格言集,一种学说的表述,纯然的艺术作品,对于《随笔集》提出了或者推翻了各种各样的阐述。

　　作者本人有没有预见到竟有这么头绪纷繁的阅读? 无疑是有过的,而且还在一旁偷着乐,既然他肯定每人都有权利在一部书中去读出作者可能没有说的东西。

　　一篇开放性与流动性的文章,其阐述与结构尤其引起评论界的注意。作品相对于"作者"来说得到了更多的关注。然而纪德说,《随笔集》的成功若不是作者超逸的人格魅力,那是无法解释的。一部作品经过四个世纪还是青春常驻,除了本身具有无与伦比的价值以外,不能脱离米歇尔·德·蒙田的生平与人品,他屡次三番强调自己是他这部书的"素材"。把素材与《随笔集》相对照,这对于结合历史背景来理解作品,认识作者一生经历的这个"病态时代",都是必要的。尤其那个时代的重大事件无不在《随笔集》里有所反映,明显看出他的生平与重大时事息息相关,从而这类参照更能说明问题。

他的同时代人没有一个认为给他写一部传记是有必要的。包括他晚年最亲近的友人皮埃尔·德·勃拉赫,历史学家、政论家、继蒙田在高等法院任顾问一职的弗洛里蒙·德·雷蒙,他的学生皮埃尔·夏隆,波尔多纪年史家戈弗勒托,他的义女玛丽·德·古内——她又是那么珍视蒙田的作品以及对他的回忆。

据拉克鲁瓦·杜·曼恩的说法,蒙田把《随笔集》呈献给亨利三世,获得他的赞扬,就是这样回答国王的:"陛下,既然我的书王上读了高兴,这也是臣子的本分,这里面说的无非是我的生平与行为而已。"

只是到了十九世纪中叶,才有人认真考虑写一部蒙田的传记。在那时以前仅是在他的作品摘录几段放在《随笔集》的书前。一七七○年普吕尼神父发现蒙田《意大利之旅》手稿;一九四八年发表由默尼埃·德·盖隆出版,伯特尔编的《历代同日大事记》上的蒙田家庭纪事;一八五五年发表帕扬博士编辑的《蒙田未刊印或鲜为人知的资料》;波尔多人泰奥菲勒·马尔沃赞对蒙田所作的家世研究,才使人们对《随笔集》的作者有一个较全面的认识。博纳丰也据此在一八九三年推出第一部综合性传记。弗莱姆、特兰凯对蒙田的最近几部传记作出了决定性的贡献,但是蒙田这位作家既是一个行动家,一名官员,一个军人,一位外交家,又当过那个时代最显赫人物的顾问,还是在他的生平中留下了不少不明不白的地方。

蒙田在《随笔集》里有不少篇幅谈到自己,谈到他的兴趣,谈到他在公众生活、私人生活、把他卷入的重大事件中的反应与行为。因而玛丽·德·古内对十七世纪初《随笔集》卷首的这篇作者生平,可能表示"很不以为然","对米歇尔·德·蒙田领主的一生不用多说,从他本人的著作中搜集即可",因为她认为"书中材料足够完整"。

蒙田在作品中，尤其在第三卷的十三章中，对自己都有零星实际的描述，但是不管关于个人的信息多么多，他总是没有写过回忆录和自传。他保证说到自己忠诚老实，让人看到"处于日常自然状态的蒙田"，但是他没有保证把他的一生事无巨细都说出来。

他还是个非常谨慎的人。《随笔集》很少提到日期。他影射的时事，提到的人物，经常难以确定，因为他是匿名使用这些人与事，作为阐述自己言论的例证。他对待自己生活的情境也是如此。对于那么一个热爱生活、说话真实的人，大家暂且不对他的诚恳表示怀疑；然而也可问一问，对于蒙田作为史官对自己某些生活阶段的证词，他对往事不可避免的曲解或理想化，不确切或不由自主的遗忘，可以予以多少信任，因为他还是个经常抱怨自己记忆欠佳的人，一个做事有意违情悖理的人，一个爱作出惊人之举的人。

当他说到自己，他要让人认识的不是他这个人。而是据图尔农的说法，是"蒙田对自己看法的反映"，不是目光扫过的对象。他要做的是研究他的精神，"深入漆黑一团的心灵角落"。他说："我要写的不是我的一举一动，而是我和我的本质。"

把《随笔集》说成是一部简单的个人内省作品，那是大大缩小了它的内涵。自画像只是其中的一个组成部分。作者提出的不是别的，只是他的"奇思异想"，他袒露的只是他的个人信念。他愿意公之于众的只是他对自己的良心与判断力问题方面的证词。他把话通过某个古人、某个当代人或以自己的名义来说，这都是无关紧要的。从而有这样的说法："在这里，我的书与我亦步亦趋，一致前进。别的书里，大家可以撇开作者不谈，只对作品说长道短。这部书里不行，谁动了一个，也动了另一个。"

因而，《随笔集》包含的远不止是一部传记，即使像维莱所说的那样，蒙田的生命与《随笔集》的生命平行前进，相互离得很近。

他是我们文学中最令人神往、最令人迷恋的作家之一，了解他丰富多彩的人生阅历，必然帮助我们去发现或再发现他那部唯一的——据不伦瑞克说——还是天下最奇妙的书。也消除那些根深蒂固的至今还在歪曲作者为人的传说。《随笔集》的内容丰富多彩，不是也引起了那么多相互矛盾的看法吗？　隐身在象牙之塔中的怀疑论者，自私还是慷慨，怯懦还是勇敢，野心家还是笑容可掬的智者，懒洋洋的乡绅还是拿武器的神学家，斯多葛还是伊壁鸠鲁的信徒，虔诚的基督徒还是戴了面具的自由派，笃信不疑的天主教徒还是宗教改革的同情者，思想开朗的乐天派还是害怕发疯的抑郁症者？　人们给米歇尔·德·蒙田的画像，跟对《随笔集》的阐述一样五花八门。

　　瓦莱里说，"不论是一个人还是一篇文章，还有什么比引起相互矛盾的看法更荣耀呢？"如果他的话是可以相信的话，蒙田的荣耀是确立无疑的，而且还会长期存在。他一生的历史无论如何可以促使我们去更好解释他这个人，鼓动我们去阅读一部"与作者是同质同体的"书。

从"美好的十六世纪"到内战前夕

蒙田在《随笔集》中说,"我出生在一五三三年二月最后一天,介于十一时和中午之间,如我们现在的算法,一月为一年之始。"他也是这样用拉丁语写在米歇尔·伯特尔(也称《伯特尔》)编的《历代同日大事记》,这既是历史备忘录也是记事本,对蒙田与他的家庭是作为家庭纪事册使用的。凡是管理良好的庄园的主人都有一本,蒙田也不例外;庄园主逐日记载家事,诞生、婚礼、死亡,也当作账本,记录买卖、收支、许多需要注意的情境与特殊事项。一年中每天都留出一页,附有日期标志(月份、日历),与罗马、希腊、希伯来历法相对应的日子,这份历代同日大事记可以用于任何哪一年。后面还有一份简表,记录纪元前六世纪以来在某天发生的重要事件。与印刷页相对的有一页空白页,这里用于个人记录。

在蒙田的《伯特尔》二月二十八日那页,有一条拉丁语记事(那是他诞生后很久添加的),明确说到他诞生于波尔多和佩里戈尔地区交界处,这里成为法国领土仅四分之三世纪,在此之前居民长期处于英国统治之下。从十二世纪中间到十五世纪中间,也就是说从阿基坦的阿利埃诺尔与亨利·普朗塔热内成婚到百年战争末期英国人被逐出法国以前,波尔多是英国居耶纳省的首府。一四五一年被法国人征服,然而一四五二年当"我们的塔尔伯"(蒙田这样称呼他)在此登陆重新收复居耶纳时,城市又归

1

附他。这座城市最初对新主人抱着抗拒敌视的态度，在路易十一治下收回了它的种种特权，但是思想上还保持对从前的忠贞。蒙田家庭（是他跟我们说的）那时与英国家庭有联姻，这门"源远流长的亲戚关系"尚有迹可寻。

如果说蒙田城堡是他的诞生和度过一部分人生的地方，波尔多则是他祖先的城市（然而还不及巴黎或罗马那样使他心仪），他在那里读书和当市长。在十六世纪，加斯科涅从广义来说包括波尔多地区、蒙田城堡地区、讲既接近法语也接近西班牙语的加斯科涅方言的西南部。因而对于蒙田理解的广义加斯科涅人来说，法兰西是指法国北部和法兰西民族。此外，加斯科涅在一五二六年后变成昂古莱姆的玛格丽特的封邑后，才与法国王室的关系密切起来。由于那瓦尔王后在内拉克朝廷的影响，把福音传至居耶纳，而波尔多仍是个天主教城市。蒙田如同他的同乡，在感情上自始至终首先是佩里戈尔人，他说只是因巴黎才认为自己是法国人。（他是用法语书写的作家，他对于生动朝气的加斯科涅方言很有体会，但是却不会讲）。可是，在那个时代，归属于一个省比归属于一个国家还更重要，龙沙在他的作品上签名是"旺多姆龙沙"，布朗托姆很自豪是个加斯科涅人，自我标榜与法国人有别，蒙田在《随笔集》只签上自己的名字，出于他的文学活动与政治任务，自觉既是佩里戈尔人，也是法国人。

蒙田一五七〇年给老同学加斯东·保尔·德·弗瓦的一封信中，他在拉博埃西的诗歌上题词献给他，明显表现了加斯科涅人的地区主义思想：他认为"那里的人"（指北方的法国人）对于延缓这些诗篇的出版是有责任的，他们觉得作品"不够晶莹光润"，在他们看来"用大众语言（也就是说法语）书写的东西不会不显得粗鄙俚俗"。这是为了维护加斯科涅人的声誉和抵制北方法国人的强权作风，蒙田要求保尔·德·弗瓦来声援拉博埃西的诗歌。

蒙田生于弗朗索瓦一世治下，那个时代历史学家称为"美好的十六世纪",它开启了现代社会,实际上也就是从十五世纪最后几年到一五六〇年左右。而他那一代人生活在这个世纪的下半叶,政治与宗教的冲突令人惶惶不安,血腥的内战连绵不断,这是法国历史上最黑暗的时期之一。这一代人看到了文艺复兴梦想的破灭。但是它的特点是在人生的欢乐中保持了人文主义的希望;兴起于意大利的对知识艺术文化的崇尚,在这位骑士国王登位初期的法国王宫里大放异彩——这是伊拉斯谟主义与意大利文艺精神的结合。

由于大胆的远洋航行,新疆土的发现拓展了已知的世界。一五二四年,佛罗里达被韦拉扎诺开发,后又命名为弗朗西斯科,"献给我们的弗朗索瓦国王"。一五二八年,对巴西图皮南巴人进行新长征。雅克·卡地亚的旅行给法国开拓了加拿大。尤其美洲走进了旧大陆的历史与生活,引起一种好奇心,既有黄金国的神话,也看到国家与种族的多样性,然而由于征服者骇人听闻的暴力以后,发现之后不久随即遭到毁灭。

在法国,人口增长、封建制衰落,这带来更为激烈的城市集中和社会变动;经济繁荣(主要是农业经济)、货币流通、金钱日益增长的权力,伴随着一种真正的思想转变,当然还仅限于一部分精英人物中间。

随着一四五〇年印刷术的发明,书籍不再是价格昂贵的手稿,仅被知识专业人员和社会精英占有。它走出修道院和大学,走进亲王的宫廷,甚至布尔乔亚的家庭。印刷术毫无疑义不仅仅为新文化服务,还可以让民间作品、故事和历书在市上流通。据布代的说法,它不久变成"唤起民智、促进文化的强大工具",人文主义者赞扬它是"第十位缪斯"。斜字体印刷不久战胜了哥特体印刷。它改变了学院工作,因为它摆脱了教学的权威,允许进行独自的思索。但是民间书籍在以后很长时间内还是用哥特体印刷的。

意大利文明给法国文艺复兴带来最初的动力。意大利战争让法国军队发现一种新的艺术观与人生观,今日我们对这点没有那么重视。它们对皮

3

埃尔·埃康的人格培养无疑起了决定性作用。但是意大利与法国的接触是通过各种各样文化与社会交流而建立的，大批旅行者：学生、外交官、教士、艺术家、商人在两国之间来来往往。经济交易数额巨大。在法国的意大利人远远超过在半岛上的法国战士，有商人、银行家、在里昂落户的印刷工、在巴黎大学教书的学者、在国王军队里的工程师。

一五三〇年代好像标志了人文主义的凯旋。回归正统的拉丁与希腊文艺（文艺"复原"，被拉伯雷称为"人的文艺"）在全欧洲蔓延。蒙田的父亲这一代人意识到自己属于"光明"与"启蒙"的新时代，看到知识的地平线在扩大，这是因为对古代作品与文明有了新的与直接的认识，也因为当时欧洲尤其是意大利和西班牙的文明的贡献。这是文艺复兴的最初时期，拉伯雷一五三二年在《巨人传》第八章大唱赞歌，看到新价值正在树立。

在法国，纪尧姆·布代，欧洲最优秀的希腊学家，是人文主义的泰斗，他看出语文学乃是大众文化的工具，宜于淳化风俗、培养尊严和促进人的幸福。一五三〇年，他从国王那里获准创立皇家学院（未来的法兰西学院）。在这座人文主义的堡垒里，与传统学科并列一起教授新兴学科，如拉丁语（人文主义者的纯粹拉丁语，不是神学院的拉丁语）、希腊语、希伯来语、东方语言，还有医学和数学。这种与以往不同的教育，向大众免费开放，摆脱教育界神学家的控制。不久就引起了对前一个"黑暗时代"象征的"无知的索邦大学"的怀疑。《庞大固埃》与《高康大》的作者拉伯雷是人文主义在兴旺与得宠阶段的最典型代表：这两部书的主题非常庞大，对知识充满渴望，梦想一种包罗万象的学问，让人的天资功能平衡发展，恢复对身体的重视，考虑进步，热爱各种形式的生命。按照古代的教诲，智慧的目的是让人讲究尊严，在智力、美学和道德上达到完美。

对人的理智要有信任，在此基础上建立达到幸福和让世界自然和谐的愿望，这才是精神生活的启迪者。这样，方兴未艾的运动结合了知识人文主义的目标与普世人文主义的目标：把人作为一切知识领域研究的中心课题，目的是保证他全面充分发展。

这种人文主义智慧完全是世俗的、人性的，既不是异教的，也不是享乐主义者的。文艺复兴曾是一个具有强烈宗教热忱的时代。从与人文主义同出一辙的精神运动出发，产生了要从内部改造教会的愿望，要回归到福音书的根源，需要纯洁信仰，拒绝迷信和附加在传统上的形式主义（如教皇、主教会议、圣师的决定）。这是拉伯雷所说的"人的制度"，它们随着时间，歪曲和破坏了《圣经》的教诲。

福音主义，尽管意在净化风俗与学说，依然忠于内省的天主教义，经常带有神秘色彩，归结于几条简单的教条。但是它准备与教廷决裂。人文主义者起初倾向于改革派，在这方面对正统派有所怀疑，像伊拉斯谟（路德曾长时期希望争取他同意自己的学说），但是他们大多数人敌视路德，后来又敌视加尔文。福音主义自然地对索邦大学的神学家抱有戒心，尤其那些人手握可怕的审查权而更加可恨。最高法院直接或者申报把异端分子判处火刑。

但是在一五三〇年前后，那是人文主义者与福音派阵营乐观的时刻。骑士国王弗朗索瓦一世热爱一切身心的锻炼，本人又是诗人，挺身扶助作家、学者、意大利和法国艺术家（达芬奇、塞里尼），把他们召入宫内。他是"文艺之父"，接受新思想，参加人文主义运动，鼓励进步事物，首先保护他们抵挡敌人。昂古莱姆的玛格丽特是那瓦尔王后，国王的姐姐，她发挥的作用更加有效。她的求知欲与文化推广活动受到她这个时代的所有文人的赞扬。她接受当时的任何倾向与任何运动，本人又积极参加社交生活与政治事务。人文主义者与"优秀传道士"有了这位保护人，由布里索纳主教主持的莫城小组有了这样的友人，福音主义好像胜券在握。

荷兰人伊拉斯谟（1462—1536），是他这代人的真正思想导师，现代精神的伟大先驱之一，独领时代风骚。拉伯雷在一五三二年写信对伊拉斯谟说："您对我既是个父亲也是个母亲。"蒙田则这样对我们说：我若在从前见到他，很难"不认为他对妻子和仆人说话也是满口警句与格言"。他是《家常话》与《愚人颂》的作者，《新约全书》拉丁语版的译者，宣扬的一种人文主义，是结合了宗教传统和希腊与罗马世俗文化，肯定自己对人的信念，强调有条不紊的教育的重要性，探索大人物的权力与任务，愿做宣扬宽容与和平主义的使徒。我们以后看到伊拉斯谟的思想对于皮埃尔·埃康和他的儿子的培养有多么重要。

这世纪的最初三分之一时间，显得像个喜气洋洋的文艺复兴，历史学家笔下"美好的十六世纪"，随后则是危机时代，既是欧洲良心也是法国良心的危机时代。这是个光辉灿烂的时代，既然知识更新、艺术、宗教各方面运动节节胜利，使布代、勒菲弗·德·埃塔普勒、那瓦尔的玛格丽特、马罗、拉伯雷这一代人兴高采烈。法国的人文主义保证了古代文化广泛流传，与伊拉斯谟的拉丁人文主义密不可分，直到一五三〇年左右。他保持了一种欧洲特征，显示强烈的参与欲望。他从事的斗争最后都取得胜利，给他在朝廷里和学院里赢来了一些同盟者（科克雷和勒穆瓦纳红衣主教学院。第一家耶稣会学院在一五六二年才建立）。艾蒂安·多莱把翻译提高成了文学作品，使古代文献得到推广。翻译同时又促进了法语的发展（维莱科特雷敕令公布于一五三九年），后来代替了拉丁语这个典型的人文主义语言。拉伯雷和那瓦尔的玛格丽特是这种法语人文主义的最具有代表性的作家，伊拉斯谟和勒菲弗的后继者。

当伊拉斯谟和勒菲弗两人在一五三六年逝世时，新思想的敌对者没有放下武器。将近一五二五年，福音主义好像能够把基督教人文主义者团结在一起。但是教会立场变得强硬，行政权力敌视宗教改革造成的政治后果，从而带来不宽容，抑制了人文主义的发展势头，使它的领域仅限于世俗文化方面。

伊拉斯谟倡导的知识改革归于失败。一五二九年，他的译者路易·

德·贝尔坎被索邦大学判处死刑，由最高法院下令烧死。一五三四年，伊拉斯谟号召"教会大同"，被宣布为"罗马教廷的公敌"。蒙田出生后一年，发生"揭帖事件"（1534年10月17—18日），让弗朗索瓦一世改变了态度。在安布瓦兹国王寝宫门前张贴猛烈攻击教皇弥撒的宣言，使国王下决心放弃教会大同和宽容政策。他以前对福音主义人文学者有好感，这时决定严惩那些创新派，那些人在宗教上提倡改革，但是依然效忠于王室。今有人冒犯国王的人身和威望，使他担心在政治领域引起分裂。对福音派和路德派的镇压说来就来。有人（二十一人，其中几名是印刷商）被押往火刑场；许多人流亡国外（马罗逃往弗拉拉，得到法国的勒妮的庇护，加尔文潜至巴塞尔）。从一五三五年起，异端分子在巴黎、鲁昂、埃克斯、波尔多被烧死。印刷厂立刻被罚停业（具体措施延至一月后），深受猜疑，经常有人向宗教和政治当局告密，这方面的权威因城市不同而有强弱的区别（在巴黎，国王以及高等法院和神学院都可以惩罚，而里昂没有后面两个机构）。斯克里希强调一五三五年一月十三到十四日（在巴黎揭下了告示），镇压更加残酷。可是时间不长。国王的政策摇摆不定，在一五三五年采纳与德国基督教亲王联盟，反对天主教皇帝查理五世，造成人们心中无所适从。弗朗索瓦一世不久又与土耳其结盟，是不是还对宗教的正统性忠贞不渝呢？他不妥协首先还是在于维护自己的威望，害怕有一场政治阴谋。接着几年他的态度愈来愈不妥协，尤其一五三八年国王去埃格-莫特跟查理五世举行会晤时。他的王朝末期镇压措施变本加厉，这要等到一五五〇年代才奏效，然而那时欧洲政治气候充满不安。

　　人文主义者很快失去他们的地盘。一五四〇年代对异端的镇压更上了一个新阶段。从一五四三年（新历）以后，索邦大学的二十六条宗教法成为国家法。从一五三四年生效的车轮刑屡见不鲜。一五三九年，旨在镇压新教徒的"先决问题"正式成为法律。加尔文外逃。从一五四一年起，他在日内瓦当上了与罗马天主教会分庭抗礼的一个教会领袖，跟他的敌手一样毫不妥协。

一五四五年，梅林多尔伏多瓦教派信徒被判异端而遭屠杀；卡布里埃尔遭洗劫，这是累及至少十二座村子的大事件；一五四六年莫城十四人自焚，在莫贝尔广场竖起了焚烧艾蒂安·多莱的火刑架。

亨利二世登位加强镇压，一五四七年在巴黎高等法院内成立火焰法庭，在外省大城市也成立了其他六所。巴黎的火焰法庭在一五四八年停止了活动，那时把异端审判与其他刑事审判合并。这些对付亵渎神明者、更经常是针对宗教纪律松懈的镇压措施，在纪尧姆·帕拉丹《我们时代的历史》（1552）都有记载，作为王朝初期的重大事件。司法成为教会的附属机构。巴黎裁判所和夏特莱是两座可怕的监狱，在福音派眼中是反异端、恶警察、恶司法的两个象征，在拉伯雷《第四书》加那丹岛那段故事都有所提及。拉伯雷在他的四部作品中先后语调的改变，明白地反映了人文主义的这次危机。前面两部属于希望与热忱的时期，而后两部则不同，痛斥不宽容，在时代的苦难面前表现出无可奈何的审慎。

一五五一年，发布夏多布里昂敕令（6 月 27 日），目标是"剔除异端的毒虫"，规定了针对嫌疑分子的四十六条法令。

可能协商调解的希望从此破灭。两方面僵硬的教条正在准备武装冲突。此外正在酝酿的一场经济危机其严重性也不见得稍好。国家财政情况非常糟糕；国王无法面对他的国库空虚；一场货币危机影响到整个欧洲。贫困引起罢工与暴动。一五四八年居耶纳反抗强加的盐税发起暴动，接着遭到蒙莫朗西和吉兹的残酷镇压。

亨利二世登位后最初几年同样实行一种法国天主教政策。国王对教皇的敌视日益加深，大家指责他行事经常更像个世俗君主而不是宗教领袖。亨利二世抱着非常正统古板的天主教理念，把异端与改革者都看作是敌人，对教皇在宗教方面的作为毫不敌视，但是拒绝他干预主教任命和法国教会司法权。他尤其生气的是必须给罗马教廷送上大笔巨款。

8

一五五一年，法国与教皇谈判帕尔马事件：尤利乌斯三世要从屋大维·法尔内斯手中取回帕尔马公国，把它交给查理五世。亨利二世派军队支援与他订立过条约的屋大维。法国国王与教皇的关系非常紧张，法国天主教徒的愤怒似乎预示迫在眉睫的分裂。亨利二世于是对异端显得更加严厉（与教皇闹得不可开交时，他签下了夏多布里昂敕令），他的目的要天主教徒安心，要他们相信即使发生分裂，也像在英国那样不会有异端的麻烦。

经过双方让步后，圣座与法国国王之间后来建立了关系。以前那些出头露面维护国王政策、跟教廷作对的人变成了可疑分子，受到审查。

对于"我们父辈的时代"，弗朗索瓦一世王朝的辉煌，宫廷的奢华，意大利战争年代，伊拉斯谟的胜利，《随笔集》既不表示伤感也不怀旧。显然蒙田只是通过其他人的叙述和自己的阅读才有所了解。但是他与很多同时代人不同的是，他不会为了获取一个令人欣慰的形象把过去理想化，他自己的少年时代是在内战的灾难中度过的，他对那个时代只是简略地提到几笔。"美好的十六世纪"的形象，新知识的光辉，是通过他的父亲而得来的，父亲"沾染了这份新的对文艺的热忱"，慷慨结交博学之士，延请在家。蒙田又从他们身边接受人文主义的遗产，过滤、评审、深化在他的《随笔集》里，尽管他那个时代内战频仍，反改革卷土重来，混乱恐怖，他的作品里还是洋溢着来自先哲对精神生活的热爱与对人的信念。

家世渊源：埃康家族与卢普家族

"从前我的祖先也称埃康（Eyquem）"，蒙田在随笔《论荣誉》中告诉我们说。他的书中唯有在这里提到了他父亲祖先的名字。在他的《伯特尔》里又说起，二月二十八日，米歇尔（埃康）·德·蒙田诞生于波尔多和佩里戈尔地区交界处的蒙田祖居里，其尊贵的父母为皮埃尔（埃康）·德·蒙田和安多纳特·德·卢普。埃康这个父姓划掉两次。这一下子表明了他的祖姓与他要忘掉它的意愿。如果说蒙田指出他的家庭的贵族身份，那么埃康就显示出他祖先是平民出身。米歇尔是家族中第一人在父亲（1568）过世后，尤其在自己离开公职后，放弃祖上这个"别名"（在十六世纪别名指家姓，而姓氏指名字）。当他穿上长袍时，已经用米歇尔·德·蒙田签名了。他从不放过一次机会让自己的"家族"显出最光彩的一面。提到建造在他的采邑上的城堡、"他的祖居"时，他说这是他的、也是他的大部分祖先的诞生地，其实他的父亲才是他这一支中第一个在此出生的。他还说起他的纹章是"蓝底上洒满金色三叶草，中间是一只金色狮爪子，四周环绕唇形花"。

他这种贵族虚荣心常遭人物议，但是完全正当的。埃康家族社会地位上升，跻身于贵族，按照当时实行的一种按部就班的程序一步步完成的。十世纪末在居耶纳出现埃康（Ayquem）的姓氏。在十六世纪中叶以前还没有写成 Eyquem 的。这词的来源不确定。是不是加斯科涅形式的同义词和对偶词，来自约希姆这个名字呢？ 约希姆是进入了《圣经》的人物名单的，基督徒用得很广。弗莱姆与特兰凯的意见相左，他认为与闪米特语词源相像。多扎排斥这个想法，看出其中的日耳曼语原型，由两个元素组成：第一，Aic 或 Aig，意义有待讨论；第二，Helm，"头盔、帽子"，组成熟悉的名字（如 Guilhem）。他否定这来自以色列根源的推测，说这类名字，就像一切洗礼时的古代名字一样，不是用在以色列人身上的，尤其在那个家族名字已经形成的时候。据他说，Eyquem 完全是个标准的加斯科涅老名字，在当地使用年代久远，毋庸置疑。在离波尔多不远的默多克境内布兰克福四周，还有整个居耶纳地区，可以寻找到许多"埃康"的痕迹（将近三百家）。这些家庭毫无亲缘关系，分布在各个社会阶层。

据特兰凯说，布兰克福的埃康从前是农奴，赎身以后，上升为波尔多商业布尔乔亚。据弗莱姆说，他没那么肯定，从十三世纪到十六世纪，许多小地主住在波尔多附近，其中有一支大族定居在了城里，主要在鲁塞尔路，那是腌鱼与菘蓝买卖出口中心。这些从前的农民变成了"波尔多布尔乔亚"（附有重要特权），名声与财富双丰收。有一位鲁塞拉的皮埃尔·埃康，在一三五七年当了市政官，可能是作家蒙田的祖先。

拉蒙·埃康，蒙田的曾祖父，是家族的创业人。他生于一四〇二年。他的曾孙亲自给他填上出生年月，意识到他在家庭兴旺史中起了决定性作用。他出生在布兰克福，早年丧父，在两位长辈身边得到坚强的支持。如果说加亚尔·埃康保证他受职业教育，他的舅舅拉蒙·德·科雅克是富商、大产业主，吸收他从事他的职业，他没有后裔，让他当了继承人。拉蒙·德·科雅克在一四六二年去世时，拉蒙·埃康知道怎样使家道兴隆。有人误传说他是船东。事实上他是个精明的出口商。他凭自己是富有的继承人，在一四五〇年跟另一位财富不亚于他的女继承人联姻，伊莎博·德·费莱涅的家庭在波尔多社会地位很高。一四七七年，拉蒙把女儿佩兰

11

格琳嫁给莫里昂领主让·安德龙·德·朗萨克，她这样进入了一个古老的佩剑贵族家庭。两个月后，十月十日，他购买了蒙田这块大宅第，这是蒙特拉韦男爵的附属封地，属于波尔多主教收入的一部分（因而蒙特拉韦贵族土地的业主必须向波尔多大主教宣誓效忠）。这座庄园坐落在佩里戈尔一块高地上，蒙田①这个名字也就是这么来的。它与居耶纳接壤，在多尔多涅与利多瓦之间，原来是蒙田的一户人家拥有的，这家的继承人安杰维在十六世纪娶了一位吉东·德·贝尔贝，这样由某位纪尧姆·迪布瓦购买的两块贵族田地合并一起了。后者跟克莱蒙领主交易，领主无法在指定日期付款。拉蒙·埃康能够当场现金购买蒙田封邑，还包括与封邑相连接的贝尔贝贵族房屋，价格不变。十一月三十日，拉蒙按照传统的礼仪去接收房屋。他由纪尧姆·迪布瓦陪同进屋，迪布瓦随即立刻退出；他打开门上的插销，坐到桌前，尽情喝酒吃东西。随后他的佃农鱼贯而入，手按《福音书》向他们的领主宣誓对他效忠效力。

拉蒙不久在一四七八年六月十一日去世。购买贵族房屋对于埃康一家的命运是决定性的。这是上升当贵族的第一步。庄园很一般，包括一幢正方形大平房，东面是凸肚型的哨亭，西面是两座圆的塔楼。拉蒙购买的地产就是这块佩里戈尔的小封邑，自后由他的后人购买土地联成一片。米歇尔后来要说他家的贵族身份由来已久，命运对他们的家庭若有赠礼，"那是在我之前一百多年的事了"。然而要使这个身份合情合理那必须把时间延后一个世纪。

拉蒙的遗嘱证明他的虔诚；他在七十五岁时还表示要去圣地亚哥·德·孔波斯特拉朝圣，给宗教慈善机构捐赠大笔款子。他也证明他对道德价值的尊重，他对帮助过他的事业的人表示感激。这里可以看出曾祖父与曾孙之间性格相像之处：同样向往当贵族，同样看重财富，同样怀念亡

---

① 蒙田，古法语 Montaigne，有"山"之意。——译者注

人，同样感激伸出援手的人，同样爱好朝圣和一定程度的慷慨排场。

拉蒙，第一位住在蒙田的埃康，在遗嘱中给两个女儿各一份归于亡夫的遗产，两个儿子格里蒙和皮埃尔则指定为全部受遗赠人。遗嘱书写日期为一四七三年七月五日，在购买贵族房屋以前，大家不知道这块封地是否依然属于共有。平民继承法不承认长子继承权，但是贵族封地归于长子。两位兄弟意味相投，"格里蒙和皮埃尔·埃康，正派人，一对兄弟，圣米迦勒教区商人"（这是当时文件对他们的评价），在父亲的商行里依然同心同德经营。

一四八二年，皮埃尔·埃康过世，没有家室。他的继承出现了一些困难，他的母亲要求在她儿子的遗产中分去一部分。蒙田的祖父格里蒙尽管如此，还是把事业做得兴隆发达，使家庭地位蒸蒸日上。从此他成为波尔多商行的唯一主人，继续居住在城里鲁塞尔街拉蒙·德·科雅克的老宅里，只是加盖了几栋楼，满足不同的商务活动需要，此外还造了一座真正的礼拜堂。他还买下了邻近几幢房子。与他的家相连的那条街不久称为"蒙田街"，他自己也用上蒙田领主的头衔。虽则格里蒙是商人多于是领主，住在波尔多的时间多于住在贵族封地，他还是个不折不扣的显要人物、受人尊敬的布尔乔亚（在法国南部，至少是普罗旺斯，他那时完全作为贵族和商人受到接纳）。从一四八五年起，他是市政官，一五〇三年他是城市负责司法的行政官，他的教区圣器室管理人，受波尔多最高法院委托保管供应葡萄牙国王的胡椒。他跟一家畜牧场合伙，提供大牲口，有机会也发放有息贷款。他出生是布尔乔亚，生活像布尔乔亚，在一四九〇年也娶了个布尔乔亚妻子。雅娜·杜·富尔，富商与市政官格里蒙·杜·富尔的女儿，给他生了三个女儿和五个还是六个儿子。

安分守己的格里蒙在"这个著名的廉洁人圈子里"享有好人的声誉（米歇尔也庆幸自己的出身）。他从教育与活动来说都是平民阶层，他努力工作光耀门第，为了让后代当上贵族。他去世前两年，获得梅里涅克和布利亚克的领主权。他向波尔多大主教宣誓效忠的日期没有个定论。大家不很确切知道他什么时候放弃他在波尔多企业的管理工作，到他的领地过上"贵族般的生活"，一心一意经营他的庄园。他在一五一八年或一五一九年初六十九岁时去世，埋葬在蒙田。

格里蒙细心安排他的孩子的前程和社会地位提升。他们这一代与一切商务活动都切断关系。大女儿玛格丽特嫁给一位布尔乔亚，未来的利布恩市长。两个妹妹，一个嫁给最高法院的一名律师，另一个嫁给国王秘书，无疑都是在父亲亡故以后。长子皮埃尔投身戎马生涯。次子托马·德·圣米迦勒，起初是高等法院律师，从一五二九年起转入教会：任蒙田的圣米迦勒本堂神父，波尔多大主教座堂议事司铎。三子皮埃尔（与长子同名）也是教会传教士。那时候君王朝廷内大臣有相当一部分是从教会中抽调的，任"神职顾问"。托马逝世后，他继任他在圣安德烈和圣瑟兰的本堂神父和议事司铎的职务。他尽管体弱多病，还是活到了六十六岁。雷蒙是四兄弟中最年幼的，先是进入教会，后当律师，在一五三六年任最高法院顾问。他的妻子阿德里安娜·德·拉·夏塞尼，是同为最高法院顾问的若弗鲁瓦的女儿，给他生了两男两女。他自己在一五六三年跟拉博埃西同年逝世。

格里蒙去世时，他的继承人对父亲的企业很少了解，又缺少一份详细的清单，在分割财产时遇到了困难。长子皮埃尔不得不向利奥十世教皇呈递一份请求书，他们不确切知道怎样分割财产，应该依照贵族的还是平民的惯例。埃康兄弟之间协商好像主张按贵族的分割：蒙田的房屋除了几块土地以外全归长子继受，三个弟弟受赠一部分财物，分占布兰克福四周的土地，两个未成年人小皮埃尔和雷蒙则分享鲁塞尔的房屋。

买下一块贵族土地和封邑（为封邑必须宣誓效忠）不意味身份的改变。在一个非常流动、非常容易渗透的社会，至少在最高阶层，封建时代老贵族走向没落，他们的希望在意大利战争中幻灭，看到自己的土地收益逐渐收缩，上升的布尔乔亚拥有足够与其抗衡的财富，急于钻入他们内部，分享他们竭力维护、由法律保障的特权。但是一个平民家庭两代以后可以申请获得贵族身份。首先不可或缺的一步是获取一块贵族土地；然后还要两个条件：等待的时间长短不一，要让人们忘记他以前的平民出身：惯例上不追查到三代以前。因而必须"贵族般生活"，这必须有邻居和地区名流的证词为依据。贵族行为也就是说没有任何违规行动（如手工劳动、经商；但是出售自己土地的产物不是违规）和不用付或不再付人头税。还必须"贵族般处世行事"，这就是说参加贵族集会、佩带宝剑、上前线打仗，妻子穿贵族衣衫。依靠邻居的遗忘或默许，一个家庭可以迅速改变它的境况。据勃鲁赫的说法，这样的贵族被认为是"身份贵族"，但是他们还没有冠上"贵族的姓氏和族徽称号"。这个"贵族"称号是颁给向君王宣誓效忠后的领主的曾孙一代的。

这种封贵族的形式附有沉重的负担、巨大的税额（封邑豁免权）、义无反顾地随领主出征。此外还存在其他晋升贵族的方式，主要履行法官职责。满期后的晋升，只有最富有的人才能办到，从而也最有威望，也较易与世代老贵族融合。

格里蒙的后代后来都当上了贵族，许多证书都称他的幼小孩子为"贵族"或"骑士侍从"。事实上，托马·德·圣米迦勒属于教会，而年轻的皮埃尔是科雅克领主，雷蒙在最高法院当了二十多年顾问，像他的孩子一样也成了贵族，后来成为布萨盖领主。这两位的姓氏不再是单纯的埃康，而是埃康·德·蒙田。

至于长兄皮埃尔，是封邑的第三代所有者，军人，"贵族般"生活，他跻身于贵族更是不用说了。

皮埃尔·埃康是家族中第一人出生在蒙田城堡（1495年9月20日；他的儿子米歇尔在《随笔集》提到这点），也是第一人弃商从戎。他生在这个"空气新鲜、健康的家里"，"这地方非常讲卫生，记忆中传染病即使

15

发生在邻村，也未曾进过家门"。他最初几年在农民家度过，后来给自己的儿子也那样做。格里蒙对儿子的教育都很注意，其中三个幼子读法律以后都得了法学学士学位，不可能对长子的教育不加以监督。皮埃尔是不是在波尔多市立艺术中学读书呢？这是一家普通学校，唯有语法那一门还小有名气。家长操心要让孩子进入高级班学文，一般来说，把他们送到图卢兹，更多是巴黎，然后再让他们进入外省著名大学如奥尔良、普瓦蒂埃、布尔日、图卢兹或蒙彼利埃，继续读法律或医学。如果说格里蒙要长子从军，这是典型的贵族生涯，他是不是认为没有必要给他学扎实的文化课呢？

　　贵族长期以来轻视文化教育，而且还不无得意，知识是给神职人员留着的。但是在人文主义的影响下，渐渐滋生一种新的心态，要做一位完美的贵族，也必须是个"崇尚文艺的"人，那才配得上自己的地位。很长时期大家认为皮埃尔·埃康的文才培养是疏忽和简单的，那还是根据他的儿子明明白白的说法。他的儿子确实说过"他也不比他的前辈具备更多的知识"，还说"他只是受到经验和天性的帮助"。帕扬博士发现埃康在青年时代写的一篇拉丁语文章，叫评论家怀疑米歇尔的说法。诚然上述这篇短诗仅只十句，可以认为仅是"小学生之作"，总之一句话颇为平庸。然而一五一三年在巴黎印刷的那部诗集，里面有他的作品，搜集了诗人老师皮埃莱的巴黎学生的诗篇，这让人相信埃康家的这位长子这个时候住在首都。皮埃尔的诗还是献给让·德·杜拉斯，他是杜拉斯领主让·德·杜尔福的儿子，可能是他的同窗，一四八七年当波尔多市长。这些诗毫不动人，也看出不必有多少才华就能写成。话要说回来，大家知道蒙田，对父亲充满尊敬与感情，为什么要那么贬低他的知识水平呢？但是不管皮埃尔是不是在巴黎受过教育，不管他受的是什么教育，这位青年必然很早表现出热情，此后终生对"有学问的人"充满敬意，持家五十年间与他们慷慨结交。连得他的儿子也说他"沾染了这份新的热诚，像弗朗索瓦一世国王那

16

样崇尚文艺","慷慨结交博学之士,延请在家,奉若圣贤神明,把他们的言论当作神谕。"

他的军旅生活无疑把他最初的学校教育的痕迹都抹去了。但还是能在任何情况下具备"清晰的判断力",这点他的儿子也看在眼里,并认为要超过他对文艺的理解。

年轻贵族的教育通常是在某位显贵家里当青年侍从,"像在一所贵族学校"。蒙田对我们是这样说的。他也是稍后在父亲身边这样培养的。皮埃尔是个没有经过侍从培训的青年贵族,他直接从军,在勤务连队当个刀剑手或弓箭手,这是顺从父亲的意志还是凭自己兴趣选择去过军旅生涯呢? 还是格里蒙在世时他就开始在意大利战争中服役的? 父亲逝世,他回到法国,"皮埃尔·埃康贵人,蒙田领主,骑士侍从",一五一九年九月三十日向波尔多大主教、蒙特拉韦男爵领领主让·德·弗瓦效忠。他的平民身份至此正式取消,约瑟夫·斯卡里杰轻蔑嘲笑蒙田的父亲是"卖鲱鱼的",这话没有根据。他弄错了一个世代。

第二次出发去意大利以前,皮埃尔履行他作为长兄的责任。把他的第三个妹妹布朗基纳嫁给了最高法院的一位律师,督促弟弟的学业,也想到管理自己的产业。他变成蒙田领主,波尔多许多房产、其他土地和葡萄园的业主。家庭正式放弃经商。

关于他随军出征意大利,大家仅止于猜测而已。据他的儿子说,他在洛特雷克指挥下参加了法国军队的入侵。他出现在哪几次战役中呢? 他亲手撰写的"每日志"里面,详细记述所有他参加的战役,"以供大众与私人阅读",可惜此本子已经失传。

他为什么要在意大利逗留十年之久呢? 是为了爱好战争吗? 看起来更像是有意结交愉悦与可以高攀的朋友。斯特罗夫斯基推测他有机会接近弗朗索瓦一世和他的近臣。皮埃尔·埃康跟法国朝廷的关系开始于那个时候吗? 那时他是不是已跟前来博洛尼亚和帕多瓦的著名大学进修的同胞学者有了来往？这是非常可能的。他能够跟意大利人文主义者交谈吗？不管意大利的或者不是意大利的人文主义者，他们对于一个自知文化欠缺的人总是具有同样的迷惑力。意大利的阅历无论如何是深深影响了他，引起他对知识的热爱，他后来竭力要在儿子身上得到实现。这种过分的"敬意"，米歇尔对之亲切地微笑，后来防止自己对文人产生盲目的敬重：他喜欢他们，但"不崇拜他们"，把判断的独立性置于更高的地位。

蒙田领主从此做了一家之主，对家庭观念非常强烈，要关心他的兄弟学习与成家立业，必须督促自己的产业管理，参加战争要求一位贵族付出巨大费用，在意大利的形势又每况愈下，这一切都说服他回到居耶纳，时间大约在一五二八年中。回家以后不久也就结了婚。这位年轻的战士，从意大利安全无恙归来，他的儿子说他彬彬有礼，社交场合应付自如，"在夫人们身边殷勤周到，出于天性也出于习惯"，当贵族没有多久是真的，但是家底厚实，是一门好亲事。人到了三十三岁，对他是该想到子嗣的问题了。他的婚事很快就定了下来。德·维尔纳夫的安东尼·德·卢普（安东尼奥·洛佩兹），西班牙裔，更确切是亚拉冈裔商人，在居耶纳首府财运亨通。他变成了"波尔多布尔乔亚"。他家应该金玉满堂，因为一五二六年四月，弗朗索瓦一世被俘释放归来，是他在家里接待国王、萨伏依的路易丝和阿朗松的玛格丽特公爵夫人。他的兄弟佩德罗也买卖松蓝颜料在图卢兹发了财。这两兄弟娶了法国人迪皮伊家的两姐妹。安东尼·德·卢普的两个女儿俱已成家，无疑才促成他的侄女安多纳特的婚事。婚约在一五二八年一月十五日（即新历一五二九年）签订。蒙田正式对外宣布不论是他还是他的前辈都不追求跟有钱人家结婚。皮埃尔·埃康就是这个情况，他的妻子带来四千里弗尔嫁妆，这笔数目不大。他独自签订婚约。他是不是听了谁的馊主意？未来执行的条款在四十年后造成米歇尔与他的母亲之间裁决困难。

如果说这两户人家的财富起源都是同样有赖于做买卖，条件则不完全相同。在晋升贵族方面，洛佩兹家要比埃康家晚一个世代。蒙田在《伯特尔》里，称自己的父母都是贵族，是不是存心在骗人？ 皮埃尔·德·卢普是不是在女儿出嫁前已是贵族了？ 不过一个平民女子嫁给了一名贵族，的确立刻就成了贵族。

这样缔结的一门亲事后来对蒙田领主来说也不吃亏。洛佩兹一家在商界比他还要老谋深算，他得到他们可贵的支持。安多纳特显出是个无与伦比的女管家。父亲落在继承者名下的一份庄园并不丰厚滋实。皮埃尔实事求是，让城堡停留在原有状态，不寻求扩大和重建。但是他发奋工作，通过购买或交换把他的土地联成一片，以作更好的安排（他的公证人在三十年内做了二百五十份文书），勇气十足地打一切必要的官司。

此外，他慷慨地帮助三位弟弟，在一五三〇年都在最高法院当上律师；努力为圣米迦勒领主托马争取当本堂神父和圣安德烈的议事司铎一职。他的第二份遗嘱证明他对他的弟弟皮埃尔·德·科雅克的绝对信任，后者在一五四六年任波尔多市的检察官，尽心尽力管理长兄的产业。他在遗嘱中还嘱咐他的孩子没有询问他们的叔叔"或者更可说是他们的代父"之前什么都别做。他对幼弟雷蒙的前程同样关心，对布萨盖领主表示同样相互的兄弟情谊。布萨盖也同样支持他的长兄，当他的侄子米歇尔后来成为他的同事时，他也支持他。

这种家风说明埃康家的长子能够维持一种"兄弟的团结"，据蒙田说这是很难实现的，毕竟经过了那么多次的财产分割。拉博埃西临死时还赞扬埃康家的"世代和睦"。米歇尔的父亲非常注重他们四兄弟始终友好相处，在他一五六七年立的遗嘱中对他的长子谆谆告诫，要帮助、支持、提携他的弟弟妹妹，替代他作为他们的父亲。

埃康全家对产业的出色管理，各人的社会成就都做得不同一般，这是蒙田领主赋予了一种非常先进的公民责任感，这点得到他的同胞的认可，既然他历经本市的各个职位：一五三〇年被选为第一市政官和司法官，一五三七年再度当选市政官和担任副市长，一五四六年重新做第一市政官，最后在一五五四年当上波尔多市市长。自从城市的司法权恢复以后，这个官职一直是外省最显赫的领主的特权，如朝廷官员、法国元帅和国王的摄政官。这个显职只是留给短袍贵族的，如此可见埃康家族地位的上升，他们在省里的威望。

这期间，一五四八年反抗盐税的暴动震撼了全城，接着而来的血腥镇压和城市一切特权与权利的取消，迫使皮埃尔·德·蒙田经常到巴黎述职；他在那里为城市辩解，要求恢复失去的特权，包括由全体市政官选举市长的特权，努力工作保护城市的免税措施，减少国家强加的税收，保证城市还处于国王权威之下。这是艰难的任务，他竭尽全力去做。

大家可以由此领会米歇尔·德·蒙田对于家庭传统和家族历史的尊敬。他对我们说，我多么高兴"听到有人对我说到我祖先的习俗、容貌、举止、言谈和命运！我多么专注聆听！对我们的朋友与先人的肖像、服饰形式和族徽纹章不当一回事，这实在来自一种不良的天性。"因而他珍贵地保存着以前属于他们的物件不受年代的磨损，文章、印章、祈祷书、匕首、盔甲、一把"宝剑"，在他的书房里还有父亲平时拿在手里的"长手杖"。他渴望把本人的肖像与记忆留给后人，这与他写《随笔集》的企图心可能不是不相干的。

尤其他在书里留给父亲的位子，满腔热情要表示对他的眷念、崇拜与感激。

皮埃尔·德·蒙田身材不高，但是挺直匀称，面孔好看，皮肤带棕色。尤其令他的儿子羡慕的是精力超过常人，对贵族玩的技艺无不精通。为了训练剑术，他用"灌铅的手杖"锻炼胳臂。为了跑得轻松，跳得灵活，他穿上铁底鞋。他冲刺弹跳能力惊人。米歇尔亲眼目睹，他已六十开外，还穿了棉袍飞身上马，"撑在一根大拇指上纵身跳过桌子"，上楼很少不是一步三四个台阶走进他的房间。蒙田也赞扬他的务实观念：他不是还有意建立一个小信息办事处，找什么官员可以让买家与卖家、主人与佣人相互联系，等等，总之一句话，"大家随时随地需要别人的帮助"？

完美的乡绅，不论步行还是骑马，穿着讲究，对妇女殷勤周到，外表庄重，但是温和，谦逊，语言节制，这都显示他平易近人。如同高康大怀着爱心监督庞大固埃的教育，他关注他的八个孩子，特别是他的长子，提供他们一切条件以求在他们身上实现他的人文主义理想。

如果说他的儿子对于他不懂多少文化却热忱过分觉得好笑，然而对他观察的正确性则赞不绝口。皮埃尔·埃康算不得是个有学问的人，不过真像他儿子所说的那么少教育吗？ 他的学历不论如何浅陋，还是懂得一定的实用拉丁语。他说意大利语和西班牙语。他在意大利战争时有兴趣和有恒心详细记日记。他经常那么乐意接待的博学之士必然丰富他的知识。他对这些客人的言论都当作神谕来听的。宗教改革已由人文主义者传入居耶纳和加斯科涅，首先争取到知识精英；不用怀疑他们中间有些人是赞同宗教改革的。家庭传统、家庭环境（他的两个弟弟是教会人士），与波尔多大主教的藩属关系，在市政府的任职，这一切使他遵照正统的天主教教规生活。但是一五三〇年以后，宗教改革在佩里戈尔的进展，把蒙田城堡置于"动乱中心"；内拉克朝廷散布新思想造成的影响；那瓦尔的玛格丽特的态度，她是异端嫌疑分子和福音派的保护人；波尔多最高法院很大一部分人对改革派的同情，这种种因素在皮埃尔·埃康思想生活的圈子里引起激烈讨论。蒙田强调过父亲对于良心问题的重视。这种热烈的天性根本不可能对宗教纠纷无动于衷，必然在争论中获得一定的神学知识。

他难道在意大利时期已经关心到教育问题，以至把它摆上了议事日程？ 波尔多副市长甚至在怀着父爱去推动以前，已经支持居耶纳中学的建立（在长子出生前六天），给第一任校长犹太裔葡萄牙人安德烈·德·古韦雅颁发入籍证书。在他的市长任上，任命埃利·维内接替古韦雅。当他以市长身份接见波尔多新大主教致辞时，其文案得到同时代人的注目，也说明他不是不懂修辞的。

苏格兰人约翰·吕特福最初在巴黎圣芭布中学就读,从一五五三年到一五五四年夏,在居耶纳中学当了米歇尔的弟弟托马·埃康的个别辅导教师,他提供了一份不说自明的证词。一五五五年波尔多发生瘟疫时,他跟他的学生躲在蒙田,住了好几个月。他寄给圣安德鲁大主教约翰·汉密尔顿的《修辞评论》献辞,日期是一五五五年十一月二十二日于蒙田。这份献辞指出,他在撰写《评论》之前,整整四个月与皮埃尔·埃康一起研究亚里士多德《政治》,争取他与他的儿子托马加入拉谟斯的事业。据他的教师说他很有修养,精通拉丁语与希腊语,拉谟斯创立了知识组织通用方法,那时针对他的教育与哲学意识形态兴起了反拉谟斯运动。很可能吕特福与皮埃尔和托马的谈话也涉及宗教改革引起的宗教问题。米歇尔那时是佩里戈尔援助法院的顾问,也参加了这场谈话吗? 也涉及雷蒙·塞邦的《自然神学》么? 后来皮埃尔·埃康要求儿子把这部书译成法语。波尔多市长后来无疑也投入了当时的知识分子辩论。(米歇尔晚年时是不是想到了父亲而嘲笑那些"文盲老人"?)但是他对人文主义哲学问题有兴趣则是肯定的。

蒙田很惊讶"这滴精液"的遗传力量,它不但决定人的形貌特征,还包含深刻的脾气倾向,自己对父亲传承给他的一切也很自豪。他愿意能够摹仿他,包括像他那样穿黑白两色的衣衫。但是他描述的形象显示了父子之间的对比,同时又允许后者强调自己的特殊身份。皮埃尔直至古稀之年还是显得手脚利落灵敏,这点米歇尔是不具备的。他是个良好的管理人员,当然指"形形色色的家庭事务"方面,喜欢盖房子,却没有把这份管家本领遗传给他的儿子。米歇尔也没有传承到这份"天生的善良",是它保证了埃康一族的团结;也没有传承到这份对公众福利的热忱,它在这个前所未有的"好心与亲切的灵魂"中从不消失。这是对皮埃尔·埃康过分慷慨的性格表示衷心钦佩还是否定呢?

在《随笔集》里，迟迟出现的这个父亲身后形象，总是引起人们最美意的赞扬。他告诉我们蒙田有过"最慈爱的父亲，他直至风烛残年还对人极为宽大"。他提到上帝赐给他的这位好父亲没一次不动情，提出保证他若有儿子，也希望他们有他那样的幸运。大家可以相信这些赞词再三重复，无不同时把自己贬低一番，这里面隐藏一份自卑感。蒙田不论是否意识到，他对父亲有一种负罪感。他愿意向父亲在天之灵赔礼道歉。他不管怎样申明自己喜欢效法他的事例规则，感到荣耀的是他的意愿通过他而得以实施和发挥作用，所以他有时强迫自己克服"生性懒散"，去继续完成他的工程，出于孝心更多于个人"满足"。作为他家族中最后"一位业主"，他怀着忧心觉得自己有责任去完成祖上的未竟事业。《随笔集》作者是个了不起的儿子，不无理由地意识到自己有过一个了不起的父亲。

蒙田经常在《随笔集》里高高兴兴提到埃康一族，它"生活顺溜低调，不喧声"，"历代讲究门风敦厚"。他为他的祖先、他们灌注了热情的城堡、他们的姓氏、他们的土地、他的父亲感到自豪，不停地怀着温情回忆他。但是对他的母亲这一族则绝口不提。

然而卢普·德·维尔纳夫家族（或称洛佩兹·德·维拉努瓦）其威望与财富并不逊于埃康家族。他们的社会地位上升也同样引人注目，他们的兴旺也同样来自经商。蒙田似乎完全忘记了埃康家在波尔多的贸易活动。他从无任何暗示。不提到他们的贵族身份得来不久是虚荣、谨慎、有意识的吗？卢普家放弃经商要比埃康家晚得多，那么不提母家的祖先就更是有道理的了。此外，他们还很可能是"新基督徒"或称"马拉纳"(Marrane)，也就是皈依基督教的西班牙犹太人。洛佩兹家的起源历来众说纷纭，这问题没有得到最终的解决。

从十六世纪起，安多纳特·德·卢普一家的西班牙出身，更确切说亚拉冈出身，是人所共知的。皮埃尔·德·朗克勒，波尔多市顾问，米歇尔的姻亲，谈到耶稣会马丁·德·里奥攻击随笔作家对待巫术的立场，强调他们的不同之点，并说："虽然大家说蒙田领主是他母亲一边的亲戚，洛佩兹一家是西班牙人"。朗克勒明确说到，德·里奥的母亲埃莱奥诺尔·洛佩兹出身于亚拉冈一个大家庭，那家成员都埋葬在卡拉塔尤。只是到了十九世纪，马尔沃赞在一八七五年同时发表了一部蒙田传记和一部《波尔多的犹太人历史》，提出这样的假设，安多纳特家来自新基督徒的后裔，将近一四九六年被逐出西班牙和葡萄牙，到法国避难。波尔多从罗马时代和中世纪以来，在城内就有了犹太人，他们在英国人治下比在法国人治下的加斯科涅享受更大的自由。在十四世纪，他们生活在圣瑟兰附近的一个区里，离波尔多不远（大家提到有一座犹太人公墓和种植地）。在十五世纪，有许多人在城里安家（有一口犹太人井和一条犹太人马路为证）。十六世纪初，这时驱逐法令扩大到法国全境（1502 年）实行，不少西班牙和葡萄牙马拉纳被迫流亡，开始在波尔多定居，其中有显赫人物，如许多医生，其中有著名的拉蒙·德·格朗奥拉，他一五二六年在波尔多城行医，律师多米尼克·拉姆和他的儿子波尔多司法总管辖区武官托马·德·拉姆，学者有居耶纳中学校长安德烈·德·古韦雅，达科斯达一家、让·杰里达、让·米朗杰（蒙田的第一位出版商的父亲），还有几位姓洛佩兹或卢普的。

一九三三年，雷蒙·科拉兹神父查阅了图卢兹公证档案后，带来了蒙田娘家祖辈的新的确切资料，参照了皮埃尔的叔叔、米歇尔·德·蒙田的叔祖让·洛佩兹的遗嘱，成功地描绘了一张完全可靠的族谱图。他告诉我们说，让·洛佩兹在萨拉戈萨经商，是城里的布尔乔亚，有两个儿子皮埃尔和安东尼。让·洛佩兹迁到图卢兹住下，是为了经营菘蓝买卖，这个工业在该地区迅速发展。据科拉兹的说法，洛佩兹一家到法国定居，应该作为精明的商人，而不是受迫害而被驱逐出境的改宗者。可是他还是承认这个人家最初信奉犹太教，可是这不能说他们的后代不能做虔诚的天主教徒。

特兰凯也利用科拉兹的资料，却怀疑洛佩兹的犹太族裔。他首先提出在波尔多几世纪以来有几家西班牙家庭，完全是基督教徒，其姓氏是洛佩兹或卢普，尽管大部分移民是由流亡的马拉纳组成的。此外，如果说让·洛佩兹在他的遗嘱中表现了信仰热诚，可能是一个手法，不证明什么，他若是个可疑的改宗者，怎么敢于到图卢兹这个宗教裁判所权势极大的城市里定居呢？安多纳特·德·卢普的祖父怎么能够在这个恐怖法庭所在地萨拉戈萨，像个和平商人那么生活呢？

德雷亚诺（1936）和罗特（1934）在亚拉冈《绿皮书》中检出有关洛佩兹·德·维拉诺瓦一家的章节进行研究，特兰凯对于他们的研究也持怀疑态度。《绿皮书》是族谱或名册（其真实性很不一致），普查大户人家的祖先，按照口头传统说这些人家信奉犹太教或伊斯兰教，或者更糟的是由于假皈依而跟宗教裁判所有过纠葛。对罗特来说，"蒙田上代是犹太人"（这还是文章的题目）是毫无疑义的。特兰凯认为他的说理不足，因为他根据的是单一的文本，他的解读又太牵强附会。他还认为，不管最早（十五世纪初）是不是犹太人，历代跟古老的基督教徒门第的女儿成亲，大大减少了蒙田上代犹太人成分，这点都得到最近的蒙田传记作者的肯定。

弗莱姆凭此重新画出洛佩兹的家谱。卡拉塔尤的一个犹太家庭，名叫帕萨贡，受到宗教裁判所的威胁，改宗基督教，改姓为加西亚-洛佩兹或加西洛佩兹（取教父的姓氏？）。他们的寓所坐落在加拉塔尤城内叫维拉努瓦的一部分，他们变成加西洛佩兹·德·维拉努瓦。一家之主摩西的改宗要回溯到十五世纪初（介于1411—1414年之间）。他后来离开卡拉塔尤到萨拉戈萨，他的一位亲戚马耶尔·帕萨贡跟他去了那里，在改宗后取名为胡安·洛佩兹·德·维拉努瓦：他是米歇尔的祖先！

他的家庭尽管出于生存需要而改宗，还是有几位成了宗教裁判所的受害者：摩西的儿子拉蒙、马耶尔的儿子胡安、费尔南多和他的儿子米塞·费尔南多（蒙田的祖先），都死在火刑架上。还有人遭受模拟像火刑和被

25

判死刑，但是最终逃过灾难。加西亚·洛佩兹在一四八六年被判死刑，是第一个移民到法国普罗旺斯。莱奥诺尔，是让·德·洛佩兹的妹妹，安多纳特·德·卢普的舅婆，嫁给阿维尼翁的一名马拉纳，基尔·洛佩兹，他也是帕萨贡和萨拉戈萨烈士的后代。马丁·洛佩兹，蒙田的舅公，居住伦敦，将近一五二○年在安特卫普定居，他在那里贩卖辛香作料而致富。他的儿子马丁变成一个坚定的基督教徒。他的女儿埃莱奥诺尔嫁给一位跟她一样的天主教徒德·里奥，是耶稣会士马丁·德·里奥的母亲，巫术的死敌。

安东尼·德·卢普·德·维尔纳夫，是第一个安家在安特卫普的马丁的兄弟，是蒙田的舅公。大家看到他将近一五一○年在波尔多成家立业，很快成为城市最富有的商人之一。他跟皮埃尔·埃康常有生意往来。他的几个儿子如同他们的父亲，都在高等法院有职位，放弃卢普这个姓氏而采用贝特朗和让·德·维尔纳夫，就像他们的表弟米歇尔放弃埃康的姓氏。米歇尔的外祖父皮埃尔·德·卢普定居在图卢兹，在菘蓝贸易中做得非常成功后，随着他的叔叔让加入到方济各教派。他的妻子奥诺莱特·迪皮伊，奥什一位商人的女儿，给他生了好几个儿子和三个女儿；其中一个儿子后来在一五四二年当上图卢兹的市政长官，一个女儿安多纳特就是蒙田的母亲。

卢普一家是犹太裔，这是很可能的。若要确定无疑，那就必须在安多纳特·德·卢普的家庭圈子里找到犹太信仰或文化的实证。她的亲友不论是或不是皈依的犹太人的后代，实际上完全融入法国基督教徒的社会阶层，洛佩兹家的发迹更为迅速也因而较不完美，跟埃康家的上升是平行的。母亲家是平民，还在从事买卖，米歇尔·德·蒙田对母亲家保持沉默，可用贵族的虚荣心来作解释。

要说他不知道安多纳特·德·卢普的犹太血统，这是很难接受的。那么他是不是很在乎呢？ 他的同时代人，即使是最恶意的，也从未对此有所暗示。这个血统问题主要是评论家在关心，他们热中于决定犹太族裔对《随笔集》作者的影响，对他的脾气、他的性格（不安、怀疑、不稳定）、他的知识倾向（融合能力、宽容、世界主义）、甚至他对旅行的热爱，所起的心理后果！这些看法都缺乏根据，斯特罗夫斯基在他人之后也予以了驳斥。这些看法也使得特兰凯怀疑他的祖上是犹太人，而不采纳这些无稽之谈：商人的遗传因素更为确实，对他产生的影响也更为明显。然而可以这样认为，如果说埃康家的身世促成蒙田植根于加斯科涅土地，洛佩兹家的分支在欧洲的扩散更广，跟天主教或犹太人的西班牙，跟荷兰都有联系，这点能够帮助他扩大他的知识境域，觉得自己是个世界公民。

那么是不是可以在《随笔集》和《意大利之旅》中期望问到作者对犹太人的态度呢？他好像并不特别关心，谈得很少。在《随笔集》他重复历史学家奥佐里乌斯关于葡萄牙国王若昂二世，然后又是国王的继任者曼努埃尔对犹太人的残酷虐待的记述。他对一切非人道行为深恶痛绝，强调他们遭遇的不公正对待。他并不只是对他们的命运表示哀叹。《随笔集》作者不停地揭露暴力行为、任何形式的残忍，他也几乎是同时代唯一否定酷刑和严刑逼供的人。从这个明确的情境来说，他指出强迫改宗是没有多大价值的。他最后还下结论说他不大相信"新基督教徒"的诚心。他那时是不是想到了波尔多的那些人呢？

在《意大利之旅》中涉及犹太人的记述更多。他对希伯来祭礼表示强烈的兴趣，参观不同城市的犹太会堂，谈论仪式，观看割礼，倾听一位"叛徒"拉比在封斋节对被迫来听的犹太人讲道。他是不是在意大利比在法国更容易打听到犹太人的习俗呢？这些在他心中激起带点善意的好奇心，却又让人看不出含有任何意义的"意气相投"。还有说实在的，这位旅行家的注意力同样受到天主教徒或改革派的宗教仪式的吸引，更广泛来说旅途中发现的"人生百态"他都感兴趣。他的作品对这个众说纷纭的问题没有任何暗示。

写父亲的动人篇章在《随笔集》里占有重要位子，相对来说，蒙田对母亲保持缄默显得令人不解。只有两处提及安多纳特·德·卢普：一处告诉我们他的兄弟姐妹"都来自同一个母亲"。另一处是全家为了他都学拉丁语，"父亲与母亲学了足够的词汇可以听懂"。他有一章专讲"父子情"，但是很少谈到母子情。说真的他也一句没提到他的三个妹妹。无疑可以说来很简单，是因为他写作时她们都还活着，这不可证明他就是轻视女性，宁可说是他对埃康部落中的女性成员保持一种合情合理的含蓄。安多纳特·德·卢普跟他共同生活在蒙田城堡，还比他活得长久，是一位普通人物。他对父亲的赞扬开始在他去世后十二年，又在二十二年后结束，父亲是一位公众人物，在波尔多和朝廷曾扮演过第一流角色。

　　这里面有纪念他，可能还有保护他的令誉的愿望，同时也表示自己无愧于父亲的愿望——他对我们说，他爱父亲，要以他为榜样，却又怎么做也赶不上他，从而有一定的负罪感，他这是在谴责自己没有能够执行皮埃尔·埃康作出的扩建计划，"生性懒散"，尤其他是一族中的最后一个男性——对自己的另一个间接谴责——而显得更加严重吗？

　　安多纳特·德·卢普在《随笔集》里是缺席的，可是我们还是通过公证档案对她有所认识。一五二九年一月十五日，她在图卢兹成亲，她应该很年轻，因为她在三十二年后还生了最后一个儿子。皮埃尔·埃康的两份遗嘱让人看出米歇尔与母亲的冲突。第一份遗嘱立于一五六一年二月四日，那时蒙田还是单身官员，年纪二十八岁。遗嘱内规定安多纳特是主要继承人，跟皮埃尔的两位弟弟科雅克和布萨盖是有益权人和共同遗嘱执行人。这三人，以及两位年长的儿子米歇尔和托马，被指定为三个年幼的孩子莱奥诺、玛丽和贝特朗的监护人。皮埃尔·埃康还叫他的未亡人安心，她的嫁妆——婚约里写明的六千图尔里弗尔，随后皮埃尔收到的三百里弗尔——是保证的。米歇尔徒然是个正式承认的全面继承人、一家之主，父亲的条款却剥夺了他的权力和财产，事实上交给了他的母亲，这里面包含一种冒犯，他不能不感到受了伤害。这岂不是证明了他至少在那个时期对儿子的不信任，他曾预言他会把家产败光？ 一五六七年九月二十二日，皮埃尔·埃康去世前九个月，立下了第二份遗嘱，蒙田三十五岁，已经结婚有两年。长子的婚姻是不是改变了父亲的决定？ 这份遗嘱取消第一份的条款内容。这次确立米歇尔为继承人，跟他的母亲与叔叔皮埃尔·德·科雅克是遗嘱共同执行人、幼年弟妹的共同监护人。城堡的一切财产和管理也归他负责。这样第一份遗嘱条款给他的委屈和不公正完全消除。但是蒙田领主在八月三十一日过后小心通过公证人贝尔坦拟写了一份契约，防止母亲与儿子之间可能发生的权益冲突。安多纳特居住的有关细节，以及随之而来的权利都有详细的规定，她的独立也严格做到有据可依。她的儿子应该"用自己的产业供养她照料她"，但是——这番预防措施颇有深意——给她划出分离的房屋。要是她继续在城堡生活（后来事实如此），儿子必须对她体面侍候、尊重和尽孝心，她有权利占用两个房间和有一个仆人侍候，有权利自由出入和使用那口井和四周的花园。她的权威还可像从前那么使用，但是契约中写明她不得侵入到其他监督与管理，除非仅是出于荣誉性和慈爱的表示。如果母亲与儿子不能和睦相处，米歇尔应该给她另找一个符合她身份的带家具住宅，每年提供她三百图尔里弗尔。

遗嘱与附加文件好像指出，米歇尔与安多纳特之间的确存在紧张关系，而皮埃尔·埃康也是意识到的。还有那次金链子事件暴露出他们一年后关系还是很难相处。这条金链子是安多纳特送给她的第三个儿子阿诺·德·圣马丁的，阿诺出事死亡后，这条链子发现在米歇尔的妻子弗朗索瓦·德·拉·夏塞尼的盒子里，当他的母亲要求归还时，米歇尔当着他的两个弟弟的面还给母亲：在一五六九年五月二十三日，一份公证人文件可以证明此事。

但是主要还是安多纳特·德·卢普本人在一五九七年四月十九日所立的那份遗嘱，才让人看出她对长子的真正敌意，虽然后者已经去世五年多了。她好像一直偏爱她的还活着的两个儿子。她也时常得到他们的侍奉。一家中唯一得到她宠爱的是她的外孙女雅娜·德·卡曼，莱奥诺的女儿，年十五岁。雅娜在她身边度过十二年，她承认雅娜对她的热情，给她的婚姻留下一千八百图尔里弗尔。她还防止她的继承者除了自己一份以外不要有额外索取。对于蒙田的女儿莱奥诺，她认为已足够富裕，否定她要求任何财物的权利。她还是留给她一百埃居。但是她对她的长子暴露出一种憎恶，毫不掩饰她的仇视，他是个做事随便的继承人，心安理得享用受赠而获得的财产，这都是靠了她辛辛苦苦得来的，她自诩辅助丈夫工作了四十年，以至由于她的"工作、细心和管理"，蒙田的房屋"才大幅度增值、改善和扩建"。

这位享有丈夫遗产的太夫人，多少年来一直是这家执掌大权的女主人，当妻子的一生中可能除了丈夫在一五五四年到一五五六年当波尔多市长时，从未长时间离开过。《伯特尔》中确实写到他的女儿玛丽一五五五年生于波尔多①。如今她的管家地位被她的媳妇代替，对此委屈实在心有未甘。

她怨恨儿子也同样怨恨丈夫吗？ 丈夫逝世后三十年，她还在遗嘱中指责他不遵守婚约，没有把她的二千埃居嫁妆投资在房产上，这在条款中是作为担保提出的。她生命中最后几年是在波尔多过的，而她的媳妇则依然住在蒙田。她也是在波尔多立的遗嘱，提到她愿意埋葬在圣安德烈教堂，与丈夫的两位弟弟和她的儿子阿诺一起，而不愿在蒙田城堡的皮埃尔·埃康身边。

安多纳特的指责让人看出她的性格极具控制欲，吃苦耐劳，斤斤计较，对她促进家庭兴旺的一份功劳很自豪。《随笔集》中对这类私人意见分歧保持沉默并不令人惊奇。但是如果说母亲的形象在书中是缺失的，它

---

① 据《蒙田意大利之旅》家庭纪事，玛丽·德·蒙田诞生于一五五四年二月十九日。

却引起持久不散的伤害和怨恨。米歇尔对父亲的第一份遗嘱耿耿于怀，第二卷第八章的某些想法就透露了这件事。孩子"在成年自立以前"，由母亲管理家务，这是很有道理的；"由于女性有女性的弱点"，父亲不能盼望孩子成年时"在智慧和能力上超过他的妻子"，那是父亲没有把他们养育好。据他说，"把继承权交给母亲分配，并由她们对孩子作出选择，"这充满了风险，"因为她们的选择常常怀有私心，变幻不定"。

他还说，不能让母亲的命运依附于孩子的意志。必须给她们宽余的物质条件，按照她们的门第和年龄"维持她们的地位"。但是他也严厉批判父亲们，"在漫长一生中"不仅不满足于剥夺他们的孩子享用他们合理的一份财富，"还把身后处置遗物的权利交给妻子，由她们随心所欲地支配"。这段文章显然是在提及一五六一年的遗嘱条款，这让蒙田和他的已成年的弟弟完全处于母亲的支配下。

随笔中紧张与不寻常的口吻，透露出安多纳特与长子的长期不和。一家之主对他特殊关心，无疑要远远超过其他弟弟妹妹，是不是这点惹恼了母亲，引起她对其他孩子表示更多的慈爱，这样长子也因此不高兴了呢？蒙田的沉默不一定是有意识的。但是决不是像有人常相信的那样，是由于母亲的犹太出身和宗教，实际上安多纳特的天主教信仰是无可置疑的。更可以用他们性情不相投和彼此怨恨来对此作出解释。

从童年天堂到居耶纳中学

　　《随笔集》对蒙田的家庭环境也讳莫如深。他本人告诉我们，他是"排行"第三的孩子。当他来到这个世界，皮埃尔和安多纳特已经失去两个孩子。在他的家庭日记中，除了他本人的生日外，他写下了弟弟妹妹的生日，不包括生于一五三三年前的孩子和他的弟弟阿诺的生日。米歇尔很早就自居长子地位，七个弟弟妹妹的兄长。托马生于一五三四年五月十七日，皮埃尔一五三五年十一月十日，雅娜一五三六年十月十七日，阿诺一五四一年九月十四日，莱奥诺一五五二年八月三十日，玛丽一五五五年二月十九日，贝特朗一五六〇年八月二十日。

　　《随笔集》提到他的四个弟弟，然而很随意，只是偶尔涉及某一件事才说起：托马，博勒加尔和阿尔萨克领主，提到他在梅多克海边一块土地被泥沙掩盖；皮埃尔，勃鲁斯领主，他们两人一起在内战时期旅行；那时他遇到一个自称为天主教徒的贵族，但是每次经过国王派别控制的城市或有骑士迎面相遇，他的胡格诺信仰就因害怕而暴露。阿诺，圣马丁步兵队长，二十三岁（实际是二十七岁）时，在网球场毫无预兆突然死亡；贝特朗，马特科隆领主，他陪蒙田在意大利旅行，在罗马与人决斗，关进了监狱，后来经国王出面才放了出来。

　　蒙田对三个妹妹一句不提。沉默，如前面说的，无疑是出于谨慎，此书撰写时那几位妇女还活着，而不是冷淡或者轻视女性。这个家庭人员众多，却是个团结的家庭，尽管年龄相差很大，性格不同，宗教信仰也不一样，某些成员个性还非常突出。

安多纳特·德·卢普的前面六胎生得非常密。但是最后三胎出生时，蒙田已到了做父亲的年龄，他对最小的弟弟如同父辈那么关怀，这点符合皮埃尔·埃康的愿望。尤其在意大利旅行时，关于那场因面子而被卷入的决斗。他是那瓦尔国王军队的步兵队长，卡斯特尔贾鲁摄政官，是个热忱的天主教徒，他的城堡被新教徒摧毁。他在一五九一年娶了夏洛特·德·埃马尔，波尔多最高法院院长的女儿，给他生了两个孩子。

皮埃尔·德·拉·勃鲁斯，也是天主教徒，谦逊，助人为乐，据玛丽·德·古内的说法是米歇尔的"爱弟"。他小两岁，二十五岁时进入国王驻居耶纳的摄政官布里大人的部队里当军官，终身未娶。他的生活不事张扬，热爱他的大哥，陪伴他去旅行，后来又向古内小姐作最后告别。他在一五九五年去世，葬于米歇尔·德·蒙田的旁边。

阿诺因遭遇横死和金链子事件已为我们熟悉。我们还知道他在居耶纳中学读过书。

托马，博勒加尔和阿尔萨克领主，信奉加尔文主义。他出现在米歇尔向父亲报告拉博埃西死讯的信中。他与他的长兄留在临终者的床前。病人并不要求他放弃他的宗教信仰，谆谆告诫他不要让宗派狂热扰乱家庭的和平，要尊重这么一个好家庭的好名声，还有"你们恩情难还的这个好父亲"的名望。

拉博埃西是在理查·德·莱斯托那克和蒙田的妹妹雅娜的家里去世的。他的干女儿雅凯特·德·阿尔萨克不久下嫁给失去妻子后的托马。托马的亡妻名塞雷纳-埃斯泰芙，好像对宗教改革并不关注，托马是后来才加入的。托马在一五七八年第二次丧妻，一五八二年又跟弗朗索瓦兹·德·唐皮埃尔结婚。米歇尔死后十五年，托马跟他的遗孀和女儿打起了官司，提出父亲的意愿是长子如果没有男性后裔，蒙田家的姓氏、纹章和房屋则由他继承。但是没有成功。这也是长久以来的嫉妒或误解的证据么？蒙田在世时则一点也看不出来。

对于他的两个小妹妹大家所知甚少。莱奥诺由蒙田当教父，她与她的女儿雅娜，从安多纳特·德·卢普的遗嘱来看，都得到后者的宠爱。莱奥诺在一五八二年嫁给蒂博·德·卡曼，拉古·德·卡曼和库特泽尔的领主。玛丽是米歇尔第五个女儿的教母，贝特朗是教父。她在一五七九年嫁给贝尔纳（或称贝特朗）·德·卡扎利，弗莱切的领主，可能是这位卡扎利陪伴米歇尔去意大利旅行。

雅娜是皮埃尔和安多纳特的第四个孩子，十八岁嫁给理查·德·莱斯托那克，埃斯佩涅和勒帕克的领主，波尔多最高法院顾问。她肯定是个杰出的女性，很有教养，熟悉希腊拉丁文化，据戈弗勒托在《波尔多编年史》中一则故事来看：她的丈夫的一位同事，来邀请他参加"一个什么艳情狂欢"，雅娜当时也在现场，那人用希腊语发出邀请。叫那位诱惑者大吃一惊的是雅娜用同样的语言把他痛骂，叫他"抱头鼠窜"滚出门外。她是热心人，皈依加尔文主义，而她的丈夫依然保持天主教信仰。她用改革派宗教教育孩子，不止一次拉了丈夫去听传道。

她的大女儿雅娜信奉天主教没变，她把她托付给托马和他的妻子，帮助她转变思想。据说，米歇尔出面要让孩子不受他们的影响，同时还告诉了理查·德·莱斯托那克。这也没有打消雅娜要进修道院的念头。但是她最后听从父母的意愿决心嫁给了加斯东·德·蒙费朗，朗迪拉男爵。米歇尔非常喜爱和欣赏他这位外甥女，她的婚约上也由他签名。她在一五九五年丧夫，进入了教门，建立圣母修女会，宗旨是让少女受教育。她一六四二年逝世，一九〇〇年得到宣福，一九四九年谥为圣徒。蒙田是不是据有人说的那样，对于外甥女皈依天主教有过影响？庇护十二世教皇在谥圣仪式中总是赞扬了《随笔集》的作者，祝贺那部书已从禁书目录中划去。

雅娜的儿子罗歇，耶稣会员，曾经多年修行和担任神职（哪里？ 不知道），后来回到波尔多，他当上了自己成长的中学的学监。他一六三一年逝世时是普瓦蒂埃中学校长。无疑是他促成他的舅舅米歇尔与安特卫普耶稣会员德·里奥的联系。内战打得热火朝天时，法国不少家庭都因宗教分歧而破裂，蒙田家庭并不因此而破坏团结，这是很可贵的。蒙田确实有资格庆幸自己属于一个"以兄弟和睦而闻名，并为世人楷模"的家庭。

　　他出生省份的地理位置和政治环境，他的出身籍贯，他在司法界任职，兄弟中有长袍贵族和佩剑贵族（皮埃尔·埃康的所有孩子，除了两个是单身，其余都是与贵族联姻），家庭成员各人性格与命运不同，他们的宗教信仰也不同，但并不失去宽容，这一切，据斯特罗夫斯基的说法，造就蒙田做个学问上兼收并蓄的天才人物。

　　当米歇尔一五三三年二月二十八日星期五在蒙田城堡诞生，他的父亲三十七岁，已经失去两个夭折的孩子，当然很高兴有个家族继承人来到世界。他的母亲，说来难信，怀了他十一个月，有点像《巨人传》中佳佳美孕育高康大那么久。据拉伯雷的说法，这些超时的妊娠会发生，"那是某个杰作与人物出现世上来完成那个时代大事的"。皮埃尔·埃康把他个人的雄心壮志，把他家门的希望都寄托在这个孩子身上，对他的教育予以最强烈的关注，让环境与条件都促成一个天才不同凡响的成长。婴儿在蒙田受洗礼，父亲在那里找了"家境最贫困的"人做教父与教母。忠于受基督精神启发而来的乡土传统？ 这种做法在当时也不算标新立异。孟德斯鸠和布封后来还是由穷人来当教父。但是皮埃尔·埃康对他后来的儿子则没有用这个方法。米歇尔也是按照习俗使用了这个穷人的名字吗？ 更为可能的是他父亲选择这个名字，因为他出生在圣米迦勒①的日子。这位大天使还是蒙田教区的保护神。洗礼完毕，皮埃尔·埃康就把小米肖（他与家

----

① Saint Michel，在《圣经》中译为圣米迦勒，在日常生活中，Michel 译为米歇尔。——译者注

35

人都这样叫他，甚至在遗嘱中也如此）送到邻近的小村（传统要求送往帕普特舒村），寄养到喂养期结束。这是佩里戈尔、然而也是法国的习俗，在那时的贵族和布尔乔亚家庭中很流行：亨利四世孩提时也是在贝亚恩人家抚养的。蒙田说到父亲抱有很明确的目的，首先用"最低层和普通的生活方式"，培养他养成节俭刻苦的习惯，打好身体健壮的底子。同时让未来的贵族跟老百姓结合，熟悉——他说——需要我们帮助的人的处境。皮埃尔·埃康同样认为——他的儿子表示同意——"我有责任关注向我伸出双臂的人，而不是对我背转身的人"。在这些人道和慷慨的意图以外，可能还有心让未来的继承人去接近他的佃农，在他们之间建立良好的关系，这有利于庄园的管理。

按照最高社会阶层的习惯，安多纳特·德·卢普不是自己给孩子喂奶。一些人文主义者医生，如洛朗·茹贝尔，在当时掀起一个强大的运动，推动母乳喂养，既有生理也有心理原因。但是若要用乳母，他们主张予以最严格的挑选，她必须具有身体健康、行为端正和性格和善的一切保证。皮埃尔·埃康对此有把握吗？ 他的儿子庆幸自己性情较为平衡，他把它归之于喂养自己的奶汁"一般说来健康与温和"。

他斥责过这样的习俗，从母亲手里接过孩子去交给乳母，不让乳母喂养她们自己的孩子，而要全心全意为别人的孩子服务。但是他认同和赞成父亲的计划，这实在说来也是挺成功的。米歇尔养成爱好猪油、大蒜和麸皮面包的饮食习惯，直到四十岁还是身体矫健。他终其一生同情贱民，受军人欺凌的农民，被征服者屠杀和压迫的"野蛮人"。

他在小村子里过了多久呢？ 这方面说法不一。显然也没有中间过渡，孩子就转入接受另一个完全不同的教育方法。不再清苦与严厉。他的父亲把他交给一位德国家庭教师，叫贺斯塔努，他不懂法语，但是"精通拉丁语"，这还是"在我开口说话以前"，蒙田说。这位贺斯塔努，特地"重金礼聘"请过来的，后来又当了居耶纳中学教师，还成了名医。他不是在村子里进行这种奇怪的拉丁语教育，而是孩子一领回城堡以后开始的。这是一种受伊拉斯谟启发的直接法教育。拉丁语是国际语，中学与大学使用的语言，全欧洲受过教育的精英的第二语言，他要孩子当作母语那样吸收。

还有两名助手帮助贺斯塔努，跟孩子只用拉丁语对话。皮埃尔下令全家都这样做："这是一条不可违背的规矩，就是他本人、母亲、仆人、侍女只要跟我一起，尽量用他们每人学到的拉丁词混在句子里跟我说话"，蒙田在《论儿童教育》中对我们这样说。这方法取得美妙的成功。不但米歇尔的父亲与母亲，就是侍候他的仆人也学拉丁语，足够应付日常使用。这股拉丁语洪流还蔓延至四邻的村庄，蒙田在差不多四十年后还听到工匠与工具的拉丁语名称。他本人在六岁时，"没有刻意去学，没有书本，没有语法或规则，没有鞭子，也没落过眼泪"，说一口拉丁语，跟他的学校老师讲得一样纯正。但是他听法语或佩里戈尔方言则不比听阿拉伯语更加明白。

在这些条件下，大家可以想象与他谈话次数应该很有限，他们谈话内容也很狭窄。他的父亲读书还是很久以前的事，更不用说他的母亲或他的仆人们，对西塞罗的语言不会有很好的掌握，他们拉丁语质量让人不知所云。他只是跟他的老师才交流顺畅。

这种直接教育法即使在读书人家也不是常用的。当然可以举罗贝尔·艾蒂安和弗朗索瓦·德·拉·特雷穆耶的例子。后者要求他的仆人在"孩子房间里"讲拉丁语，像皮埃尔·埃康做的一样，听见他们漏出几个法国词就生气。塔布罗·德·阿科尔对《五花八门》(Bigarrures) 第四卷中的这个方法感到惊讶，认为这是大领主的药方，很难实施。他提到蒙田的家庭教师也应该用教拉丁语的方法教他讲德语。

那时候中学学生都必须时时刻刻说拉丁语，王子与公主都接受拉丁语会话训练，但是这是已到了上学年龄。中学的拉丁语入门并不使用直接法。皮埃尔·埃康所选择的学习法除了费用昂贵，要求父亲的坚持与周围人的努力才能把米肖留在这个拉丁语暖房内，实在是一项特殊的创造。他这个灵感是从哪儿来的呢？蒙田说他是从意大利带回来的，他是向从那里回来的明智之士学的。我们不知道他跟着谁进行了他的"研究"。但是把拉丁语当作活的语言，像在古代那样直接使用，这是得到伊拉斯谟的倡导，他是那时代的教育学的大师，他的教学思想肯定决定了这门课程。他专门为学习活拉丁语而写的《论文集》，到处都在使用，即使在天主教中学，也只是把其中部分剔除而已。

这种奇怪的实验对他的弟弟是否也试行呢？蒙田什么也没对我们说，但是他个人对此非常满意，既然他把此作为廉价获得古代语言知识的一个途径推荐，一般来说要购买是"很贵的"。

在父亲的主导下，希腊语的教学就不一样，是"有安排的"。如同某些游戏，比如跳棋、象棋，用于学习算术或几何，他们——孩子和教师——交替背诵希腊语变格，像相互抛球一样，通过游戏或练习来学习。这个计划以失败告终。是方法过于复杂还是学生太不专心？蒙田承认，他对希腊语所知甚少，"几乎是一窍不通"。

在这些最初的年代，他的教育完全是遵照伊拉斯谟《论男孩的教育》的原则进行的。他的父亲深信童年对成年的生活具有决定性影响，如果遵奉各人的性情倾向就可发挥丰富的潜能，要他的童年摆脱束缚与强制，让他对学问与做人道理感兴趣，"不强迫意志，自己产生欲望"，在"温情与自由中培育心灵"。尊重孩子的人身，其实也是信任人的天性。这在那个时代是完全不同一般的。那时一家之主动辄使用体罚，借以羞辱他的儿子、甚至他的妻子，虽然这在《圣经》中是不可以的。所以蒙田只受到过"两次都是轻轻的鞭打"。他也喜欢他最初的几位教师，因而后来在喜剧中看到不公正地嘲笑"乡村教师"就感到气恼。

这种慈爱关怀还让父亲命人用一种什么乐器声来唤醒他（蒙田在一五

八〇年说由一人"弹奏拨弦小钢琴"），为了不损害小孩娇嫩的头脑。蒙田一生嗜睡与睡得安稳是不是出于这样的关心呢？ 这样细致的教育也有偏差，是不是应该怪罪于伊拉斯谟的影响呢？ 那就是缺乏体育训练，而拉伯雷则主张体育与智育应该并重。

这种自由制度也有暗礁，蒙田自己强调会让人迟钝与懒散，尤其孩子天性温和好说话，会无精打采，昏昏欲睡，以致人家没法叫他摆脱闲散，甚至叫他去玩也不行。他最后说，"其危险之处不是我做错什么，而是我什么都不做"。所以这个"细致安排的"教育方法事倍功半，其原因是他的天性，而不是父亲的判断。

皮埃尔·埃康对这项实验的结果是不是感到不安了呢？ 家庭中孩子接连不断诞生是不是妨碍了它的效果？ 还是劝他改弦易辙的顾问影响了他？ 不管怎样，米歇尔的童年天堂般的生活宣告结束。蒙田领主屈从习俗，附和大众意见，把他的长子送进了波尔多居耶纳中学。作家说这在当时是法国最好的学校。它从属于城市，由市政府官员管理。一五三三年，蒙田诞生那年，市政官希望革新旧式的艺术中学，他们首先延请让·德·塔尔塔，他是里齐欧中学校长，巴黎高等教育界头面人物之一。他是居耶纳中学的创建人，根据玛格丽特·德·那瓦尔身边的福音派人文主义者的指导方针进行出色的组织工作，但是遇到许多困难，被迫辞职。

市政官于是邀请一位葡萄牙人安德烈·德·古韦雅，巴黎圣芭布中学校长。他同意到波尔多来主持一五三四年七月刚成立不久的居耶纳中学领导工作，住在蒙田期间除了有几次中断以外，当校长一直当到一五四七年。古韦雅完全可以按照自己心意由自己制订教学规划，只要符合巴黎的"模式与做法"。他是追随伊拉斯谟思想和新方法的人文主义者，善于在市政官、最高法院和教会之间调解，而又不惹恼福音派，跟合作者保持良好的关系。他从未遭到司法追究，即使揭帖事件引起迫害时期也不，不过也得说当时波尔多最高法院对于有异端活动的嫌犯也表现了宽大。

在城里局势显得愈来愈紧张，在中学里也有了反响：一五三八年辞退有嫌疑的教师，检查教学的正统性。最高法院要求没收禁书。古韦雅还是成功聘请了几位倾向改革的教师和未来的胡格诺，如一五三九年布坎南或一五四二年前后尼古拉·德·格鲁希。他一上任就组织一支出色的教师队伍，马蒂兰·科尔迪耶、克洛德·布丹、拉比耶、达科斯塔、塔尔平、埃利·维内、演说家如布勒东和法布里斯、诗人如让·维萨基埃和安东尼·德·古韦雅，其他还有布坎南、格鲁希和纪尧姆·格朗特。中学在蒙田人学时办得"欣欣向荣"，很快学生蜂拥而来，学校名声远播。

埃利·维内在一五八三年那时是中学校长，他发表了《阿基坦学校志》，让我们认识了"法国最伟大的中学校长"古韦雅制订的教学方法纲要的原则。这些都是由他补写的，对于中学的惯例与校规未必绝对肯定。当蒙田在那里学习时，起初用三种语言教学。然而不可否认的是语法和拉丁语教学中，西塞罗、贺拉斯和昆体良的注释占有重大的位子。学校全盛时代共有十二个班级，每个班级附有全部的练习，其系列是严格规定的，从少儿初学到修辞班学生；初学者学习读拉丁语，法语只作为辅助课，只要跟上教师的讲解；修辞班学生则完成他们的语法学习。蒙田才六岁，应该是进最后一个班级。但是皮埃尔·埃康的方法结出了果实。米歇尔说拉丁语无懈可击，立即升入前面几班。

他的父亲一五四〇年是新市政长官班子成员，说来还是个副市长，有什么要求戈韦雅是不会拒绝给他特殊照顾的。从学校最优秀的教师中选择辅导老师来教他：有格鲁希、盖朗德、布坎南、马克-安东尼·缪莱，他们都是有成就的人文主义者，但是犹犹豫豫不敢"接近他"，害怕跟这个不同一般的少年对话是在接受考验，因为他的拉丁语说得那么娴熟，"拈来即是"。他们给其他学生布置一篇法语文章译成拉丁语，给米歇尔则是一篇拙劣的拉丁语文章，要他"修改润饰"。

蒙田领主在波尔多有好几幢房屋，但是平时住在他的城堡里，只是把儿子送去寄读（然而大多数情况下，即使走读生，也都在城里寄住到艺术教师或其他人家里）。这种学校制度对大家都是艰苦的，时间限制非常死板，蒙田这个孩子也从未受过这样的约束。课与课之间没有休息，不能出门没有散步，假期很短（十天！）。白天没完没了，早晨一句句分析西塞罗的文章，第一遍看懂了就必须翻译成他还没有实践过的语言——法语。下午学习抽象的语法（德波泰尔的《语言详解》），蒙田没有课本就一无所知，晚间上两小时大课，背诵上午详解的西塞罗篇章和教师口授注释以外，还有变格和变位。

起身早，上床晚，整个白天马不停蹄做功课，蒙田很难适应，课本千篇一律，单调得令人厌烦，课程枯燥乏味。他无精打采，关在里面觉得不开心，尽管学校教育质量超过同类，由于父亲关怀与干预，让他享受到"有悖于校规的特殊做法"：但"毕竟，这是一所学校！"。

他讨厌无休止的闲聊（这点蒙田没说），再加上跟同学语言交流有困难；他们年龄比他稍大，但是对他说得流利的拉丁语难以领会，而他又不懂法语，这是他们的母语，在他们之间私下应用。因为学校规定他们要讲拉丁语。但是这是什么样的拉丁语！ 粗鄙的俗语，中间错误百出，叫科尔迪耶听了生气。米歇尔难过地诉说，他的拉丁语"走下坡路"也就不足为奇了。他最初受的教育在许多方面优秀出色，但是也使他很难接受学校的制度。

那么是不是说他对学校教育是完全否定的呢？ 蒙田这么肯定是错的。十八位教师经常跟他交谈。某些课堂练习对他的才华无疑产生良好的影响，特别是讨论课的实践，学生们在会上针对语法老师的课文相互提问，这些修辞辩论，按伊拉斯谟说是对智力的真正训练，激起一种促人奋发的比赛，古代人对此也曾推荐过。《论交谈艺术》的作者应该对此有所记忆。也可能他使用了十六世纪著名的谚言俗语，有系统地归纳出古代文化的要义，也可能受到鼓励由自己编纂的。

到"拉丁语学校"初期，他忘了希腊语，也可能他从来没有认真学过。他说，他停止口头使用拉丁语，这个语言他比法语还理解得好。遇上极端动感情的时刻，他承认"从肺腑发出的第一句话总是拉丁语"，这在他也是非常自然的。

敏感、骄傲、心不在焉、厌恶纪律、对于逼着他接受、对着他耳朵聒噪的说教很烦，小米歇尔给人的印象是个麻木懒散的人。有一个很有见地的人明眼看到了，把他从第一或第二学年的泥淖里拉了出来。那位辅导老师（可能是让·塔尔平）装作没看见，让他带上几本拉丁语书——"他的母语"。尝试禁果的魅力刺激了孩子的好奇心，他读完奥维德《变形记》里的故事。这次阅读使他那么兴奋，他避开一切玩乐继续看书。但是他对于骑士文学从不感到兴趣，如《湖中的朗斯洛》、《阿马迪斯》、《波尔多的于翁》，都是风行一时的旧小说——用法语写成！——儿童都很爱读。他接着一口气读了维吉尔的《埃尼德》，然后又是泰伦提乌斯、普洛图斯和意大利喜剧，都得到了教师的默许，教师的策略得到完全的成功，因为他知道怎样鼓动孩子的渴求与热情。与几乎所有的贵族子弟相反——蒙田说——他们从学校带回去的是对书籍的憎恨，而他一生保持了对书籍的热爱。

因而，在"强迫的课程"之外，蒙田培养了自己，把他看到周围的印象与评论都记了下来，"没有交流"，也就是说独自一人，静静的。

他小学生活最好的回忆之一，那来自戈维亚，他鼓励演出拉丁语悲剧。当时的教育家认为在学校演戏有种种好处，这是一种良好的教育实践。学校章程规定教师编写小型寓意剧或讽刺剧。布坎南、格鲁希、盖朗特、缪莱，这些蒙田的专职家庭教师，都有拉丁悲剧来代替了。作家四十年后还是高兴地提到自己在十二岁时"不到年龄"获得的成功，在这些戏剧演出中扮演男主角（可能是布坎南改编的拉丁语剧欧里庇得斯的《美狄亚》和《阿尔刻提斯》，或者他的两部拉丁语悲剧《浸礼会》和《耶弗他》、或许还有缪莱的《朱利乌斯·恺撒》）。圣路易节是居耶纳中学最盛大的节日，他大约在那天演出，城里的显要人物都来观看。由于他神态自信，声调轻快，动作灵活，善于模仿，脸上有戏，这在《随笔集》写作时还提到，大家把他看成这门艺术中的"师傅"。从而他认为这种练习对青年贵族和亲王都是有益的，他积极保护演员和戏剧事业，他认为国家应该予以鼓励。

对书籍、诗歌、戏剧的爱好，是在学校日常授课以外获得的，这是学校给予小米歇尔的全部好处吗？他十三岁离开学校感到宽慰，这是依靠他以前的拉丁语培育而提早完成了他的"学业"，据他说"并无所获"。

《论儿童教育》一章中，他制订一项模范教育计划，他若有一个儿子，是会应用在他的身上；在那章里他起草了一份热烈的起诉状，反对学校实施的方针和教学。他反对某些教师的暴力和粗野，在这座真正的少年犯拘留所里作福作威，只听到"孩子的求饶声和教师的怒吼声"。他描述教师面孔铁青，手执皮鞭，课堂上悬挂"鲜血淋漓的柳条"。

十六世纪的教育制度是严酷的。也不是唯有蒙田对此愤愤不平。伊拉斯谟在他之前揭露蒙泰居的小学生悲惨的命运。所有学校都允许配备鞭子。但是在居耶纳中学是不是用得特别狠？小米歇尔是不是遇上了几个绝不姑息的教师？随笔中激烈的论战语调透露了一种深刻的怨恨，回忆到从前的吃苦与不快乐心中愤愤不平，还有对小受害者的"温柔害怕的心灵"怀有一种真正的同情。

他揭露的还有大声吼叫、人云亦云、搬弄教条与书本知识的危害性，使用这种过时的方法，强调训练记忆，却损害判断力的培训。《论学究式教育》中对"学者"缺乏常识、知识空洞进行全面的攻击。

波托的作品《蒙田与当时的教育生活》，竭力要证实作家对一五八〇年中学教育实施的评论是不公正的（自从他在那里生活过后已有改进），全面来说也不像他说的那么差。那么，居耶纳中学予人的画面真像蒙田描述的那么阴暗吗？ 肯定不是。尽管他对学校一般都反感，他也不是专门针对他读过的那个学校，其实它无疑还是同类中最佳的学校，由一位杰出人士当校长，他在那里也遇到他钦佩的优秀教师，父亲的干预也使他得到优于一般的待遇。但是他理想中给一个大户人家孩子实施的自由教育，决不是在他记忆中多少有点像监狱的地方所能得到的。

学习与乐趣

　　蒙田从十四岁到二十一岁的这段人生，对我们几乎是一片空白。没有档案资料，《随笔集》中也没有任何明确的交待，告诉我们他这时期的生活是怎么样的。不少传记作家假设，米歇尔在一五四六年结束他的文学学习的完整课程。根据博纳丰和在他之后的特兰凯（这是比较可能的，解决了某些年表上的难题），上完语法和修辞课后作为学生离开了居耶纳中学，但是这位少年作为波尔多艺术学院的学生继续在这家中学出出入入，因为他的课还是在那里上的。他写到的是他的小学生时期，而不是"艺术生"时期。哲学课那时包括辩证法和"物理学"（physique），这与我们今日所称的物理学是非常不同的。这门哲学课在波尔多学两年（在巴黎要三年），属于学习最后阶段，介于中学与学院之间，由专门教师任教。亚里士多德的作品占压倒一切的位子。《随笔集》让人猜测蒙田并不特别欣赏这位"现代学说国王"、"经院哲学之神"。

　　他当文艺生的这一阵子恰巧逢上学校生活中的危机时期。一五四七年三月，戈维亚离开波尔多，去葡萄牙科莫布拉大学，带走了教师队伍中的一批精英。他的朋友让·杰里达，得到市政官的同意去接替他，但是必须与安德烈的弟弟安东尼·德·戈维亚争夺位子，老校长离开以前曾经企图把弟弟送上位的。在一周的争论后杰里达获胜。这种敌对场面还带有对亚里士多德学说的立场分歧。杰里达怀疑经院哲学，而安东尼·德·戈维亚则继续维护，像他一五四三年在弗朗索瓦一世授意下在巴黎反对拉谟斯一样。

由于这两位教师都拥护宗教改革，这场冲突跟宗派的取舍没有关系，但是对他们的教育与争辩产生实实在在影响，哲学课的大学生也参加了进来，也这样被迫进行推理的练习与演讲术的实践。蒙田的培训中肯定感觉到这种争鸣的氛围——这也证明他那个日子还留在学校。那时他十四岁。

马克-安东尼·缪莱，一五四七年二十一岁，由朱尔·恺撒·斯卡里杰推荐，来到了波尔多。蒙田说他是他的"家庭教师"之一，他自己在他的《朱利乌斯·恺撒》悲剧中扮主要角色，这出戏肯定在一五四七年演出于圣路易日。盖朗特、达科斯塔、泰弗、布坎南都已与安德烈·德·戈维亚同时离开学校。除了杰里达和缪莱以外，给米歇尔上课的还有贝鲁亚尔德，他以前是勒穆瓦纳红衣主教中学的辩证法教师。在《论儿童教育》中，蒙田跟他与教师的关系，还有与同学的关系也都一句没提。他们对他的教育有什么影响呢？ 他们的来历、他们的宗教信仰、他们的思想方法都非常不同，代表了当时的意识形态分歧，就像蒙田后来的家族一样。安德烈·德·戈维亚是自由派天主教徒还是有路德派倾向的天主教徒？ 他的面貌始终是个谜；他的弟弟安东尼，后来被加尔文称为不信教的人；布坎南变成了胡格诺；雅克·德·泰弗是多莱的朋友，他与让·达科斯塔在科英布拉受到葡萄牙宗教法庭的追究，宗教法庭认为纪尧姆·盖朗特也是"恶人"，把他们都看成是伊壁鸠鲁自由主义嫌犯。至于缪莱，他的正统天主教义掺入了异教享乐主义。

少年蒙田必然经常与他的教师交谈，他们彼此不同，他们的取舍是不是影响到他的宗教生活呢？ 没有什么让人作如是想。他作为继承者接受正统的天主教教育，父亲既是楷模又是权威，他肄业的中学又以教廷的天主教教义为准则，应该毫无困难让他对传统信仰坚信不渝。但是这点是肯定的，就是居耶纳中学的教师在校内形成的教育氛围，不能视为循规蹈矩的，在那里各种不同思潮碰撞，这促使人思考，也使他滋长了"普世主义"的原始思想。

有人问——尤其是特兰凯——这所学校的道德风气。蒙田在《随笔集》有一个想法，他引述缪莱的一首猥亵的讽刺诗，影射某些教师的同性恋行为，引起人们怀疑他与这些教师可能有这样的关系。缪莱的学问与魅力人所共知，他的"希腊人"习俗给他带来坏名声。那时代许多证词，如德·图留下的，指出这类习俗在学校里为数不少。但是那也没有什么证明蒙田想到主要是缪莱。尤其，如果他动情较早，他也从来没有显示出有丝毫同性恋倾向。他的性生活是在那个时期开始的吗？他承认早在"懂事和有主见的年龄"以前，已经有过强烈的爱情欲望。他还说"那么久远的事我已记不清了"，可以跟卡尔蒂亚·德·彼特罗纳相比，对自己的童贞已没有记忆。

他随同同龄的文艺生跟区里的妓女交往（在学校隔壁就有一家妓院），很早就过这种"放荡的"生活，这是完全可以肯定的，他承认自己年纪轻轻就这样了。这妨碍了他的学习生活吗？他在学校获得的成果总的来说比他所说的要好。他最初几年荒废的拉丁语又完全恢复掌握。他的教师说的拉丁语到底要比城堡的男仆与女佣说的纯洁。他们的教学有效地补充了他最初靠天性的学习，尽管表面上是有矛盾的：伊拉斯谟精神的维系保证了它的连续性。

一五四八年夏天，正当他的文艺学习将要结束时，发生了一件惊天动地大事，在少年的心中留下持久深刻的印象。从六月起，在奥尼、圣东日、昂古莫瓦、居耶纳发生农民暴动，杀死了几名国王指派前来监督和征收盐税的盐税局官员。骚乱蔓延至波尔多。这是对城市，尤其对市政官强加的财政压力（他们在一五四五年缴七万五千图尔里弗尔，而巴黎是十二万图尔里弗尔）激怒了有名望的布尔乔亚、商人、甚至乡绅，他们与老百

47

姓结成同盟。对盐业征收这个新税，损害了全省的免税特权，这是一五四一年弗朗索瓦一世为了摆脱财政困境，强加于他们头上的。这次叛乱不但造成小民与官方机构的对抗，也造成省内居民与中央政权的对抗。这一声"居耶纳！ 居耶纳！"，是反抗者对国王发出的战斗口号，而怨气则出在盐官身上。

八月十二日，将近一万七千人攻占了桑特，敲警钟打开了监狱大门，抢劫，虐待，要求取消盐税，撤回武装人员。波尔多向闹事者打开城门。特里斯坦·德·莫南，那瓦尔国王不在时的代理摄政官和总督，他害怕了，带了一个门官独自躲在国王的特隆佩特要塞里。群众要求总督回到市政厅，为了平息众怒，他接受了市政厅首席市政官夏塞尼（蒙田的未来岳父）的建议，来到了市政厅坐镇。那时人们用"法兰西！ 法兰西！"的欢呼声向他致意。八月二十一日他冒险走出府外准备谈判。叛乱者把他连同二十来个盐官杀死在艾尔路上。他们当了二十四小时的波尔多主人，甚至还插上了英国旗。从八月十七日到二十二日，城里郊外局势混乱一片。富贵人家（其中有蒙田的亲戚路易·德·蓬塔克的家）遭到抢劫。夏塞尼在几天后促成恢复平静。

居耶纳中学在暴乱前几天关上大门，附近的兵器库遭到袭击。学生被遣散。蒙田亲眼目睹了莫南的被杀。他"看见"现场这一幕，他对我们说。这情景在他的感情上留下深刻的痕迹，以致四十年后一五八八年他增补了一章《相同建议产生不同结果》，不是谈暴乱问题，它的原因与结果，而是分析和评判那位被杀者的行为。据他说，他的错误不是冒险走入暴民中间，而是选择了"一条屈从软弱的道路，而不是表现出一种勇敢自豪、温和与严厉相结合"的尊严姿态。

他描述细致，是不是记忆中对这件事的情绪还很强烈呢？ 他的叔叔布萨盖、他的岳父、妻子的祖父夏塞尼首席市政官（他还差点送了命），应该在事后经常议论这件事，这是肯定的。他当了波尔多市长，应该从这个事件得出结论，以利于遇上类似的情境不失尊严地脱身。

蒙田只限于提及叛乱一事，对于两月后接着而来的镇压则默不作声。十月二十日，王室总管蒙莫朗西进入已经绥靖的波尔多，来报复对国王的侮辱。他带了他的一万名军人，再加上吉兹公爵的人马，占领城市达三个多月，任由这些雇佣兵烧杀掠夺。这场镇压比反抗盐官的暴动要恐怖得多。有几位贵族被砍头，一百二十位布尔乔亚受苦刑，被活活烧死，受车轮刑或尖桩刑，身体四分五裂。有的平民，十人一组，身体中央串连一起，用铁棍把他们四肢打断，烧他们躯体，然后扔入河里。蒙田有没有在翁布里埃宫前观看这些野蛮的行刑？ 不管他是不是这场镇压的目击证人，他的父亲与家庭在这座城市里占一个重要的位子，他不可能对镇压的后果与城市的命运不表示关心。据历史学家德图的说法，蒙莫朗西与吉兹的血腥镇压引起蒙田的朋友拉博埃西（在一五四八年还是奥尔良的大学生）写《自愿奴役》的想法。蒙田应该跟他谈到这些问题，他在政治上的悲观主义无疑在他十五岁时已经开始，他的学业在同样混乱的局势下结束。

波尔多城市在民事上被判了死刑。除了被迫上缴二万图尔里弗尔罚款以外，在十月二十六日通过的执行判决中，从前享有的全部特权永久取消，市政官厅解散，城市由国王全面监管。

一五四九年爆发瘟疫，居耶纳中学已经被骚动镇压弄得不知所措，在七月解散。奥尔斯塔努，米歇尔的老家庭教师，已经变成了他的弟弟托马和皮埃尔的家庭教师。他当然带了他们躲进蒙田城堡。米歇尔在不在一起呢？ 大家只是依靠猜测来想象在一五四八年到一五五七年间他怎么样了。斯特罗夫斯基设想，他走出中学，在父亲家里过了一两年，骑马巡视庄园，拜访四周邻近的城堡，打猎……和追求女孩。逃出中学的人到乡间待上一阵子，这也是当时流行的做法。皮埃尔·埃康无疑也把这看成是个机会，指引米歇尔参加土地和祖产的管理，把他介绍给邻近的领主，如加斯东·德·弗瓦，特朗侯爵，他的弗莱克斯城堡和居松要塞离蒙田都很近。这样父与子的亲情也更为紧密，他们直到那时还没有多少时间一起生活和相互了解。

他也可能被送到这样的一家学院，那里向年轻的贵族教授军事政治基础知识、族谱学、纹章学、音乐、歌咏和舞蹈。大家在那里还学习一些适合贵族的体育训练，如舞弄武器、骑马、剑术、走钢丝、决斗技术、骑士比赛或骑兵竞技中扮演角色、猎禽或捕犬。

米歇尔跟父亲相反，他虽则对于自己体格健美沾沾自喜，但是对于这些训练既无天分也不感兴趣，除了跳舞，还有就是他一生热爱不渝的骑马。这些青少年还接受礼仪的教育，这个"礼仪"在每个国家、每个城市都有特殊的一套，他说"他在童年时受过周全的教育"。这样据他自己承认，在二十岁以前一位贵族应该知道的一切他都知道了。

皮埃尔·埃康对这个那么钟爱的长子给以无微不至的照顾，又愿意指导他走向哪个方向呢？祝愿他过典型的贵族过的戎马生涯吗？他有野心要看到他在外交、在王宫或在政界登上高位？他对继任人的教育那么关心，把一切希望都寄托在他身上，希望看到他像自己一样工作，提升家庭的社会地位，这是无疑的。要说一开始想让米歇尔朝司法工作发展，这不大可能，因为传统上这是留给贵族家庭的幼子去做的。皮埃尔·埃康跟他的三个弟弟不一样，他自己从来没有披过长袍。

他的儿子自由散漫，对武功没有天分，心不在焉，追求玩乐，过着一种放荡的生活，可能这让蒙田领主死了心，想让他到官府任职。一位贵族可以当一名法官或律师，并不因此有所辱没。但是世袭的佩剑贵族按照从前的偏见，把司法机关看得跟文学一样低下，都耻于在这方面任职（龙沙与杜贝莱投身于诗歌，理直气壮去反抗这样的偏见）。意大利和人文主义者的影响，还有弗朗索瓦一世和他的近臣的影响，还是有利于理念的变化，皮埃尔·埃康就是一个例子。这就变得很清楚，朝廷和省内最高职位由有文化的贵族担任，他们的文化与法律知识还可以让他们在国家管理中起重要作用。蒙田领主那么迷恋人文主义理想，心里应该很明白，让他的儿子从事司法工作——蒙田这一代将是法学家的一代——努力让他适应这项工作。

由于米歇尔在一五五六年又以顾问身份出现在佩里格间接税法庭，他的传记作者很长时期一致认为他这段不见经传的人生是在研读法学。他在《随笔集》里哪儿都没说起。他是不是要让人忘记这些学法律的年代，而只愿以贵族身份出现在世人面前呢？但是他的同时代人不可能不知道这些年代的。还是他没有按照正规途径学习法律？当然要当最高法院法官原则上必须具备法学士文凭，一五四六年国王诏令要求候任官员通过法律知识与实践的一项自由考试。但是违背这条规则的事比比皆是。皮埃尔·埃康是个以严肃著称的人，他不会要他的儿子去当法官而又不关心他去作细致的准备。图尔农曾经精彩地论述蒙田的法学才干：这让人想到除了十三年的实际经验以外，还必须有坚厚的学识。

蒙田从那时起是在哪里学习的呢？大众意见认为他出入的不是那时很平庸的波尔多大学，而是图卢兹大学，又古老又出名，跟巴黎大学齐名，波尔多大学生都慕名前去那里深造。有不少猜测都可以作出这样的假想。他的母家，外祖母、舅父（其中一位是图卢兹市政官）、舅母、表兄弟，都住在那里，可以接待他。皮埃尔·埃康选择儿子的小学教师已那么细心，那些教授的学识与美好名声决不会让他无动于衷。一五五〇年左右，那里有图纳布斯、著名的科雅、阿诺·德·费里埃（蒙田后来在威尼斯又遇到他）、科拉、德尼·朗班、皮埃尔·比内尔。

这大概也是在图卢兹，蒙田跟同学们结下了友谊，居伊·杜·福尔·德·皮布拉克、保尔·德·弗瓦、艾蒂安·帕基耶、皮埃尔·德·勃拉赫、亨利·德·梅姆。梅姆从一五四五年到一五四八年，就读于大学，他在他的《回忆录》里提到图卢兹大学生严格的纪律与排满的时间表，早晨四点钟起床，上午上课五小时，下午四小时，接连不断听教师的阅读课，他们对《学说汇纂》及其注释者的解读，晚饭后看希腊或拉丁作品散散心。

我们不知道蒙田是否也曾被迫过这种艰苦的生活。一五九五年版《随笔集》中提到他去探望"一位患肺病的老富翁"，这说明他在图卢兹待过。他那次遇见了"当代名医"西蒙·托马斯。他向病人保证只要看着青春少年的"愉悦与活力"，就能够使他恢复健康。"但是他忘了说，"蒙田又说，"我的健康或许同时会有所伤害。"

他"童年"时（他把童年扩大到他生活在父亲权威下的整个时期，直至二十五岁或二十七岁）在图卢兹住过好几回，这是肯定的。《随笔集》有一节提到他在那里见过一场官司，还由图卢兹顾问科拉斯印了出来。这是一场奇怪的官司，两个男人都自称是马丁·盖尔。科拉斯是改革派教徒，在一五七二年遭迫害时被杀，证实第一个马丁·盖尔犯有诈骗罪。（蒙田引述这次刑事审判案件，是为了说明证据的不确定性与不可靠性。那个被告还是逃不过被处绞刑。）但是案子的预审从一五六〇年一月到九月。蒙田在图卢兹参加了庭审，他那时是最高法院顾问。

特兰凯对"图卢兹读书神话"提出异议。米歇尔在图卢兹住过几次，据他说不能证明他在大学上过课。皮埃尔·埃康把他送往巴黎是去完成他的人文主义教育。中学年代以后他在巴黎住过，其他一些传记作家对此显然是肯定的，如博纳丰、斯特罗夫斯基、巴伊、尼古拉。蒙田不是说过"从童年以来我的心就向往巴黎"吗？他由于"这座大城市才认为自己是法国人"。但是这是不是在那里长期住过呢？学院因有王宫教师授课名闻遐迩，吸引许多外省学生前去就读。他们在被送往大学院进行专业训练以前，都来这里听公共课完成他们的人文主义学习（蒙田的两个亲戚雷蒙和阿诺·德·蓬塔克就是这样）。图纳布斯在图卢兹教了两年后，在一五四七年继图桑接任古代文学教席，在一五六一年，他得到希腊哲学教席，直至一五六五年去世。他从一五五二年到一五五六年在王家印刷局主持希腊古籍印刷工作。他的名声传遍欧洲各国，谁走近他的身边都感到他的魅力。

蒙田对那个时代的法学大教授一个也不提，对图纳布斯则无限钦佩。他把他看成是"千年一逢的大人物"，是他心目中的教师。他肯定一五四七年听他的课时认识他的。这是证实他在巴黎住过的假设。他的热心的弟子对我们说，图纳布斯"经常"有机会跟他交谈。他"是个万事通"，在他身边，蒙田打听雷蒙·德·塞邦的《自然神学》是部什么书。正如特兰凯所证实的，蒙田不会在十四岁时（这在一五四七年，唯有这个日期他们才有可能在外省相遇）就能够向他讨教战争和国家大事吧。跟一位有威望的学者这样熟悉——"我的图纳布斯"，还称赞他平易近人（除了"他穿长袍以外没有一点学究气"），这显然对于他的学生也是一句赞词。

学院的教师除了拉谟斯以外都用拉丁语授课。图纳布斯的希腊课，也用拉丁语讲得头头是道，却没有让蒙田精通希腊语，他自己承认对这门语言只是一知半解。这位杰出的人文主义者，那么热爱语文学，却不怎么注重语法教学。但是他的课引人入胜，其特长是把古代（文学、政治、尤其是历史）各方面都可讲得有声有色。他的评论富于伦理与哲学的剖析，又结合当代生活进行比较，让年轻的蒙田对古希腊产生了兴趣，在他看来比对拉丁时代更爱好。

他在学院里并不是只听这位大希腊学家的课。他无疑还去听拉谟斯的课，他是语法学专家，图布纳斯的公开对手。但是他听雅克·杜布瓦的课，也称西尔维厄斯，拉谟斯的朋友，"巴黎名医"，盖伦的学生，解剖学复兴者，国王的数学家和语法学家，王家医学"讲师"，直至一五五五年。医学那时候是与文学课目密切结合的。他是不是还听让·梅西耶枯燥无味的希伯来语课呢？ 更可能还是皮埃尔·加朗的课，他是拉丁文学讲师，与拉谟斯辩论而出名（拉伯雷在《第四书》的《新序言》中对拉谟斯也加以嘲弄）。维科梅卡多的课呢？ 他是希腊罗马哲学讲师，理性主义的亚里士多德信徒。

他在邦库尔学院又遇到从前的教师，布坎南（在葡萄牙关牢几个月后从英国回来）和缪莱（他长时期在奥什学院任教）。他们在学院教公共课。他也可能又见到格鲁希和盖朗特，他们隔一阵子到首都来督促他们的作品出版工作。

蒙田在巴黎住了多久呢？ 大家不知道，但是他不大可能花五年时间来完成他的人文教育和希腊文艺知识。"图卢兹学习神话"还是巴黎学习神话？ 没有什么可以让人对这个问题查得一清二楚。也没有什么可以让人不认为蒙田在巴黎和图卢兹读书。他开始在朗格多克首府读法律，在巴黎逗留一阵子后又回到这里完成学业。不管怎样，他在"童年"时初学希腊文化、医学、法律，这些在《随笔集》占据一个基本位子。

当他生活在巴黎时，这些智力活动并没吸收他的全部时间。皮埃尔·埃康若是送他的长子上那儿去，并不仅仅想到他的培养。青年在那里有机会出入上流社会，对于有志于投身政治外交生涯的人来说是编织有用的关系网。进入宫廷？ 一位新贵族的后代，只是来自一座可疑的城市的名人儿子，获得成功的机会不多。皮埃尔·埃康，从一五五四年后是波尔多市长，被派往朝廷当代表，恳求恢复自一五四八年来被剥夺的城市特权。我们猜想他可能借上京机会让儿子觐见国王。但是没有什么能证明蒙田领主本人见到过亨利二世，米歇尔自己有可能经过家庭的高官贵人把他介绍给了国王。他个人在朝廷的经历无疑要晚多了。但是如同有些巴黎大学生，他可能曾经好奇地旁观过骑兵竞技、舞会、庆典。他可能就近看到过一位和气有礼的国王，不拿架子而跟他即使最卑下的臣民说几句话。

在巴黎，蒙田又见到了可以把他引进法院圈子里的亲戚朋友：他的表兄让·德·维尔纳夫、居伊·杜·福尔·德·皮布拉克（大法院顾问）、克里斯多夫·德·罗菲涅亚克（不久任波尔多议长）、纪尧姆·德·吕尔隆加，后者是首席顾问，他的叔叔们的同事与朋友，他是拉博埃西在波尔多最高法院的前任，不久前拉博埃西把《自愿奴役的讲话》题了辞献给他。可能米歇尔也是通过他知道这部作品的，尔后此书作者又成了他最知心的朋友。

大贵族里也有人同样对年轻的乡绅有好感，在巴黎高等社会里给他引荐，加斯东·德·弗瓦，特朗侯爵，蒙田在佩里戈尔的邻居，蒙田领主的领主，那时是亨利二世的顾问。作为卡特琳·德·美第奇的顾问有路易·德·圣杰莱，朗萨克领主，弗朗索瓦一世的私生子，蒙田在一五七〇年把拉博埃西编的一部小册子色诺芬《家政论》献给他。他怀着感激的心情强调他对他家人的一贯友情。

他那时是否常去让·德·莫雷尔的文艺社团呢？那是巴黎的第一家文学沙龙。这是很可能的。这位宫廷人物，出身于昂布伦，王太后的内廷总管，国王的御厨总管，从他妻子的家庭与关系来说也属于最高法院的布尔乔亚。妻子是安多纳特·德·卢瓦纳，巴黎最高法院一位律师早期婚姻的遗孀。这位夫人很有修养，她偕同她的三个女儿卡米耶、柳克丽丝和迪亚娜，在帕韦路主办一个沙龙，向全体人文主义者、学者和诗人开放。图纳布斯和他的学院同事经常出入，还乐意带了他的最优秀的学生前往。外省人居伊·德·布吕埃斯、让·德·拉·杰塞，在那里作为途经巴黎的文人与学者受到接待。青年诗人，七星社成员，龙沙、杜贝莱，在那里遇见新拉丁诗人尼古拉·波旁、萨尔蒙·马尔桑、夏尔和塞沃尔·德·圣玛尔特（王家学院讲师），还有法国枢机大臣奥利维耶和米歇尔·德·洛比塔尔（《随笔集》对他们的"崇高道德"大加赞扬）。蒙田把拉博埃西的拉丁诗献给他时写信所用的语调，证明他们的关系相当久远，可能是在帕韦路沙龙中已经结交了。

一五四九年十二月二十一日那天，蒙田的《伯特尔》中有一条记事，提到那瓦尔的玛格丽特去世，赞扬这位王后的虔诚与美德。它还影射那座给她增添光辉的"坟墓"，那就是她的诗集，由缪莱的一位熟人尼古拉·德尼佐出版，安多纳特·德·卢瓦纳也出了力。这可以让人相信蒙田也认识编辑这部诗集的圈子里人。

从《随笔集》也可看出他对巴黎有个明确的认识，作者温情地爱它，"包括它的瑕疵与缺陷"（尤其是泥地，他后来把它跟威尼斯沼泽地的腐臭气相提并论）。他在这座城市里看到了"法国的光荣"，欣赏其"丰富多彩的生活"。这位外省青年陶醉在其美丽中，一定津津有味地徜徉在街头，大踏步走在宽阔的广场上，沿着塞纳河路，圣奥古斯丁码头，拉丁区的小马路，或者圣德尼路那条大商业街。他常去如"莫尔"那样著名的旅店，小酒馆，他是个赌徒也去玩"扑克和骰子"这类碰运气的赌博，学生节庆时在大学教师队伍前待得很晚，跟小桥上的卖鱼妇逗乐，像个巴黎中央菜场摊贩向她们绘声绘色侃大山。

他是个十足的舞迷，也应该奔赴舞会，与人谈情说爱。巴黎无疑要比图卢兹更早开启了他"最浪漫季节"的序曲。他后来在《论三种交往》中提到自己少年时春心荡漾，不能自拔："我在青春期突然钟情，受尽了诗人所说滥情男子身上产生的一切苦楚。这次鞭笞说实在的此后被我当作一个教训。"他还不到选择的年龄，他那时"以困难"来提高乐趣，而是处在"青年时代搂紧了接吻，亲热缠绵，有滋有味"。他很少嫖娼狎妓，因为明白对健康有危害。然而，青年时犯的错误中间，他承认还是得过"两次病，还好是轻的，初期症候"。是不是就像有人说的，这才使他早年秃发和孩子出世不久后夭折呢？

传记作者说到他在巴黎暂住，并不都在同一时期。格兰、斯特罗夫斯基、尼古拉说这是在一五五〇年到一五五四年，特兰凯说是一五四九年到一五五〇年，和一五五四年到一五五五年。但是他们一致突出它的重要性。尼古拉认为蒙田的"暴风雨年代"几乎都是在荒诞不经、声色犬马中度过的。这实在是忘记了他博览群书或与学人交谈，出入知识圈子，接触当时在意大利和法国风行一时的思想潮流和纷争（尤其如普拉塔尔和特兰凯所指出的帕多瓦哲学）等等，使他得到丰富的文化成果。

学者皮埃尔·布奈，把一部《自然神学》（一五〇二年）交给了皮埃尔·埃康，他以前曾是一名帕多瓦派。塞邦的第一部法语版由皮埃尔·马丁译成，一五五一年在巴黎瓦斯科桑出版社出版。蒙田是不是看到这个版本想到了布奈，从而向图纳布斯问起这位西班牙神学家？可能那时他就试图把父亲手边的这部拉丁语书译成法语。

米歇尔·伯特尔的《历史记事》也出版在一五五一年。是皮埃尔·埃康送给儿子的吗？还是蒙田在逛巴黎书店时随着其他书籍一起买来的？在这个也可当作记事本使用的历史手册，我们看到蒙田的评注并不多。但是《伯特尔》的优点是注明日期，几月几日，然后与拉丁日历、希腊日历和希伯来日历相对应的日期，历史记事册哪一年都可以用。其版式可以同时查阅某个时代、某天在不同国家发生的重大事件。据纳刚说，这里可能藏有了解"蒙田的历史思想的一把钥匙"。

融入首都的文艺社交圈子，使性格生来开放的人更加善于交际和知书达礼，让他获得这种"人与人的相处之道"，他认为这是非常有用的学问，"有助于交际与熟悉的最初接触"。他的法语，说来奇怪，只是在学校里才开始用上的，他认为"不论在发音和其他方面，都受到我的粗鄙俚俗的地方语影响"，对他来说不及说拉丁语自然；然而也是在那里说得流畅与优雅。外省青年的气质得到调教，加斯科涅乡绅真正变成了法国人。

蒙田法官:"最高法院的奴役生活"

　　不管在巴黎还是在图卢兹,可能还是在两座城市都读过书,不管皮埃尔·埃康怎么祝愿他的儿子有什么样的前程,蒙田是在一五五四年设立的佩里格间接税最高法院,开始了他的官厅工作。这家法院跟巴黎的法院一样,审理有关税收的民事或刑事官司:人头税、间接税、盐税、入市税。简接税法院除了在税收有最高司法权,还有权力增设新税和登记贵族契据。国家财政凋敝已经逼得弗朗索瓦一世出售财政和司法官职。他的继任人援用同样的方法。蒙彼利埃从一四三七年来就有一家简接税法院。十六世纪中,亨利二世决定在居耶纳、奥弗涅和普瓦图三个财政区设立一个法院。他把出售新法院职务看做是填补财政赤字和便利司法征税工作的妙法。佩里格市希望成为这家新机构的所在地,答应给国王缴上五万里弗尔。尽管波尔多市政府和最高法院提抗议,国王还是通过一五五四年七月敕令把简接税法院或财政区法院设立在佩里格。佩里格市答应立即缴付五万里弗尔,提出有资格担任新职的官员名单,全都是佩里格人。第一任院长是弗龙东·德·贝罗,前最高法院代理检察长,第二任院长安东尼·普瓦奈,贝日拉克最高法院司法长官。在九位财政顾问中有皮埃尔·埃康,代表佩里戈尔的蒙田家族,属于蒙特拉韦司法区。

　　大家一直认为这是指蒙田的父亲。他原是市政官,在下个月将被任命为波尔多市市长。然而把自己的职位辞去留给米歇尔的不是他，而是他的弟弟皮埃尔，科雅克领主，前最高法院律师，他对大哥与侄子一片忠心。是什么原因没人知道。

一五五四年十二月，在一次盛大的仪式中（花费城市四千里弗尔），皮埃尔·德·卡尔，波尔多最高法院院长，拉博埃西的岳父，请佩里格新法院的院长和顾问就任新职，法院存在的日子不长。说实在的，成立的必要性并不显著，从一五五六年起，巴黎和蒙彼利埃的简接税法院又恢复其对普瓦图和奥弗涅财政区的职权。王朝政府知道成立佩里格简接税法院是个错误。一五五七年五月一份敕令把这座法院撤消，波尔多最高法院全体人员无不受到影响。波尔多官员一开始就不接受没经同事同意招收的顾问并入进来。他们担心他们的诉讼费收益要减少，因为佩里格人要分去一份。此外佩里格人薪俸（五百里弗尔）还高于波尔多人（三百七十五里弗尔）。一五五七年七月，最高法院派了一个代表团晋谒国王，要求把新来的人分配到王国其他最高法院里去。代表们得到答复，佩里格将成立申诉庭（从法律上来说建在波尔多，但是从未正式成立过），继续在终审阶段自主了解税务案情。他们作为申诉庭的成员，只有在初审和向最高法院其他庭提出上诉时，才能对他们职权审理的原因作出决定。这样就产生了接连不断而国王又竭力要避免的冲突。一五五七年十月，国王诏书指出佩里格官员，米歇尔·埃康·德·蒙田也在其中，担任最高法院的顾问，根据其他顾问的权益给予相应待遇。他们保留了在佩里格法院的同等薪俸。

最高法院好像屈服了，但是很不乐意。新顾问赴任带来的薪俸更高，在简接税上享有自主终审的司法权力，这样老顾问与新顾问之间开始钩心斗角，闹了四年多。佩里格人受尽种种委屈。他们上任是一五五七年十二月三日。第一位院长拒绝由他们接手简接税司法权，尽管他们提抗议，只接受他们作为申诉庭的成员。他们一膝跪在地上宣誓说，他们为了获得他们的职位，除了国王以外没有给谁付过钱。此后，他们最合情合理的权利也遭到否定，还忍受恶意作弄。只是到了一五六一年九月，查理九世一道敕令撤消简接税法院和申诉庭，把原先的成员都统统合并到两个调查庭里。蒙田进入其中一个调查庭任职；他担任什么职位意见不一，也没有定论。佩里格人的薪俸也就自然而然拉到跟波尔多同事一样平。

可是必须有了九月二十日的敕令才在十一月十三日把第一道敕令记下。尽管遇到最高法院的敌意，简接税法院顾问的地位从此有了明确的规定。但是他们还是被迫要说明在其他庭里他们有些什么亲戚。

蒙田要比别人少受这些烦扰。他在波尔多最高法院里有好几位家族成员：他的叔叔雷蒙·德·布萨盖顾问，他母亲的两名亲戚让·德·维尔纳夫（未来的第三任院长）和约瑟夫·德·埃马尔（未来的第一任院长）；他未来的姻亲：理查·德·莱斯托那克（他妹妹雅娜的丈夫）、两位夏塞尼院长（他妻子的祖父和父亲）。他在那里不久遇见艾蒂安·德·拉博埃西（在一五五八年或一五五九年），后来两人成为莫逆之交。

他在什么时候担任官职的呢？ 大家只知道，简接税法院在一五五四年设立时他不属编制，在一五五七年撤消时名单上有了他。他非常可能在一五五六年进去的。法定的年龄是二十五岁，但是取消年龄限制是很容易做到的。（亨利·德·梅姆二十岁进入巴黎简接税法院，拉博埃西二十三岁当波尔多顾问。）

他有没有获得法学文凭？ 他有没有经过考试？ 这可不像特兰凯说的那么容易，考试才可证实考生的知识与判断力，蒙田本人也认为这是必需的。他本人在后来对于招聘一些无能的官员很愤慨，在这种情况下，那就很难想象他自己应考前不充实知识，以备将来担任自己的职位。

他在简接税法院的履历无疑是太短了，不像接受过官职培训，我们对他在佩里格的工作又毫无头绪。这是在波尔多他真正开始的职业生涯，也在那里提到他的司法官生活第一幕。

一五六一年十一月十三日，高等法院内佩里格顾问的地位还在争论不休时，蒙田接到任务，在联合法庭前给他们辩护，为优先权问题表态。波尔多的一位顾问萨朗·德·拉兰纳，并入最高法院简接税法庭已有两年，要求"领先于"从佩里格来的顾问。米歇尔·德·蒙田法官以大家的名义发言，提请注意萨朗顾问要领先于别人是没有道理的，因为他们在他以前已经是法院的一部分了。国王不是下过令要让佩里格的顾问在他们被申诉法庭接受时保持原来的级别吗？ 佩里格人出席了接受萨朗的仪式，对他的审查表示同意。他们在公众仪式队伍和活动时已经领先于那位拉兰纳，而拉兰纳并没申诉。法院作出决定，还是把佩里格人作为外来人，蒙田没有胜诉，虽然决议上认同他的论据的价值。

他的立场是很微妙的。他在法庭辩论中反对最高法院院长，却打算从他的队伍中得到支持，又只是一个礼仪问题，而他则认为"礼仪"是可笑的，具有讽刺的意味的是他总是自称准备把他的优先权让给谁都行。

蒙田的司法能力，以及他对于他不感兴趣的职务的热忱，经常受到人们的质疑。他本人也是惯常装作无知的样子，说自己知道"有一门医学，一门法学……大致针对的是什么，"但是"从没深入探讨"。然而《随笔集》提到司法执行的那种严肃态度，令人不能把这句玩笑话认真对待。

从我们对他的职业生涯的了解，相反地看到这是个老练的法学家和认真的司法官。如历史学家德·图说他的那样，调查庭的顾问工作是乏味的、困难的。蒙田也不像摆脱了它的种种约束义务。

波尔多最高法院是法国最高司法机构的八个组成部分之一。最高司法机构包括巴黎最高法院和外省最高法院，每家法院都享有全部的特权和权限。一个最高法院的官员可以列席参加其他最高法院的会议，蒙田是波尔多最高法院顾问，至少要列席参加巴黎最高法院的一次全体会议。

最高法院的权限不只是执法判决，还登录国王的敕令和法令；登录可以推迟和加速，若不经过登录，敕令与法令就不能实施，最高法院也可以向国王陈情（也就是提出意见）。这个强力机构，在蒙田那次列席的混乱时期，也可以维护国王权威和维持公共秩序。波尔多市市长由城市选定，城市的总督则由国王任命。最高法院代表国王和国家，遇上紧急情况可以调动军队，与市长或总督合作，必要时也可代替他们行使职权。

波尔多最高法院设立于一四五一年，查理七世时居耶纳叛乱，被剥夺特权。路易十一在一四六二年让它恢复特权。一五四八年暴乱受到可怕的镇压后，最高法院被撤消，一五五〇年一月又恢复。波尔多最高法院作为一个司法机构，包括一个调查庭（临时的）和大法庭，或称辩护庭。不久在这以外又加上两个庭，一个调查庭，一个轮流庭，后者负责刑事审判（原则上属于辩护庭职权），由其他庭的顾问，轮流列席审判，庭名也由此而来。《随笔集》中还留下他愤愤不平的回忆，从这点来看，蒙田不可能不出席审判。

最高法院的每个成员通过选举后由国王同意增补，他的职位可以出售或辞职转让（如皮埃尔·埃康，科雅克领主，他的辞职就是，那时允许叔叔让给侄子）。最高法院都是在全体会议上作出决定。法院成员的权威都来自他们与布尔乔亚阶层有共同志趣和利益，或者他们出身的城市的大宗买卖。这个地方寡头集团包括卓越的司法学家、语言学家、学者，他们促进文艺，写作，出版。约瑟夫是朱尔·恺撒·斯卡里杰的儿子，提到"他父亲那个时代元老中的博学之士"（元老则是法院法官的自称）。他们的任务是繁重的。翁布里埃官的会议从早晨六七点钟，一直开到下午很晚的时候。

在调查庭里，蒙田必须审阅档案卷宗，"庭审笔录"，诉讼者已经在大法庭的法官前审过堂，法官可以立即作出判决，但是要是案子太复杂，档案材料转至调查庭，由庭长指定的一名报告员准备摘要，随后送呈他的同事们，然后提出各方面的观点。报告员搜集了顾问们的意见，起草判决书，交给其他法官。他与庭长共同签字，然后递交给大法庭，由大法庭宣布"判决"。流传到我们手里的有五份报告是由蒙田起草的（而拉博埃西的有二十二份），都太模糊简短看不出具体内容。

他首先必须挑选材料，评判它们的重要性，整理庞杂的内容，做一份综述，最后下结论，说清楚诉讼两造的论据。

图尔农的那部杰出的作品，正是研究顾问的工作实质，衡量其中困难之处。十六世纪法律依然是一门强制性学科，法学家必须把各种案例纳入立法者规定的门类，正确阐述他的思想。如果思想不明确，他参阅从于尔平到巴德和巴托尔这些著名法学家的评论和注疏。仲裁与判决必须援引法律文本和注释者评论才有权威性。蒙田强烈抨击使用这些注疏："注释注释比注释事物更多事儿……我们只是在相互说来说去。"

因而法律的应用充满风险；条文相互矛盾，必须进入这座迷楼不迷失才能加以阐述。查士丁尼法典，属于书写罗马法，是法国南方诸省的共同法，除了对它的认识以外，还必须加上对国王敕令、诏书以及习惯法的认识。那时有许多地方习惯法通行于城市与地区。在波尔多，法官要实施波尔多、巴莱纳、达克斯、圣塞韦尔、圣让-唐杰里等地的习惯法。

一位波尔多律师艾蒂安·克莱拉在一六四〇年传抄和注释了《居耶纳习惯法》，它的存在证明居耶纳有一部习惯法，从十四世纪编写，在一五二〇年修订。这部习惯法叫《波尔多市任务，包含特权、豁免权、法律、风俗、古代波尔多人生活方式，一五二〇年修订的习惯法即是根据它节写而成》，"取自《随笔集》作者米歇尔·德·蒙田阁下的研究"。这部文本没有官方价值，从而在同时代的法典也是无用的；如果说它们是由蒙田注释，也无疑由他分类封存，这是因为他作为法学家对法学史的兴趣比司法官要大。我们知道他把习惯看得很重要，习惯保证一个社会的稳定，因为它归之于组成这个社会的人的"共同赞成"。他后来看出法律改革的危险性，因为改革出自个人意志，不像习惯出自一种共识。最高法院的辩论，大约给他提供了法令与习惯的规则两者冲突的范例，这引起了他的深思。

蒙田作为司法官的十三年，恰逢人文主义对法律原则提出质疑的危机时期。在所有精神活动领域内追根溯源的意愿，促使一位屈雅斯或一位阿尔西亚对中世纪法学家的注释持反对态度，对文本的原始意义和法律阐述的价值提出疑问。然而最高法院是司法自主的法院，不一定要与文本内容求得一致，这个问题就更加棘手了。它有"公平"审判的权力。顾问的任务不是单纯地监督诉讼合乎程序，要它跟法学家手册《调查风格》保持一致，而是按照他的良心和"天然情理"自问某一条判决的根据所在。这个任务微妙，有时痛苦，因为法律文本含义不确定和相互矛盾。

预示内战来临的紧张氛围，加斯科涅和佩里戈尔的政治与宗教形势，使波尔多最高法院感到责任重大。一五五七年八月，这一年正好蒙田当上顾问，西班牙佯装要从海上攻击波尔多。最高法院事前告知兼任居耶纳总督的那瓦尔国王。安东尼·德·波旁亲自前往最高法院。英国人与西班牙人明争暗斗，使波尔多处境险恶。

在整个王国加强了对异教徒的镇压，尤其在图卢兹；蒙田要是在那里上过法学院的课，在一五六〇年又参加过马丁·盖尔的审判，能够衡量出最高法院在宗教正统性方面如何严厉可怕。

宗教改革受到那瓦尔朝廷的鼓励，延伸到波尔多。雅娜·德·阿尔布雷，在泰奥多尔·德·贝兹住到内拉克以后，在一五六〇年十二月二十五日发表声明接受改革派信仰。安东尼·德·波旁至死是个天主教徒，在他之后雅娜当上摄政女王，在那瓦尔推行新教改革。在蒙田的家里，弟弟托马·德·博勒加尔和妹妹雅娜·德·莱斯托那克改信新教。在一五六一年，波尔多有五万居民，其中七千人是改革派。

一五五九年，蒙田不在波尔多，肯定在巴黎，正值七月份亨利二世驾崩，两月后又随着弗朗索瓦二世宫廷到洛林。在最高法院的点名册上他缺席。一五五九年全年政治气候黯淡，那一年在卡托-康布雷齐条约上法国受到肢解。那一年在腓力二世与瓦罗亚的伊丽莎白婚礼后，法国与西班牙结盟向异教徒开战。当亨利二世通过埃库昂宣言（1559 年 6 月 2 日），决定消灭异教，向全国各省派遣专员鼓动镇压，改革派教会第一次全国教区会议在巴黎私下召开（5月26—28日）。安娜·德·布尔被处决；火焰法庭判处大量死刑。

蒙田是个传统的天主教徒，但是像大部分开明的精英分子非常明白对僧侣们的恶行揭露是有道理的，那么他有没有试行改革呢？他对一切狂热与残酷嫉恶如仇，后来写道："用笔蘸墨已经不错，不要再去蘸血。"无疑对于因自己信念遭受危险而被迫害的人表示同情，可能还钦佩。"如果说我青年时代曾有什么抱负，那就是决心去克服随着近年宗教改革而来的危险和困难。"他在《论祈祷》那一章中这样说。

他与艾蒂安·德·拉博埃西密切交往（对于这段那么完美和直接的友谊将另文叙述），在西南部骚乱时期拉博埃西起了重要作用，而蒙田遭遇的是现实问题，对此事非常关注。这两位朋友在一五六〇年到一五六二年行踪不定，很少机会见面。但是他们在意见分歧的最高法院里知道彼此完全一致。第一位院长雅克·伯努瓦·德·拉杰巴斯东，温和的天主教徒，洛比塔尔枢机大人的朋友和被保护人。洛比塔尔是王朝的栋梁，先在弗朗索瓦一世时期，后在亨利二世时期；他与弗朗索瓦一世那么相像，传说他是他的私生子。在拉杰巴斯东一派中有温和派顾问，如阿诺·德·费龙和夏尔·德·库西，国王在居耶纳的摄政官布里领主。

对立面是过激的天主教徒，以克里斯托夫·德·罗菲涅亚克为首。聚集在这一派内的是所有认为拉杰巴斯东和布里太自由主义、要向改良派问罪的那些人。改良派中有克里斯托夫·德·弗瓦-康达尔，他的弟弟弗雷德里克，特朗侯爵，波尔多大主教，安东尼·普雷沃·德·桑萨克。这些人都是蒙田的朋友，这不是证明他会盲目追随他们的派别。在拉杰巴斯东的敌手中，还有居耶纳司法总管弗朗索瓦·德·埃斯卡尔，带领安东尼·德·波旁的党徒：他们责备拉杰巴斯东，说他忠于法国国王，损害了那瓦尔的利益。

拉博埃西从一五五四年来就是最高法院顾问，谨慎小心，甚得同僚的尊重。居耶纳学院一次大学生骚动之后，朝廷决定今后学校一切演出都要通过审查。德尼佐教师在一五六〇年必须要求批准才能演出他创作的三部戏剧。最高法院读了拉博埃西的报告予以同意。那时法院工作人员薪俸老是迟发，有时要拖延好几年。到了那年年底，他受托前去向国王要求有保证的支付方式。

从一四八四年来还没开过全国三级会议。一五六〇年十二月二日，正要召开那时以来第一次会议前夕，弗朗索瓦二世驾崩。新国王查理九世年幼，由卡特琳·德·美第奇摄政，她害怕吉兹家族，竭力避免冲突，这两件事带来一场思想转变。新枢机大臣米歇尔·德·洛比塔尔，是宽容的人文主义者，在奥尔良（十二月十三日）召开三级会议，号召各方保持冷静，基督徒要协调一致，他说：温和比严厉更让人受益。"让我们取消这些魔鬼的词：什么朋党、宗派和暴乱、路德派、胡格诺、教皇派，我们不改变基督徒这个名字。"

一五六〇年，艾蒂安·德·拉博埃西把一首拉丁诗献给让·德·贝洛（波米耶领主和子爵、波尔多最高法院顾问）和蒙田。他在题辞里哀叹正在蹂躏法国大地的这些斗争，还问是不是要到新发现的美洲大陆寻找避难所。法国到处响起和解的呼声，来自布尔乔亚或宫廷自由精英阶层。大家决定召开全国主教会议，会上邀请了改革派代表。加尔文派遣泰奥多尔·德·贝兹去参加普瓦西会谈（1561 年 7 月），会议以失败告终。蒙田参加了吗？ 这不是不可能，他那时就在宫里。

拉博埃西只是在一五六一年三月才到波尔多的，之前经过艰苦的谈判，但是还是取得了成功，还加入了代表团，给新国王带去波尔多城的效忠书。在他离开巴黎前，米歇尔·德·洛比塔尔委托他给最高法院传达他的嘱咐。最高法院曾经表示过它对枢机大臣提出的宽容政策是反对的，同时又拒绝登录试图限制迫害的罗莫朗坦敕令（1560 年 5 月）。

拉博埃西在会上宣布"必须遵照朝廷的指示与智慧对敕令全面执行，朝廷考虑到不要以严厉来激化坏事，不要以放纵来增加坏事"。这位年轻的顾问接着立即执行洛比塔尔的指示。受宗教煽动的暴力活动在居耶纳，尤其在阿让地区，到处都是。从一五六〇年六月起，雷蒙·埃康，布萨盖领主，蒙田的叔叔，接受委托，随同国王派驻波尔多的摄政官布里和国王的律师贝尔纳·德·拉埃，到阿让地区劝说和解。一五六一年五月，枢机大臣正在阐述和实施摄政王后的宽容政策，卡特琳又派遣以温和著名的布里实施要大家保持冷静的使命。但是未能奏效。局势反而更加骚乱。在阿让，改革派冲进了多明我修道院，毁坏祭台和神像，焚烧圣物。一五六一年九月，查理九世再委托布里到居耶纳进行绥靖工作。他对他明确提出行为准则："不要以宗教行为而定罪"，但是惩罚扰乱治安的人，手段温和，只针对罪魁祸首。布里得到朝廷的同意，带了拉博埃西顾问一同前去。

他们两人沿加龙河从波尔多到朗贡、卡迪亚克、巴萨斯、蒙塞居尔、拉莱奥尔，它们都服从国王。十月三日抵达阿让，他们召集贵族，把多明我教会的修道院交还，把赔偿交给胡格诺，让他们在圣福瓦教堂举行他们的祭礼。此外，他们还采用一个别出心裁的措施，在当时令人赞叹：在有两座教堂的城市里，较小的一座属于改革派，在只有一座教堂的地方，两种仪式轮流使用。十月十三日，雷蒙·德·布萨盖向最高法院汇报布里和拉博埃西的使命成功，蒙田在十一月二十五日向国王上递陈述书。

一五六一年底，洛比塔尔的自由派政策在朝廷还是占上风。七月敕令对胡格诺非常严厉，枢机大臣竭力压着不发。一月初，卡特琳在圣日耳曼昂莱召开内部会议，邀集了王国内八家最高法院中最有影响的院长和顾问。波尔多最高法院出席的是第一任院长拉杰巴斯东、阿诺·德·费龙和检察长莱斯屈尔。一五六二年一月敕令就是在这次会议中经过讨论后写成的。这对新教徒非常有利，让他们有信仰的自由，还准许他们在城外做礼拜。

绝大多数最高法院都敌视改革。他们很不乐意登录一月敕令，竭力大量限制它的实施范围。在波尔多，弗雷德里克·德·弗瓦-康达尔煽动天主教贵族抗拒，激烈攻击拉杰巴斯东，有时亲自出马，有时借手罗菲涅亚克和夏尔·德·塞萨克。终于，在一五六二年七月二十五日，最高法院又重新搬出一五四三年决定，强制所有成员信奉天主教。这样在不受最高法院欢迎的一月敕令和这项决定之间开始了第一场宗教战争。

巴黎最高法院首先作出示范。一五六二年六月六日，它要求必须公开声明遵行信仰。一五六一年十一月二十六日，波尔多最高法院派遣"米歇尔·德·蒙田为其他事由进宫"，在国王身边完成一项任务。我们不知道这次旅行的目的。在波尔多最高法院登记册里一五六一年三月和十二月蒙田缺席，六月在巴黎。这个月的十二日，他前往最高法院，登记册提到"那天，米歇尔·德·蒙田先生，波尔多最高法院顾问，到法院致意，为了在这次会议有表决权，要求法院接受他公开声明信仰"。

好几位传记作者都责备蒙田自发做出这样的事，弗莱姆还很有把握强调，同样的宣誓稍后七月份会在波尔多最高法院举行的。据博纳丰，这个态度表示这位青年顾问是同意限制使用宽大敕令的措施，他在青年时不及在壮年时开明。庭审笔录的措词不允许接受这样的阐述。当然，蒙田是虔诚的天主教徒和君主主义者，没有理由不根据法院的要求宣誓。但是无疑是出于职责，为了在最高法院有"表决权"，能够在波尔多继续任职，他就宣誓了。

随着一五六二年开始了内战时期，随后打了三十年。一位洛比塔尔在奥尔良和巴黎，一位布里和一位拉博埃西在波尔多，进行绥靖与和解的尝试都归于失败。特兰托公会议在一月重新召开，接着确定反改革的意识形态，重申它镇压异端的意志。三月，洛林红衣主教的卫兵在瓦西屠杀新教徒，掀起了第一场宗教战争。吉兹家族跟蒙莫朗西陆军统帅和解，与圣安德烈元帅联合，这下子毁灭了宽容政策。孔代离开王宫，动员改革派军队，把勒阿弗尔交给英国人，试图攻下巴黎。那些大人物分别属于两个阵营，他们的敌对又重新引起反对君主政权的封建战争，激化宗教冲突，如今贵族的诉求以外又加上了宗教的诉求。在居耶纳，具有社会性质的农民暴动，跟由贵族设计与布局的改革派动荡，纠缠在一起。

在一五六一和一五六二年，蒙田经常出差不在波尔多。在朝廷待了很长一段时期，他随同查理九世的扈从与军队到了鲁昂。胡格诺在一五六二年四月攻占了鲁昂，蒙田有没有参加十月企图夺回的围城战呢？可是在居耶纳战争打得非常激烈。蒙田六月在巴黎，那时新教徒在杜拉斯男爵领导下，徒然试图在二十五日到二十六日夜晚攻下特隆佩特要塞。

波尔多最高法院那时又对改革派实行严厉的镇压政策。一五六二年十二月，贝日拉克被阿尔芒·德·克莱蒙攻占，让最高法院下决心征召一千二百人，训练编队，由十二位顾问各自率领一百名士兵。拉博埃西也在十二人之中。这是他最后出现在公众生活中。他是不是《动乱绥靖备忘录》的作者？博纳丰认为在这部小册子里找到了《对于因内战而闻名的一月敕令的若干回忆》。据蒙田提供的证词，这部作品由拉博埃西撰写，可以定为一五六二年八、九月份，显示对王国保持统一的忧虑：他主张在法国只承认天主教教会为唯一的权威，因为他看到"宗教多样性"是当前一切乱象的根本原因。但是他承认教会必须朝胡格诺所希望的方向进行"改革"，也应该让胡格诺满意。这样既避免了因改革引起的分裂，又消除天主教教会的弊端。世俗权力（国王和最高法院）则受托监督这些措施的实施。

拉博埃西受权跟布里到居耶纳让两种祭仪共同存在，根据查理九世的命令，只惩罚那些肇事者，而今把这份《备忘录》归于他的作品，大家是有疑问的。只允许实行一种天主教仪式，这也就是推翻由洛比塔尔而提出的一月敕令中的自由思想，责备被认为过于宽容的国王态度。这种自由思想未被那个时代理解，他是不是失望了呢？据博纳丰的说法，《备忘录》要表述的就是这点。居耶纳地区的混乱证明那时这样一种和解是不可能的。蒙田的态度与他朋友的态度在各方面是一致的。

波尔多最高法院不久从图卢兹请来了蒙吕克，负责"绥靖"居耶纳。这个"绥靖"可是与布里和拉博埃西所尝试的绥靖完全不同。对胡格诺骚乱的镇压是可怕的。死刑判决直线上升。不但改革派，就是温和天主教徒，也心惊胆战。蒙吕克在他的《评论集》里提到一五六三年三月十二日那天，对于在他作为总督的波尔多建立和平感到庆幸，把加斯科涅打得弯下腰，"没有一个人敢抬头"。

从一五六二年十月到一五六三年二月，蒙田留在法国朝廷。一五六三年六月二日，他作为证人在他的叔叔雷蒙·埃康·德·布萨盖的遗嘱上，与拉博埃西一起签字。八月，拉博埃西这位无比珍贵的朋友临终时刻，他侍奉在侧，这位青年顾问八月十八日逝世那天，他在一封非常美丽的信里向父亲陈述了这一切。

拉博埃西去世后，蒙田在波尔多最高法院又待了七年。强硬的天主教徒与温和的天主教徒不断产生摩擦。在弗朗索瓦·德·吉兹被谋杀后，安布瓦斯和平（1563 年 3 月 19 日）允许新教在由大法官管辖区城市郊外举行礼拜。在高等法院内部也有强烈的敌对情绪，存在于弗朗索瓦·德·佩吕兹·德·埃斯卡尔与拉杰巴斯东院长之间。埃斯卡尔是居耶纳司法总管，属于那瓦尔国王安东尼·德·波旁一派，与他一起还有康达尔和特朗的波尔多天主教联盟。拉杰巴斯东院长则是枢机大臣洛比塔尔的被保护人，他们对于信仰自由的看法是一致的。

一五六三年十一月十二日，在最高法院会议开幕时，埃斯卡尔要求首席院长在有关改革派的一切事务中实行回避，控诉他同情新教徒。拉杰巴斯东反驳说，"法院的顾问和庭长给埃斯卡尔在私人事务中出谋划策，经常跟埃斯卡尔大人出去吃吃喝喝，这使他们遭人鄙视，埃斯卡尔大人甚至派遣他们出席他们乐于完成的谈判"。在十二月十日这次会议中，要求拉杰巴斯东点出名字，拉杰巴斯东指出罗菲涅亚克和夏塞尼院长，还有好几位官员是拉博埃西和蒙田的朋友，顾问贝洛和蒙田本人也在其内。他反过来要求他们回避。

轮到蒙田发言时，他气愤地还击，诉讼笔录上说"生性急躁"。他说拉杰巴斯东自身要回避，就没有资格要求任何人回避，出门时还说"他把法院全体人员都点名了"。人家把他叫回来，要他解释自己什么意思。他回答说他对首席院长毫无个人恩怨，但是看到受到质疑的人违背法院的规则，竟允许去叫其他并不比他更有牵连的法官回避，那样他也可以要求全法院的官员回避。他不拒绝作出道歉。蒙田在讲话中还提到拉杰巴斯东与埃康家族多年来的私交。后者最终还是回避了，但是他所指出的一些人也同样回避。

米歇尔反应剧烈应该归之于他脾气急躁，被院长排斥生了气。也可以说他对过世才三个月的亡友的忠诚。拉博埃西事实上是埃斯卡尔的一个熟人。他在"一件丝袍子下穿了紧身衣"跟他比武以后，感到了最初的病症，也为此而死亡。蒙田后来也反对埃斯卡尔要把拉杰巴斯东驱逐的企图，证明尽管语言上有过交锋，对后者还是很有好感。

蒙田在最高法院的另一次发言，显示他不是对他的工作不感兴趣，他认为有必要，也不怕坚持自己的意见，不管它们是多么不讨巧。卡特琳和查理九世巡行，目的是向青年国王介绍他的王国和安抚人心；一五六五年一月二十四日至二十五日最高法院在法国朝廷将要到达波尔多之前开会。最高法院忧心忡忡，准备迎接王室成员。他们以前不是系统地反对教会、法令，事实上也是反对王太后的和平政策吗？他们是不是要检讨自己内部的意见分歧和疏失之处？院长和顾问都被请来商量如何对国王的演说作出答复，以及呈递给他的陈情表。他们的意见都倾向于首先为最高法院开脱。一些强硬的天主教徒想要求王国生活在同一个宗教、同一套法律之下。大部分人希望增加薪俸。

米歇尔·德·蒙田作为顾问第三位发言。他铿锵有力地支持一五六〇年奥尔良法令中提到的改革，而最高法院却顽固拒绝登录。他说，"至于说到国王，他必须有根有据地向他提出，一位贤良的国王多么需要经常去巡视他的臣民的土地，这对于治理国事大有裨益，司法混乱的弊病来自官员众多，不当的遴选方法和一切都可以买卖；必须要求改正所有这些错误，主要是取消一切不法之事；决不能提出任何旨在增加我们官俸的要求"。最高法院的秘密记录中誊写了蒙田的这篇演说。但是他的同事听进去了吗？ 这里面的批评向国王汇报了吗？ 一切都不清楚。

在《随笔集》里好几次出现对这"第四等级"（司法官员）的抨击。三十二岁顾问的发言已经为他壮年的立场定了调。他这些发言尤其令人注目的是，它们与其他法院官员的一般想法都不同，其中包括拉杰巴斯东，他们在言辞上都躲躲闪闪，胆小怕事得多。四月份国王莅临时，洛比塔尔在最高法院向国王提出的不满，跟他提的完全一模一样，这必然叫蒙田肚里好笑。枢机大臣此外还建议要谨慎对待改革派，拒绝有人要他撤除拉杰巴斯东职务的要求。

一五六五年四月九日，查理九世驾临波尔多，大家知道尽管大雨如注，仪式依然隆重豪华，但在《随笔集》里则一笔不提。波尔多仪仗队按照礼节到各座城门去迎接十四岁国王。在大主教和市长后面走的是市政厅、最高法院、大学、武装部队、乞丐行帮、法院团体，其成员率领十二国外藩，主要是乌托邦人、锡兰人、美洲人、印第安人、加拿大人、野蛮人、巴西人。蒙田也在顾问队伍中，穿红袍，戴皮帽。首席院长拉杰巴斯东，穿紫红长袍与大氅，跪在查理九世面前，查理九世打断他的长篇讲话，答应惩罚拿起武器的人。

四月十一日，国王主持最高法院会议，会上他嘱咐要谨慎对待新教徒。说到枢机大臣洛比塔尔，他在演说中宣称他在"这家最高法院找到许多错误"：无视国王法令、分裂、暴力、贪财和重利盘剥、风俗败坏、疏于职守、胆小怕事。蒙田应该为这次申斥暗暗鼓掌叫好；但是申斥那么严厉，首席院长与几位顾问不久到枢机大臣处叫冤。

龙沙出现在国王扈从中。他生病，不得不留在波尔多，住在蒙田①的朋友贝洛家，不能参加为卡特琳与阿尔布公爵在贝荣纳会见而举行的庆祝，庆祝计划还是他策划的呢。这次会见充满威胁，因为公爵有意要让法国去接近西班牙，争取王太后利用特殊法庭惩处改革派领袖，限制安布瓦斯敕令的意义。

可是在一五六五年国王莅临时，波尔多已经恢复从前的特权，收回它的大钟，进入一个繁荣时期。如果天主教徒与新教徒的对抗在东南部演变成屠杀，居耶纳的骚乱则是被蒙吕克的"绥靖"工作镇压下去。但是埃康顾问在任最后几年时，看到政治与宗教局势日益恶化。在一五六七年十二月，第二次宗教战争开始时，他给贝洛顾问写信，要求他的朋友在最高法院各庭联合会议上当众宣读，信中显出他对于自己的职责十分关注。

他提请注意有可疑队伍出现。五六天以来有一群骑马的人从奥尔良过来，多达二十五人，他们穿过卡斯蒂荣北部，引起有些派别拿起武装，借口说去寻找据他们说已往蒙托邦而去的那瓦尔亲王殿下。他这样认为：附近有城市要防守的人，不要激动，不要慌张，眼睛要盯住门户。

随着战事重启——据斯特罗夫斯基——最高法院又变成了战争参谋部，得到蒙吕克总督的支持。法院在波尔多下令没收那瓦尔王后的财产，因为她与孔代和科利尼结了盟。安茹公爵在雅尔纳克的胜利使它放了心，而得到英国海盗相助的一个新教徒柏尔达扬占领了布莱又使它心惊胆战，派了一个司法官代表团去见正在围困圣让·德·安吉利的安茹公爵。蒙田的岳父夏塞尼首席院长也在其中。他们遭到新教徒袭击，受到虐待，关进

---

① 此处为地名。——译者注

73

城里，只是同意把他们的孩子扣为人质后才被释放。有三名改革派顾问被最高法院逮捕作为报复。一五六九年年底，最高法院决定所有法院成员都必须担任城门守卫，最健壮的——蒙田在内吗？——帮助市政官参加城市夜巡。官员出资建立一连步兵。

同年，夏尔·德·蒙费朗继蒙吕克之后接任总督一职。他随后又变成波尔多市长。这个腐化残酷的领主在城里作福作威六年。轮流法庭成立。一五七〇年二月六日，三名新派牧师被绞死。从一五六九年三月到圣日耳曼和平（一五七〇年八月二十三日），缺席宣判了一千二百十七件死刑。打击的对象有贵族（罗什富科、杜尔福）和普通平民。他们被判死刑，不是作为异端，而是作为盗贼，加以谋害国王的罪名惩罚：头颅砍下，身体切成四块，暴尸在居耶纳、佩里戈尔、圣东日和利穆赞四省。必须等到一五七〇年和解敕令，那些人质才得到释放，判刑才予以取消。

一五六八年六月，父亲去世，蒙田得到一笔巨大财富和庄园，也让他承担一家之主的义务。他在最高法院法庭还是待了两年，完成他的顾问职责，在这个天下汹汹、四方扰攘的时代，这决不是个闲差使。一五六九年最高法院绝不宽容，建立了轮流法庭，逼迫他要把刑事案件进行裁决，这些工作使他感到极端厌恶。

父亲过世后一年，他还是要求进入大法庭。一五六九年十一月十四日，法庭审看了他的要求后，给予拒绝。从规则来看，确实有理由禁止他进入大法庭审案，因为他的岳父约瑟夫·德·拉·夏塞尼，轮流法庭庭长和他的妹夫理查·德·莱斯托那克已经进了大法庭。他可以向国王要求特许，但是他没有这样做，宁可退职。他是不是对同僚的恶意感到失望呢？他如果提出他的候选人资格，这是他认为会被接受的。这一次挫败使他不能投入一个辉煌的生涯，有负父亲的期望，他感到委屈，一五七〇年七月二十三日，他把职位留给了弗洛里蒙·德·雷蒙，国王在接着的九月七日给他发下了诏书。罗贝尔·德·雷蒙，阿让司法总管辖区法院初等法院顾问，批准这份职务转让合同；合同当事人是米歇尔·德·蒙田和弗朗索瓦·德·福尔，神学博士、波尔多圣塞林议事司铎，弗洛里蒙·德·雷蒙的父亲罗贝尔·德·雷蒙的代理人。弗洛里蒙·德·雷蒙立即就职，时在一五七〇年十月二日。

蒙田辞职以后，没有与最高法院完全断绝交往。他后来有机会就去，甚至还接受巨大荣誉。

到法国宫廷的差事与使命

在波尔多高等法院当一名顾问，其任务不限于准备和审阅档案卷宗，颁布判决。某些人还经常被委以政治任务和发言人的职责（拉博埃西，我们看到他在阿让区和波尔多完成微妙的任务）。派到朝廷的任务最受人欢迎，因为有机会接近国王和他的近臣领主，介绍给他们，这样获得关系，有利于以后大展宏图。

像蒙田这么一名官员，穿长袍的人，说实在的也只是个小贵族，时常出入朝廷又能期盼到什么呢？他的父亲以前若有这个愿望，也早已放弃，知道看不到他的长子像他那样从事戎马生活，无疑也会高兴他在外交事务中出人头地，代表国王跟亲王、国家、城市或团体谈判，起草条约和盟书。这些例子中不乏高级神职人员、佩剑贵族或官员、国王政务的代理人，他们在弗朗索瓦一世时代都赫赫有名：有拉扎尔·德·巴伊夫、让·杜·贝莱、一位雅马邑红衣主教、一位乔治·德·塞尔夫。拉博埃西的祖父让·德·卡尔维蒙好几次受国王委托出使去见查理五世。

蒙田是不是也有意去搞外交呢？《随笔集》最初几章的暗示性题目，显出他对外交官与谈判家的职责颇感兴趣：《身陷重围的将领该不该赴会谈判》（1卷5章）、《谈判时刻充满凶险》（1卷6章）、《几位大使的一个特点》（1卷17章）等等。他自问要完成这些职责所需要的品质，强调随机应变的天赋，重视大使工作的权限，把发生的事完整如实地向主子汇报，让他完全自由地做决策。这些思考好像来自他个人的关心。

假若蒙田有过担当这类任务的心愿，那么去朝廷干差事应该帮助他去实现。然而，据他说，他不能够长期留下，对事物时时充满好奇，他喜欢旅行，到朝廷的这些差事对他的顾问工作是愉快的调剂。根据最高法院记事册里他的缺席纪录来推算，他在法院当差的这几年去过十来次。也可能还有其他的。

特别是在一五五九年到一五六五年间，他常去朝廷。后来再去是二十年后了。当他写"在宫里度过一部分生命"，他思想中要说的既是法国宫廷，也是那瓦尔宫廷。

大家一致认为他是亨利二世去世前后出现在宫里的。以什么头衔呢？在什么场合呢？没有人知道。当他这样说时只是提到他个人的回忆："我看到从加斯科涅来的一位贵族，亨利二世国王从来不曾把他的名字念准过。"如果说国王在大家说一口精粹法语的宫廷里，念错了加斯科涅人的名字，那么这位佩里戈尔青年顾问让那些听惯"纯正法语"的耳朵听了难受，会不会感到不好意思呢？好在从那时起他欣赏法兰西岛的"雅致、细腻和丰富的谈话"。此外，蒙田本人是骑手，对骑马问题向来充满热情；在《论战马》一章里，回忆起不同场合遇见过的出色骑师，其中有卡尔纳瓦莱先生，是他认识的"最内行、最稳扎、最有风度的驯马师"，他那时给"我们的亨利二世国王当差"。国王死在一五五九年七月十日的那次比武会上。这件事使蒙田恨透了这类"动手动脚、粗鲁无礼，在法国人之间才有的游戏"。他已看到两位有王室血统的亲王因此丧命。

一五五九年九月间，蒙田在最高法院记事册上缺席，"为国王服务，（最高法院）休庭"。他那时出现在弗朗索瓦二世的扈从中，国王陪同法兰西的克洛德前往洛林去找她的丈夫。年轻的国王跟玛丽·德·洛林的女儿玛丽·斯图亚特结婚，把巴勒杜克公国主权放弃给他的岳父。据布朗托姆说，他有点不安地保留了一部分领邑，那是西西里国王勒内·德·安茹留给洛林家族的，尔后又被路易十一剥夺。如果说蒙田在《随笔集》提到他住在巴勒杜克，这不是记述他随同朝廷参加的庆祝，也不是回忆玛丽·斯图亚特，而是回忆因这些交易而提起的勒内国王。他那时看到这位勒内国王把他的自画像，送给了弗朗索瓦二世。他心想，他用铅笔自画，为什么不允许别人"用羽毛笔自画"呢？ 这是在《论自命不凡》一章中，他竭力要确定自己的自画像，《随笔集》作者记下了这个想法；这对于自己的作品要怎么写起了决定性作用，竟使他在将近二十年后还回想起这件事？

一五六〇年六月到七月他还在宫里，那时亨利二世死后已有十二个月，因为他写道："亨利二世国王驾崩，在朝廷上穿布衣戴孝不到一年"，这样说明他跟朝臣在一起。

一五六一年十一月十三日，蒙田还在波尔多，因为他要为简接税法院的佩里戈尔顾问的案子辩护。但是十一月二十六日，最高法院纪事册里提到交给米歇尔·德·蒙田一项任务，"到宫里去办其他事"，什么事呢？有关公务还是私事？ 一五六二年二月他回到了波尔多（说明他出现在最高法院），我们又看到他一五六二年六月十二日在巴黎，后在鲁昂。在死伤甚多的这次围城战后，十月二十六日国王军队攻下了落在胡格诺手里的这座城市。那瓦尔国王在那里受伤，当安东尼·德·波旁伤重不治，在十一月十七日死于莱桑德利时，埃康顾问已经回到波尔多。

他有没有参加围城战？ 肯定没有。他详细叙述了弗朗索瓦·德·吉兹在围城时差点丧命的生动轶事。吉兹得到王太后的警告，说有人阴谋杀害他，还说出那个加尔文派贵族杀手的名字。吉兹叫人把他领来，问他促使他这样做的理由，原谅他，以他的宽大表示他的宗教要"温和"得多。但是蒙田不是作为目击证人谈起的。这位公爵慷慨仁义的故事他是从法国赈济大臣雅克·阿米奥那里听来的。他一句不说城市的胜利与抢劫。他只是随着查理九世到鲁昂参加献给国王和朝廷的节庆活动吗？ 这很可能。

那次令他吃惊的事是他遇见了来自巴西的土著，记述在《论食人部落》一章中。

鲁昂那时是一座重要的商港，跟美洲保持许多关系，美洲引起法国极大的好奇。一五五〇年，在亨利二世进鲁昂的隆重入城式中，城市献给国王一场异国情调的娱乐节目，让刚从他们本国劫来不久的"野蛮人"，在特意树立的背景下模拟他们的工作、他们的游戏、甚至他们的战斗。在一五六二年，当时的环境不适合有这样的演出。但是青年国王很高兴跟三名巴西土著聊聊，有人还领了土著参观法国城市和了解法国风俗。蒙田能够跟其中一位谈了很久，他是位武官，水手则称他为王。可惜！他的那位通译不很聪明，听不明白他提的问题的意思，使他未能从中达到预期的目的。他问王，他在他们那里地位崇高可以得到什么样的好处。巴西人说，打仗时走在最前列。他还问不打仗时他的权威是否结束。他听到的答复是还有部分保留着的，就是当他走访属于他管辖的村庄时，有人给他在村庄林子的荆棘地里开出几条道路，让他可以顺利通过。

大家知道《随笔集》对这次会见作了总结。这些外国人对于他们看到的法国社会提出明智的看法也使作家大为钦佩。蒙田最后带着孟德斯鸠式的幽默断然说："这一切都已经不错的了：不是么，因为他们不穿裤子的啊！"

一五六三年后，蒙田经常外出的理由让人知道的实在不多。最高法院纪事册指出他不在波尔多——即是说在朝廷——时为一五六四年十一月和一五六五年十一月（他不久前在九月二十五日结婚）。随后，只是他作品献辞上的日期说明他缺席。一五六八年六月十八日，皮埃尔·埃康去世那天，雷蒙·塞邦《自然神学》法语译本献给父亲的题辞上面的日期在巴黎。一五七〇年九月十日，在他们的第一个孩子夭折后，他给弗朗索瓦兹·德·拉·夏塞尼写慰问信，附有艾蒂安·德·拉博埃西译成法语的普鲁塔克《慰妻信》，那也是在类似情境下写成的。在这天以后，蒙田就离开了最高法院。

他到底有什么雄心壮志？他到巴黎和朝廷出差，这里面既有最高法院的任务，无疑也有政治活动，他究竟在扮演什么角色？那个时代旅行往往充满风险，非常劳累，此外还很贵（他自己就为此埋怨）。要说他享受旅行乐趣，厌倦官场工作，爱好新奇，这都不足以解释他为什么屡次三番走出波尔多去那里过上一段时间。

蒙田自认为有谈判与出谋划策的天赋。大家以后也看到他的天才在大人物身边有了用武之地。可不可能他从青年时代起就在为亲王效劳了？这个假设让斯特罗夫斯基很入迷，他想起了一五八八年蒙田对德·图院长说的知心话，他那时暗示吉兹公爵与那瓦尔国王（未来的亨利四世）的谈判。他不是在一五六二年也试图拉拢安东尼·德·波旁和弗朗索瓦·德·吉兹，在他们两人之间充当中间人，以让这两个儿子继续奉行他们父亲开始执行的政策？但是一个二十九岁的顾问，即使竭力要扮演这样的角色，也没有什么可以证明其可能性。

宫廷生活的经历带给他的是失望与幻灭吗？无疑是的，既然他多次强调"宫廷生活的奴役"。可是，这位波尔多官员具有良好的素质，造就他出人头地。从童年起精心培训"可用于各个国家、各项职业的"礼仪，喜欢社交与谈话（他说，"我这人本质上还是适合交往与表达的"），受到精心教育，思想开阔，能够适应任何类型的对话者，热心肠，对夫人殷勤周到，蒙田在瓦罗亚宫廷里可能是个受人欢迎的人物，他对于宫廷给他的乐趣肯定也很能感受。他决不敌视"宫廷里的人事纷扰……只是偶尔为之，要合乎他的心情"，他跟大家相处也很自在，他重视人际交往的好处，他喜欢亨利二世宫里很受欢迎的骑术表演、跳舞、舞会、花式芭蕾（女人展现她们美妙的柔术），意大利人帕瓦里和庞培的精彩编舞和"跳跳蹦蹦"。

文学生活在亨利二世治下繁荣昌盛。《论自命不凡》一章强调当代诗歌"风行一时"，还举出这方面的"优秀人物"，有多拉、贝扎、布坎南、洛比塔尔、蒙托雷和图纳布斯，他们都用拉丁语写作。他那时是不是遇见杜贝莱和龙沙呢？他认为他们是最杰出的法语诗人，也是一大帮要摹仿他们的"小学徒"们的领军人物。我们知道他认识阿米奥，后者译过普鲁塔克《名人传》，在一五五九年出版，后来是蒙田爱读的书之一。

他在学校就热爱戏剧，也以早熟的演技引人注目，他一定很乐意看到法国悲剧和喜剧的诞生，那是由布坎南和缪莱在邦库尔中学的学生开创的，他们是青年诗人若代勒、格雷万、让·德·拉·塔耶、拉·佩吕兹。宫廷也很高兴仿效意大利宫廷演出戏剧。蒙田也是这样。他在《随笔集》里表示遗憾演出没有增多，谴责那些封杀"吵吵闹闹"和演员的人。

如果说亨利二世朝廷及其近臣在《随笔集》中有所提及，蒙田对国王本人则一句话也没说。他像他那一代的人，喜欢查理九世，文艺的保护人和朋友，他登位初期接受洛比塔尔的谏言，宣布了绥靖敕令，一份帮助穷人的敕令。改革派曾经对他期盼很高，在圣巴托罗缪大屠杀后痛恨他。对蒙田来说，他依然是"我们可怜的先王查理"。

在宫廷的氛围里，蒙田既迷人也受人迷，他认为任何哪个贵族都应该按朝臣的模式培养，贵族应该眼睛盯住宫廷。但是他并不寻求在这方面有所作为，而且还无情地批判它。他多次重复说他的脾性生来讨厌野心。"这不是小人物的一种罪行，"他说。野心会逼迫他"每天遇到成堆不容易解决的难题，还不如在内心油然产生这个想法时，毅然把它抑止"。他准备完成一切"需要活力与自由的工作，做法直率，历时不太久，可以含风险"，但是"如果时间长，繁琐，辛苦，需要装模作样"，那他不是干这活儿的人。

尤其，如果说他躲开"工作"、职务和荣誉，而他们则以"真诚的归顺"为代价而获取的。蒙田热爱他一心要保持的独立，没有做朝臣的天赋。国王他们也摆脱不出宫廷的奴役。当他们坐到餐桌前，不是"旁边簇

81

拥着那么多说着话盯着看的陌生人"吗？他们坐在马桶上，有二十来个人看着，不是让富有经验的好仆人，而是给几个有显赫武功的贵族侍候着。这样说来，一位领主活得比国王幸福，因为他在自己的封邑，"跟威尼斯公爵一样自由自在"。在法国法律是够自由的，王权的威严在一位法国贵族的"一生中只触动他两次"。

但是，做国王最大的坏处是谈不上跟谁有"相互的友谊与交往"，而友谊与交往则是"人类生活中最甜蜜的果实"。敬意与畏惧束缚了国王周围的人的自由，它们也都是对着王权而不是对着国王而来的，国王看到的只是面具而已。

蒙田的脾性使他置身于朝臣之中感到不自在，他总是"口无遮拦，想到什么说什么，对事物的看法也冒冒失失"。如果说他对宫廷礼节很熟悉，也不轻视，然而他不适应。好几小时保持脸无表情，一动不动，只有女人才会做到，一个"出奇地疯狂与放肆的"男人实在感到沉重。他天性爱交际，也使他在人群中讨人喜欢，但是并不总是这样，也要看时间：因为独处使他"心胸更宽阔、视野更远大"。当他一个人时更加关注国家大事和世界风云，而在卢浮宫和人群中——他说——他"低首下心，身子蜷缩"。

礼仪讲究难缠的高低尊卑。而且，一提到待人接物中的"礼仪客套"，他承认自己"笨口拙舌"，找不到话说。他最看重的莫过于能够在家免去这些繁文缛节，一声不响，沉浸在思考中，而他四周的人不觉得受到冒犯。在一个大家那么注意外表与虚礼的世界，蒙田可能遗憾不能让他头角峥嵘，实现抱负。

他在《论自命不凡》中的自画像，说明他在年轻时相貌并不差。可惜他身材不高！据他说身材的美是男性唯一的美，其他的美都是属于女性的。"身材矮了，即使前额宽实，两目清澈温柔，鼻子小巧玲珑，耳朵嘴巴秀丽，牙齿整齐洁白，棕色胡须紧密均匀，头发卷曲，头颅有模有样，肤色鲜嫩，表情讨人喜欢，身体没有气味，四肢匀称，都算不上是个美男子。"据布朗托姆的描述，随同国王左右的朝廷武将，都是身手矫健、伟岸英气的贵族，跟那位青年顾问完全不同，蒙田应该更有侏儒的自卑而感到不快。这种"体格魁梧、相貌堂堂"给大人物带来的权威性不可小看。蒙田大概很羡慕他们。可能他夸大了它的重要性。但是他也不无幽默地生了气，由于身材矮小而没人注意，他是个贵族，人家对他的理发师或者秘书问好以后才跟他打个招呼，或者走在路上给人家挤来挤去。

他是个细心与爱挖苦的观察家，对宫廷世界极尽揶揄之能事。当然不是在人前这样，这个加斯科涅人小心翼翼遵守礼仪，同时又拿自己一伙人的愚蠢与疯狂来寻开心。他本人抵挡不住追求时尚的欲望：那时像贵族似的随随便便打扮，大衣斜披，披风搭在一只肩上，一只袜子不拉直，这种怪异装扮表现目空一切的自豪感和散漫自在的艺术性。但是他知道，穿法衣的不一定是僧侣。他也会嘲笑时尚服饰的荒谬可笑之处。他钦佩，其实是在嘲讽那些时尚女子穿撑裙的英雄气概："为了使身材窈窕，不惜用大夹板夹在两腰嵌进肉里，捆好扎紧，什么样的苦不愿意吃啊！"在这些不堪入目的时尚中，还设计出了一个特殊形式的门襟，男装中的一个特殊装饰，还缀上花边、珍珠和宝石，"那个毫无意义与用途、叫我们实在羞于启齿的器官状的挂件，居然还在大庭广众前招摇过市"，更为荒诞不经的是经常还是"靠虚假与欺骗"。

我们看到他从童年和青年时代便有的傲气与自豪，后来他都懂得克制。当了贵族既幸福又神气，还是很快认识到宫廷里那么讲究的纹章、头衔、姓氏的虚妄性。宫廷如此，还有文人也如此：尼古拉·德尼佐（Nicolas Denisot）的名字不是变成了达尔齐努瓦伯爵（Comte d'Alsinois）吗？在他那个时代没有人不是一旦飞黄腾达，立即给自己加上他的父亲也不知道的新族谱与头衔。法国有多少贵族不是自称属于王室血统？

他在宫廷的学徒生活后来又通过跟大人物和朝廷大臣交往，阅历深广，更臻于完美。青年顾问只要求对朝廷的义务与自己的推托做到有分寸。他后来在《随笔集》毫不犹豫地经常提及。

然而，《随笔集》只字不提他担任司法职位的那些年代。对于司法制度、职务与司法官的风尚习惯有许多考虑，但是顾问的个人回忆又告阙如。大家经常认为闭口不谈是出自贵族的虚荣心。米歇尔·埃康，变成了蒙田领主，是不是有意要让人忘记他曾做过司法官？这看来不大可能：他的同时代人谁不知道这点。我们看到蒙田不是一个懒散的官员。他在司法、政治领域，包括他上朝廷几次使命，都做到尽心尽力，从来没有人埋怨他疏于职守。

他身在最高法院，并不因而批评精神有所消蚀。首先他在《随笔集》内对他的同僚有不少冷嘲热讽。有些人物剪影揭露他们的傲慢、愚蠢、虚妄与贪婪：某个庭长在蒙田面前吹嘘，为了作出一项判决，搜集二百段司法文案；另一位"照本宣读了一连串毫无名堂的段落后那么自豪，抽身到了宫内小便池，感谢上帝让他那么有才华，认真地念念有词："主啊，荣耀不要归于我们，不要归于我们，要因你的慈爱和诚实归在你的名下。"

蒙田相当欣赏律师的口才，在他看来要比做传道师更难。律师要急切维护他的当事人才会得到更好的报酬。至于法官的宽大或严厉，这取决于时间风向，阳光还是有雨，甚至他的无能：有一位法官在他的法律书的边白上，对文章注上一条隐晦的说明："给朋友提的问题"，这就是说这个问题模糊不清，让人家可以按自己的意思解释。

他不是还带着强烈的讽刺说到那位法官的言行不一，他刚刚写好一份通奸犯判决书，从同一张纸上撕下一只角，给他的同事老婆写情书吗？他就以本人也不认为是错的事实作为罪行把别人判处了死刑。

这些缺点可以归咎于人的理智薄弱。但是蒙田尤其感到愤怒的是司法的根基。为了贯彻一条得到最高法院绝对权威认可的条例，他不是竭力要在法律的力量和从前的先例以外寻根究底去证实吗？ 他发现司法根基是那么脆弱，以致他又必须以此去"说服别人"而感到厌恶吗？ 至于法律的数目，跟人的行为千变万化也是不成比例的。

这些法律，事关法国人的一切家庭事务，为什么要用拉丁语来书写，逼得他们要花钱"去弄明白和应用"呢？（波尔多最高法院违背弗朗索瓦一世的法令，继续用拉丁语写判决书。）法官职位任意买卖，判决用现金来决定结果，"法律可以拒绝无钱的人打官司"。

我们有些法律"内容野蛮，骇人听闻"。法官的执法也令他厌恶。为了以儆效尤而判处某些死刑不是极不公正吗？ 使用欺骗，假意答应宽恕而诱使被告承认做了坏事，不也是极不公正吗？ 蒙田也是他这个世纪里唯一反对苦刑的人。他同时强调其残酷性与荒谬性。先决问题是预审中的一个合法程序，这是通过各种刑罚（用夹棍、火和水）逼供。为什么折磨一个其错误还"存在疑问"的人呢？ 为什么痛苦使人供认存在的事，而不是不存在的事呢？ 苦刑是在检验耐性而不是真情。"从而，审判者折磨人是为了不让他清白死去，而结果是他让那个人受尽折磨后清白死去。"

他同样强烈抗议在处死前对犯人施加苦刑。苦刑本身不是已经足够残酷了吗？ 他本人怜悯垂死的人更多于死去的人。他从来做不到"冷眼"观看这些可怜虫在死刑架上苦苦哀求，不要给他们再上苦刑。"一切超过简单一死的做法都是纯粹的残忍，尤其我们基督徒很看重灵魂平静地升天。忍受折磨和苦刑后的灵魂是不可能平静的。"难道要以此引起人对惩罚的恐惧吗？ 后来还对罪犯的尸体施以酷刑以达到同样的目的。这事他在罗马得到了证实：卡泰纳是个闻名退迩的大盗，他被执行死刑，群众看着他吊死时一声不出，当有人把他的尸体肢解时开始发出乞怜的叫声。

因而，有时"邀请"他参加罪犯的判决时，蒙田宁可"执法不严"，这也就是说表示出宽大的态度。

某些法官在他那个时代的审判中持不公正态度，他也不遗余力反对。

他们对一些可怜虫作出死刑判决，事后证明他们是无辜的，就因为法官对判决没有改正的权利，这些人就成了法律形式的牺牲品。蒙田从而得出结论："多少次我看到判决比罪恶还罪恶！"

这些"操纵官司的人"组成的"第四等级"引起他的鄙视，他对自己这些年加入这个团体的职能不声不响，也可理解的了。他说，"两个截然不同的职能部门，一个讲的是和平、利益、学问、言辞、正义、理性、长袍"。它们的对立面是贵族，这个讲的是戎装、武力、勇敢、行动、美德、荣誉和战争。这是不是说，他站在佩剑贵族这个行列中，看到的只是优点吗？ 我们将会看到他对此的批评不见得稍为收敛。他在司法界的经历给他留下辛酸的回忆。

拉博埃西："哦，一个朋友"

　　蒙田在《随笔集》不提他在波尔多最高法院度过的那几年，却说起他这一段生命中最值得一书的那件事，他与拉博埃西的相遇，他认识的"最伟大的人"。他们是一见如故，"开诚布公，实心实意，肯定举世罕见"。建立这样的友谊需要多少机缘，"三百年才有一次"。这次相遇的影响对于蒙田的思想轨迹和《随笔集》的写作应该是决定性的。

　　拉博埃西比他大三岁，从一五五四年进入波尔多最高法院办公。他在二十二岁时就得到任命（担任此职的法定年龄是二十五岁）。他一五三〇年十一月十一日生于萨尔拉，幼年丧父，父亲是佩里戈尔司法总管的随身副官。他由叔叔和教父艾蒂安·德·拉博埃西抚养长大。叔叔是议事司铎，布约纳领主，安东尼·德·拉博埃西的兄弟，一直被他当做第二父亲。他在临终的床上还说起他的教育，"他之有今天和过去"都完全取之于他。萨尔拉主教是尼古拉·加迪红衣主教，美第奇家族的亲戚，人文主义者，文艺之友。他从一五四一年到一五四六年驻在当地，小艾蒂安应该在他的家里感受到人文主义的威望。

　　他在奥尔良受到扎实的司法教育，一五五三年在这所由学界精英执教的著名大学得到法学硕士文凭。他的教师之一是安娜·德·布尔格，当上巴黎最高法院官员，在亨利二世最后一年执政时期，因竭力反对迫害新教徒的措施而遭受火刑。

这位青年法学家博学多才，令波尔多最高法院大为惊叹。无疑是这一点，他后来得到年龄限制免除书，同样也依靠他的家庭与波尔多司法官的关系，继任纪尧姆·德·吕尔留下的顾问位子，他的母亲是卡尔维蒙院长的妹妹。他的妻子玛格丽特·德·卡尔，是里艾兹主教朗瑟洛·德·卡尔的妹妹，从一五五三年来是让·德·阿尔萨克的未亡人。拉博埃西称她"亲爱的妻子与同命人"，临死时还说她"那么贤惠，那么符合他的心意，从来不曾犯过错"，与她结合非常幸福。

他一五五三年初进入最高法院当顾问，只是在一五五四年五月十一日才准许出席审判。勤奋细心，大公无私，他接连在几个不同的庭里审判。他还受托执行秘密任务显出同僚对他的重视。（一五六一年到一五六二年动乱初起时，随同布里在居耶纳进行绥靖工作，他在其中扮演积极的角色。）他业务能力强，又加天生口才好。当他谈到严肃与重大的事时——蒙田说——他说得那么精彩，实在难以那么精彩记录下来。

这位法学家，积极参加他那个时代的政治生活，具备坚实的人文主义文化知识。他的作品有散文和诗歌，蒙田帮助出版是敬献给亡友的一份悼念，也证明了他的学术价值。拉博埃西写政治评论，这点我们稍后再说，他同样也是研究古代希腊和罗马人语言和风格的语言学家，他对普鲁塔克《情色论》的注释与修订可以作为证明。他跟同僚阿诺·德·费龙对这位希腊伦理学家的文章交换批评性看法，费龙称拉博埃西是"本世纪的第二位布代"。他跟居伊·德·加拉尔、布拉萨克有联系，他们都与当时住在阿让的朱尔·恺撒·斯卡里杰保持学术性通讯来往。他像蒙田一样欣赏普鲁塔克，他死时在他的文章中留下普鲁塔克两篇文章的法语翻译，《婚姻规则》和《慰妻信》，内容充实但不排斥雅致。他是色诺芬《经济学》的第一位法语译者，译著改名为《家政论》。

拉博埃西是位优秀的希腊学家，也是优秀的拉丁语和法语诗人。塞沃尔·德·圣玛尔特看他是那个时代最杰出的新拉丁诗人之一。他的拉丁诗受到斯卡里杰的赞扬，他写了送给他的朋友，他未来的妻子，尤其送得多的是蒙田。

这位古代学术的热心崇拜者非常欣赏七星社的诗歌。他与多拉、让-安东尼·德·巴伊夫有来往。（巴伊夫在一五五五年把《弗朗辛的爱情》这首十四行诗献给他，在一五七二年还在自己的作品中发表了拉博埃西的六首十四行诗。）拉博埃西应该是认识龙沙的，他是他的妻舅朗瑟洛·德·卡尔的朋友。在他眼里，龙沙与杜·贝莱足以与古代大诗人相匹敌，更把后来写《法兰西亚德》的大诗人龙沙敬重为诗歌王子。

他的法语诗歌作品不多，一首歌，二十九首十四行诗。十四行诗是意大利人创造的，从一五四〇年起流行，在文学体裁中作为"发展"语言，尤其发展法国诗歌之用。拉博埃西像大多数同时代人一样，致力于这方面的写作。他的诗歌唱爱情的喜悦与痛苦。他的诗集一开始就是布拉达曼特哀歌，取自阿里奥斯托《疯狂的罗兰》第三十二首歌。他的第一批十四行诗是受一位神秘少女的启发，他叫少女多尔多涅，而蒙田在美丽的科丽桑特·当杜安耳边说出她的真姓实名。这些诗在蒙田看来"充满少年风情、愉悦……强烈、热情如火"。他喜欢这几首胜过其他那些诗，它们更严肃，更透露"某种做丈夫的矜持"，使用吉隆德的假名，实质是博取后来成为拉博埃西妻子的那个人的欢心。蒙田推出这些"成熟的和不成熟的、未经选择和整理"的诗歌，只是作为一个并不以此为工作与研究的人的普通练习。

随笔作家出版这部书是否引起人们对这位亡友的热情呢？如果说拉博埃西的挚友是蒙田，然而并不是只有蒙田被这位青年顾问的人格魅力所折服。他最早的朋友，如人文主义者与诗人朗贝·达诺、多拉和巴伊夫，他在波尔多最高法院的知识渊博的同僚贝洛、居伊·德·加拉尔，都曾写信对他表示钦佩。

89

蒙田与拉博埃西的友谊是著名的，在法国文学作品选集中也得到称颂。可是，这段友谊最初的由来外传的则不多。《随笔集》第一卷第二十八章专门谈友爱，作者与亡友的友爱：这难道不是提出了他有过的最完美的范例吗？

他二十五岁时遇见拉博埃西，"偶然在城里的一次集会上"。突如其来的友谊对彼此是一种绝对的天赐之缘，"意志的融合"。据斯特罗夫斯基说，这种融合还伴随形象的交换，这两位朋友都给对方提供了一面真正的镜子："我肯定更乐意相信他胜过相信我自己。"从而这样说："这全面融合为一体是个极大的奇迹"。

至于怎么解释这场友谊的由来，蒙田自称用这句著名的话也不能表述："因为这是他，因为这是我。"可是在这次相见恨晚之前，他们彼此已经慕名，尚未谋面之前彼此已在寻找。蒙田读到《自愿奴役》这篇论文，他说这成了"我们初次见面的媒介。在认识他以前很久，已见过那部书……这样开始了我们之间日益深厚的友谊。"

这篇论文经常也叫《反对独夫》，肯定是拉博埃西最著名的作品。他强烈抨击暴政，自问老百姓对暴政逆来顺受的道理，发现道理在于习惯的力量，臣民胆小怕事，宠臣助纣为虐维持暴政所得的利益。据蒙田说，这部作品"气势磅礴"。作者慷慨激昂，宛如西塞罗，对希腊罗马世界历史引经据典，证明他对古代人的热情崇拜与学识渊博，这对于一位人文主义者极具吸引力。他赞美友爱，而暴政使友爱不可能。他尤其颂扬罗马共和国珍视的自由之爱；这在最高法院的这位青年眼里象征完美的公民意识，设定了个人对国家的绝对与无私的忠诚。拉博埃西对威尼斯共和国是那么钦佩，若由他选择他宁可"出生在威尼斯而不是萨尔拉"，像他的许多同时代人，如博丹、维拉蒙或者蒙田本人，用古罗马的美德赞扬它的政治自由，来抵挡这个寡头政治。

这篇论文得到不同的阐述。一五七四年，新教徒在《法国人的闹钟》

杂志刊载其中一段，试图把它做成攻击法国国王的小册子。德·奥比尼把这事的来由说成是拉博埃西对朝廷大臣的轻视。有一天他前往卢浮宫的舞厅，一名弓箭手傲慢无礼地把他的戟跌落在他的脚边，年轻人愤怒抗议，要求评理，只是引起那些大人物对他嘲笑。据历史学家德·图的说法，这篇论文是抗议一五四八年蒙莫朗西对波尔多的残酷镇压。有人也从中看出是近来对马基雅弗利《君主论》理论的反驳，在古代的历史学家著作中找到所有的论题。蒙田本人把它看作是学生习作，给它找出文学根源，那是普鲁塔克的一句话引起他的深思，他说亚洲的居民只当一个人的奴隶，"也发不出那个单音节的词：不"。他说，这篇文章是他"少年气盛"时的一篇作品，写于十八岁，在一五八八年后又改正说写于十六岁。按照拉博埃西谈到七星社的语气来说，可以设想是他写了这部小册子，或者至少在二十岁时又重新修改。

这么一篇可以认为是煽动性文章，蒙田是不是有意谨慎地把它归之于作者少年时代的习作？当他在写《论友爱》随笔第一部分时，起初想到把它收入《随笔集》第一卷中间。当他写第二部分时他放弃了，因为这期间这篇论文已有人"怀着不良意图出版"。他要避免有人把它"歪曲后在各种书籍里成千处出现"。拉博埃西是个热心促成国家安宁的公民，"时局动荡和改革"的敌人，蒙田还把这条格言，也是他自己的格言归之于他，那就是非常虔诚地服从和严守他出生地的法律。

蒙田还提到他的朋友的另一篇政治论文：《对于因内战而出名的元月敕令的若干思考》，他希望有朝一日看到它发表，但是他在一五七〇年代放弃由自己出版。他编辑那部书晚于内战初期，但早于特兰托公会议对天主教教义法典编写时期。《自愿奴役》的作者和顾问，与布里共同努力在居耶纳进行绥靖工作，建立两种祭礼的共处，写出这么一篇论文可能令人惊讶。因为这种共处在论文中认为是不可能的，非但不会促成和平反而会扩大骚乱，增强法国人相互憎恨，更加藐视法律和无政府主义。君主政权

91

能够采取的三种做法：维持固有的宗教教义，引入新的教义或者在官员的监督下容忍两方，作者坚决排斥后两种做法。

他纯然从政治方面来考虑这个问题。他说，一切罪恶都来自"宗教分裂"。为了重建王国的统一，必须维持天主教，但是不是诉之于刀剑与火刑，这些只适用于惩罚经过正规法院审判的破坏共同法的罪行。如果大家都致力于教廷的合情合理"改革"：消除教职人员滥用职权和司法犯罪，在祭礼中使用民间语言，这样号召改革派回到传统的宗教是可能的。这篇论文的独特之处是要求有一个居于两派之上的仲裁者，那就是国王，他通过最高法院来作仲裁。自此也就不再纠缠信仰、神学、基督教信义原则问题。最高法院的仲裁不要求改革派服从罗马，而是服从国王。实现了这些条件，可以禁止改革，作出几处榜样，但是避免粗暴镇压的过火行为，像查理九世的"放任自流"的宽大政策引起的那样。

这篇论文也指出元月敕令的无用性与危险性，它最后也提到在改革派掌权的国家，他们也反对两种祭礼共处。这相比于洛比塔尔倡导的措施来说，在宽容上是一种后退。不幸的是历史证明他是对的！内战（一五六二年到一五九八年）中间有长时间的停战，在内战之后和平局面保持到一六二○年，后来又在一六二九年恢复。南特敕令取消之前（将近一六八○年），迫害又开始，接着延续下去没有官方宣布的结束期限。论文总是提出了自由思想的失望，在那一个时代，信仰自由的权利只是被一部分思想精英接受。

拉博埃西采取这个立场，更多是和解措施的失败，不是古代城市观念的影响，害怕宗教对立引发动乱。蒙田后来在《随笔集》第二卷第十九章维护信仰自由，赞扬准许信仰自由的背叛者朱利安皇帝，但是尽管为了达到这点提出不同的建议，却得到了相同的结论。这两位朋友在宗教信仰上坚定不移，都对任何不宽容思想敬而远之。托马·德·博勒加尔是蒙田的弟弟，坚定的新教徒；拉博埃西在病床上向他告别时，据蒙田的转述，对他的信仰表示一种真正的敬意，但是嘱咐他不要"拉帮结派。你们结合一起。您看到这些分歧给这个王国带来多少废墟，我还可以肯定以后还会有更大的废墟。"蒙田也有这样的恐惧，后来经常在《随笔集》有所表示。我们后来看到，他在政治生命中一直竭力在对立的人与对立的宗派中间提出和解的措施。

拉博埃西在混乱与分裂刚开始的年代所写的论文，以及他的坚定决心，他的公民道德，要比他的诗歌作品或人文主义推广工作，更叫蒙田钦佩和赞扬。在他看来，"他古道热肠……若风云际会，不难做出一番大事业"。他哀叹这么一位英才没有时间也没有机会，在文学或政治舞台上扮演一个与自己才华相衬的角色，"一生蛰伏在蓬门荜户中"。在他描述拉博埃西死亡的那封信里，他借弥留者之口表示了同样的遗憾："可能我生来还不是个无用的人，不能为大众贡献绵薄之力。"蒙田对亡友屡次三番的赞扬，不能仅仅归之于他对他的深情厚谊，或感知他的道德价值。实在应该说他是为这么一位无与伦比的经世之才感到痛心。

这两位青年司法官意识形态一致，再加上对文化有深刻的共识。古代对他们是培育灵魂与心智的一个楷模。古代把友爱看作是贤人的最高尚与最尊严的感情。柏拉图、亚里士多德、西塞罗、普鲁塔克都分析过它，赞美过它。古代那些英雄人物列里乌斯、格拉古、欧达米达斯的生平与道德品行，他们都非常熟悉，如今要在自己身上也树立这种他们所欣赏的友爱之情，岂不也是很自然的吗？ 当蒙田在《随笔集》第一卷第二十八章试图分析他与他的朋友的"高尚来往"时，他肯定在最著名的古人事例中找到了这些人物。他甚至认为他们对友谊所说的话，"与他的感情相比是软弱无力的"。拉博埃西临终时，据他的"兄弟"的证词，他从那么多人中间选择他作为他的知交，那是延续古代这种"讲究道德与真诚的情谊"，他们同时代人对此闻所未闻，只是在古人回忆中尚找到"一些从前的痕迹"。

大家可能也会有这样的看法，认为这份友谊被文学强调了，被记忆理想化了，在蒙田的话里看到的既是友谊本身也是对友谊的说教。他把它等同于完美的道德，置于一切感情之上。维系父母与孩子感情的是尊敬。这里面缺乏选择与"意愿自由"。爱情是一团火，"更灼热更旺盛"，但是随着肉体的享受而消失，它波动无常，忽高忽低，而友谊则随着精神的享受而增加。婚姻缔结有其他目的，女人的心灵也不够坚强，难以达到这个"神圣的缝合"。

　　但是他对友爱的赞扬雄辩有力，出自一种诚挚与自发的感情，历次提到亡友都让人看出他的深情厚谊：一五六三年致父亲的信，提到拉博埃西死亡；一五七〇年五封题辞书信，都附有拉博埃西出版的作品；《随笔集》内《论友爱》一章。在他的《意大利之旅》，一五八一年五月十一日在拉维拉温泉城，他说，"不由凄然想起拉博埃西先生，久久不能摆脱愁思，使我痛苦非凡"。在一五九五年版《随笔集》第二卷第八章的附文中又一次显示了对亡友的思念之情。

　　蒙田一生中这份热情的友爱，使人有时怀念是不是同性恋。这显然是不对的。他非常喜爱女人，从中要得到的是肉体享受。他本人还明确说到"狎昵的希腊式爱情"，并不设定男女情人之间的平等关系，也不符合他所追求的"情投意合和谐一致"。

　　他与拉博埃西的结交，实在不是通常所说的普通友谊，"认识与交往"，由某种机会和偶然性促成的一般关系。蒙田生性爱好结交，这类朋友很多。他在这位唯一知己去世后也有其他朋友，这并不能够让他在多活的三十年间忘却这段难忘的经历。

　　这种突然的结合，由一种不可解释与宿命的力量促成的；这个两颗心的完全开放，与按部就班的泛泛之交相反，它不需要相互提防和长期磨合，蒙田对此的理由提得不多。他对美是敏感的，美是人与人交往的第一媒介。而拉博埃西则是个丑人；他的丑不是身体畸形，那也只是表面的，

"内心却有一颗美丽的灵魂"。当然，他们俱是神情激扬，出身相同，思想合拍，因而走在了一起。但是蒙田对他们的关系尤其欣赏的是开诚布公，毫无拘束，摆脱一切俗礼或羁绊，充分信任，相互吸引，致使自由的意志也"陷进和消失在彼此的意志中去了"。他提到这样的关系总是充满热情，他认为在他那个世纪是不同一般的，其他的社会联系也无法跟它相比；十六世纪等级森严的社会，把个人严格束缚在义务与隶属的罗网里。这样的交往远离普通的友谊模式。一个朋友能够为另一人做的最大好事，是接受他的服务。即使分离也比肉体出现在眼前更接近，因为分离扩大了"生命的占有"："他为我在看，我为他在看"。

拉博埃西对友谊表示同样的礼拜，"神圣的名字，圣洁的事"。他在《自愿奴役》中歌颂它，指出在集体生活的各个环节，是暴政使友谊成为不可能。友谊只可能建立在好心的人与平等的人之间的美德上（坏人没有朋友，他们只有同谋）。把他与蒙田相连的这个友谊一开始就达到丰满。在他们的私人交往中，他们全身心追求的是美德，这是一个非常高尚的目的，他们不用责备自己因而会疏于为公众服务。

蒙田说拉博埃西在道德上，在尽朋友职责上都胜过他。拉博埃西比他大三岁，已成家立业，在社会生活中站稳脚跟。他年幼时是孤儿，比蒙田成熟；蒙田则是受宠的长子，自由自在成长，前途还在未定之天。拉博埃西没有兄弟，当然满心喜欢地接受这位年轻出色的顾问的友情。他显然担当起良师益友的角色。他有三首拉丁诗是写给蒙田的。他在其中贯彻了西塞罗对友谊的一条看法，那就是"相互督促"，而他则主动鼓励他向往美德，第一首诗是同时写给贝洛和蒙田的，说到为了逃避内战离开前往新世界。但是害怕受不了流亡的苦楚，还是不声不响留在法国，去拯救一切还可能拯救的东西。第二首诗是萨福体诗，只是写给蒙田个人，显出与他的密切关系，严正地激励他攀登智慧的高峰，借用处于欢乐与美德之间的赫拉克勒斯神话。他还嘱咐他不断努力工作，不这样何以达到精神的伟大。

第三首诗，"拉丁讽刺诗"，六音步长篇诗体信，描绘青年时代的蒙田画像，生动深切。在点明了他们友谊的特殊性后，把他的朋友看成是一个性格复杂的人，天生是个既可做大坏事也会行大善事的人，他的这些品质会让他面临极大的诱惑。他说到自己思想上不那么丰富，然而较为平衡。他对蒙田说，"你啊，要克制的地方更多"。蒙田出自名门，自幼家境富裕，是个新亚西比得，可能失去祖国或者成为祖国的光荣。他处于不同欲望的驱使下，需要有人"警戒和指点"。声色犬马之事尤其会把他引入歧途。因而拉博埃西试图鼓励他修身养志，要他警惕过于轻佻的情人会遭受的不幸。他给蒙田写东西都用拉丁语，这也是使用古代楷模的语言，蒙田以后也说拉丁语的表述力要胜过通俗语言。

　　蒙田与拉博埃西的友谊"持续"并不很久。一五六三年八月九日星期一，蒙田从法庭回来，请他的朋友来吃中饭。他回复说"身体不适"，还请蒙田在他动身前往梅多克前去看他。但是他感到疼痛，不得不在离波尔多两里的杰米涅亚克停了下来，住在理查·德·莱斯托那克家，那是他的法院同事，也是蒙田的妹夫。（蒙田猜疑这可能是他得了瘟疫的症状，他从瘟疫横行的佩里戈尔和阿让地区过来染上了病菌。）病情（出血与腹泻）加重了。蒙田给父亲的这封信写得很精彩，向他叙述他的朋友临终情况，细致简括，真诚动人，保存了他最后时刻的记忆。信里面提到蒙田对弥留者的"坚定决心"感到惊讶。拉博埃西知道已回天乏术，直到最终保持惊人的内心力量。

　　谁都不能否认这封信写得感情真诚，文笔简约，显然也非常讲究。拉博埃西一五六三年逝世后不久，蒙田向父亲寄出第一篇叙述。这封信他发表于一五七一年，作为他的朋友的小册子中的后记，已不再是一封私人信件（《随笔集》作者认为发表私人信件是不正当的），它标题为《演说》，显然是希望让大众知悉这样逝世的励志价值。

　　毫无疑问的是，为了阐明其中的全部意义，这封信经过细致的修改与重写。彼鲁兹对此作过洞察幽微的分析而更加显得突出。从八月九日到十五日这去世前六天的病情，使用的是一笔带过的简捷叙述；对最后三天的弥留时刻则改用直接叙述。垂死者的演说跟拉丁历史学家笔下的罗马行政官的演说同样不真实，也同样在于给"历史人物"配上适当的言辞。蒙田愿意让拉博埃西成为历史人物，群众楷模，相当于大家十分爱戴的古代英雄。他的死亡是一次成功，是他最完美的作品，他的朋友要证明的是这点，就像他要证明这一种至死也不否定的友谊也是完美的。从而这篇文章结构极为严格，它说到他对政务的无私投入与反感，他的遗嘱，把藏书赠给朋友，向最亲近的家人告别，然后在死亡接近时，时而理智清楚时而出现幻象，还有那些神秘的最后遗言。

蒙田对于他认为不重要的细节很少注意（他把立遗嘱的日子八月十四日写成了十五日），却细心描绘拉博埃西的精致肖像。这位感恩的侄子，充满温情的丈夫，向他的亲人与朋友告别。他的叔叔艾蒂安、他的妻子、他的干女儿与外甥女圣康坦小姐、博勒加尔领主和米歇尔·德·蒙田都在他身边。他要求来一位神父，听弥撒，"做他的祭礼"。周围人的叫声和哭泣声，"一点也没有阻止他滔滔不绝说了很久"。他最后要求大家都出去，只有米歇尔一人留下，在他的"兄弟"身边待到最后，他们引用品达和西塞罗的话来说理，不动声色，不落眼泪，也不感情用事。拉博埃西相信，如果上帝让他活到他头脑里产生发财致富、兴家立业的想法，他就不会"那么单纯、少用心计"活到这个时候。他面对蒙田感情冲动时，提醒他应该显示出勇气来。

朋友的这种起楷模作用的死亡，也证明了一种"不可征服的勇气"。这也是他的人生写照。"我很久以前已作好准备，对自己在这方面的体验熟记在心，"弥留者说，准备好无愁无虑地离开，对自己的永福也不表怀疑，肯定自己将去"寻找上帝，进入福地"。

一五六三年八月十八日，拉博埃西进入最后时刻，年三十二岁九月又十七日。他的死亡是一位贤人的死亡，蒙田的记述简单、充实、充满感情，使人想起苏格拉底的死亡。据斯塔罗宾斯基的说法，"他死得像一部书"，蒙田自后一直为此感慨。拉博埃西生前是蒙田追摹的榜样，感情的导师，在智慧的道路上走在他前面。他的死亡是他一生令人赞叹的加冕。

他的死亡不久让朋友陷入"昏暗无聊的黑夜"。上天赐给他四年时间享受这位人物的怡然陪伴与交往，他的生命与此相比只算是"烟云"。他的友谊是那么高尚，没有了这位朋友，他觉得自己又归入了"大家共同的命运"，过得"无精打采"。快乐的消遣反使他加倍怀念朋友的不在。幸存者觉得自己有罪，"偷去了他的一份"。他觉得自己"也只剩下了一半"。

从那时起，他想到要把这位楷模人物的记忆永远保留。在弥留者的床头，他贪婪地聆听他最后的遗言。他说拉博埃西神志恢复，"带着极端的恳切之情翻来覆去要求我给他一个位子"。这声哀求那时对他来说神秘莫测。这个位子他通过他的证词给他留了下来。蒙田首先把朋友的作品付梓出版，在同时代人的记忆中留下"第二个生命"，还附上他的题词信作为礼物赠送给有威望的读者保存。这些受赠者有各种身份，将使他称颂拉博埃西的美誉得到更广泛的流传。

他对洛比塔尔说，拉博埃西未能完成他能够做到的治国安民大事业；对弗瓦先生、对朗萨克先生则说，这位故人的行动与作品都不能显示他天才的真实情况。他期待于受赠者的是他们持续对他的记忆。他要终生把这事作为"永远的葬礼"，保存在记忆中得到一种真正的"欢乐"。

但是拉博埃西身后形象最可靠的保存者是蒙田本人。他是他的代理人，在他以后也没有留下谁"对他的事那么热心与理解，就像我对他的事一样"。他的朋友对他的真实面目有一种直觉与直接的认识，使他折服。这说明为什么蒙田从此以后没有了这面忠实的镜子，不得不独自"细心自我分析"，继续进行他与他的复身开始的研究。这种内心对白把拉博埃西的形象栩栩如生保存，将是对他的消失的补偿，也是充分认识自己的方法，也像他一生中唯一真正认识他实质的人对他的认识那样。自后蒙田写出了《随笔集》。

人生转折点：谈情说爱、婚姻、辞官退隐

拉博埃西伤逝让蒙田沉浸在哀伤中难以自制和安慰。这要比其他人的死亡更令他心乱，他失去过父亲、兄弟、还有他的五个孩子，他对他们的失去只是一笔提过。"不忧郁，但是空虚"。对死亡的想象很早就占据他的心灵。与女人相处时或在游戏中也未能摆脱，一个青年风华正茂，遽然消失对他有切肤之痛。在这接连不断的内战年代，死亡是常事，他把它作为他的人生的必然阅历，也打动他内心最深处的感情。

拉博埃西知道蒙田天生喜爱情欲，曾经在他的拉丁诗里劝诫过他，提防露水姻缘的危险性，对他说了不少明智的道德箴言。但还是不能阻止他用爱情进行自我安慰，爱情——好像——可以给他缓和失去友人的痛苦。为了摆脱这种情境，他需要一种强烈的分心移情。它"通过谈情说爱与学习予以完成"。表面看来不用多大努力。少年米歇尔很早就显现青春期的特征，叫他的母亲也感到惊讶。小小年纪就长毛，像以扫那样浑身毛茸茸的。他最初的性经验很早就体会了。我们看到他小学时代、大学时代、年轻司法官时代都受过肉欲的种种煎熬，痛心彻骨，跟其他人同样沉溺于声色犬马之中，而不思检点。

蒙田一生喜爱跟女人来往，在《论想象的力量》、《论三种交往》和那篇非常精彩的随笔《论维吉尔的几首诗》中都有所提及。他即使还不是老

人，也是正在衰老的人，还谈到他的恋爱经历，就像谈到他的其他经历，都是在描绘他的自画像。他年轻时跟美貌正派的女人交往，这种交往他喜欢是私密的，认为一经公开就失去温存与风情，而今年老回忆起这种乐趣与乐趣的形成，带来令人心碎的遗憾与忧郁，这点我们以后再谈。

他意识到人生的每个阶段都有自身的价值，都要求人们充分体会，他认为这种享受则只属于花样年华的青春男女。因为对女人的热情在他身上是与感官肉欲相融合的。他提到的爱情，没有一点柏拉图理想化的痕迹，那种抒情的热忱或精神方面的情色——据 H.弗里德里克的说法——浸润了文艺复兴时代的文学。人不是天使也不是野兽。他由一个灵魂和一个肉体组成。为什么拒绝肉体去得到符合自然的享受呢？对自己穷凶极恶，视欢乐为罪过，这才是可怕的禽兽。克制是一种罪恶，有损于我们双重天性的和谐。对蒙田来说没有比性爱更迫切的热情。他对此提出的要求，首先要有自由谈论的权利，开诚布公，不要装模作样难为情或谦逊，他自己愿意赤裸裸描绘自己。"生殖行为对于人是那么自然、必要、正当，但是怎么又会让大家不敢坦然议论，在严肃正经的谈论中从不提及呢？""把我们赖以生存传种的行为称为禽兽行为，我们不正是蠢得像禽兽吗？"尤其是在《论维吉尔的几首诗》中，作家使用语言从不粗鲁，也不作任何保留，只是在卡图鲁斯或马提雅尔的引言中挑战拉丁文人的真诚而已。

但是三十岁的蒙田不再是凭着炽热的天性对爱情盲目、不知适可而止的小伙子了。他对女人的美始终敏感，他更容易忽视的是精神美，而不是肉体美。还毫不讳言："在床上，首先是美，其次是体贴。"拉博埃西逝去，使他分心移情而去追求异性的交往，他说这样的私房话，也让人猜想他有心控制这类交往，"这方面应该有所节制"。尤其他说，"像我这样的人血性旺盛"，这样预防更有必要。如果在这件事上朝思暮想，热情贯注，"爱得死去活来，也是疯狂"。

不要受爱情的奴役。他一旦觉得爱情使他过于沉湎时立即反对它"继续进展"。但是对这种有所控制的关系，他也同样激烈反对虚情假意，玩爱情的游戏。他谴责"今日男人普遍的与习以为常的背叛"，庆幸在他那个时代处理这件事像对待其他事那样认真，还带一点评理的神气，不花言巧语也不虚伪，还向他的女伴天真地袒露"爱的感情中的消沉、兴奋、产生、投合与消失"。在这件事上不要诡计，他懂得表达自己的善意，即使不是温情，也从不忘恩负义。跟任何女人只要还怀着一丝一缕的感情，决不主动提出断交。关系的破裂也不会引起对方的轻蔑与憎恨。

真诚是必需的。欺骗的人也冒巨大的风险会轮到自己被欺骗，看见女人在玩她们的把戏。骗人者反被人骗。因为这样做阻止了相互性，乐趣的交换，这是爱的关系的基础。蒙田说，对我来说"没有交流"的任何乐趣都不是乐趣。爱的乐趣比任何东西都需要有来有往。"只有等价才能交换"。不是心甘情愿就枯燥乏味。爱一个"不同意、没有欲望的"身体，就像爱一个没有灵魂、没有感情的身体。这说明蒙田为什么不会被烟花女子打动，她们出卖的只是身体，不是意愿，意愿才是真正应该争取的东西："我只怕自己的身体成了一个没有热情的身体。""跟一根木桩别期望有什么乐趣可言。"不是相互同意享乐，怎样保证这种享乐是真的呢？ 我们这位乡绅害怕假装的开心：女人"可以伸出半只屁股让你干"，或者"吃着你的面包，却蘸着想象中更好吃的沙司"！ 高尚的男人不能只思得到乐趣而又不给人家乐趣。蒙田认为更值得要的是："使我的想象力痒痒的，比实际感觉的乐趣更甜美。"

不论性的欲望如何强烈，把爱情只限于肉体的现实，这就失去了大部分期待的乐趣。蒙田比青少年时代更细致与挑剔，瞧不起龙骑兵式的爱情，像动感情的女人一头扑了上来。情人拘谨令人生厌，但是更令人生厌的是轻佻与容易。他决不会不高兴在温情上慢慢来，赞成两情相悦，讲究快慢高低，含蓄、虚幻、取悦只会增加它们的价值。他尽管也急于求成，但是欣赏抖抖索索、躲躲闪闪的爱，像西班牙或意大利式的，做足事前的安排，好吃当然是的，但不要贪吃。爱情的第一阶段，按照他的意思是知道从容不迫。然后循序渐进，愈到最后征服时乐趣愈多。狩猎进程比猎物更有价值，"肉少更有味道"。大自然使男人适合追猎，使女人处于守势。为了爱得更好更长久，为了稍纵即逝的爱情乐趣不致流失，应该抱着希望与欲念。这说明为什么蒙田尽管讨厌谎言与面具，还是鼓吹男欢女爱的仪式，让情人吊足胃口的战略："教育女士逗我们，骗我们。"他因而承认在爱的交往中精神与肉体必须配合一致，这样在性欲满足后还有余味。仅仅局限在肉体享受，而不让想象力和文学素养予以配合提高，这个愚蠢的消遣"也只不过是一种宣泄的乐趣，就像大自然给其他器官宣泄的乐趣一样"。

蒙田的看法跟他的那个世纪一样，都同意女人的欲望要远远超过男人。从而他认为保持贞洁对她们更难，也更值得赞许。他毫不犹豫嘱咐他的情人只要装个样子，也就是低调谦逊，扮作贞洁就够了。

他决不对她们假装的投降轻易上当，但是自始至终彬彬有礼，还免不了给她们提出父辈严厉的忠告，不在乎触到她们的痛处，从她们的名誉考虑，不止一次在欢乐达到顶点时悬崖勒马，甚至给她们编出理由反对他，给她们定出行为规则，要比她们凭自己的规则行事更可靠更严格。

从这个战略看出，这是个有心避免粗暴——至少在他这方面——也避免虚伪的情人，自己做不到的事不允诺，这点上忠诚不欺。他爱玩、好色，对女人的美貌、风度、魅力非常看重；他承认爱情使他热血沸腾，然而心不乱，不自寻烦恼。他对这类交往乐此不疲，但是也不沉溺其中。他抱定决心要节制与独立自主，决不让自己陷入太深，在他青春期则不懂这一套。他并不标榜忠诚。说来也是，"爱情不暴烈，就不符合爱情的本质，爱情若稳定就不符合暴烈的本质"。对情人的喜新厌旧也不气愤，至少比对她们的嫉妒要平静多了，——嫉妒，那是她们最要不得的缺点，这叫女人比叫男人更加牵肠挂肚，受尽折磨。但是他天性容易激动，幸而程度轻，时间短，有时对她们的诡计与言不由衷光火发脾气，引起争执，从而损害到交往。

他在爱情的博弈上希望得到性趣的交换之外，还有语言的交流，相互倾诉情愫，但是他认为很难办到，因为女人使用一种非直接的语言，说的与要表达的不一样。她们的眼睛不是经常在否定她们的语言吗？跟最正直的女人进行知识性对话，与跟有才智的男人不可同日而语，因为心灵没有根本投入。蒙田懂得体味，爱是一种乐趣，这方面精神与肉体无疑共同参与，但是不是唯一的与最深刻的乐趣："有一点感动，但是不存幻想"。

令人奇怪的是，这么一个富于幻想、对事物那么敏感的人对于男女私情并不感情用事，而且还把它比拟为一份合约似的。在他的知心话里，既没有人物描写、轶闻，也没有明确的回忆。对情人一字不提，这也说明他是个正人君子，谨言慎行。然而大家多么愿意知道哪个女人最使他苦恼，或者最爱过他，这些情节的框架是怎样的，又在什么样的情境下展开的。他仅仅说出肉欲不是干干净净的，看不到荒唐与尴尬，有其自身的守夜、斋戒、劳苦、血与汗，恰正是这些让人有滋有味。他的艳遇一般得来不是很费力，因为要说女人"没有都丑的，也没有全美的"。由于大家都认为自己总有一方面很可爱，也就在初次信誓旦旦时被人说服。不管是不是动了情，他对女人甜言蜜语，也为她们涂满不少白纸。但是他的爱情可能不是每次都很省心。如果困难给他的冒险增加刺激，有几次也让人相信叫他遇上了危险，由他个人揽下全部责任，让他美丽的女友得以安全脱身。是哪些危险呢？他对此又讳莫如深。

他征服芳心也不都以胜利告终。蒙田经常哀叹器官随随便便不听话，"当我们不想做什么时却不合时宜地跃跃欲试，当我们最需要时又萎靡不振，强烈否定我们意志的权威"。他谈到他的亲友时非常谨慎，但是谈到自己决不在乎暴露最私密的事情，还用拉丁引语来点缀自己的说法。因而他叹苦说自己受到大自然的不公平虐待，损失巨大，也就是说他的阳具尺寸奇小。

历史学家米歇莱说，这是一个"讲究裤子门襟的世纪"，对男性美给予极大的重视，这个缺点更叫人抬不起头。蒙田也就把自己爱情上的失败都归于它负责。当他看到哪个女人对他无精打采，他不指责她轻浮，那是她看到了这个器官感到失望，而在宫廷壁画上看到的则令她以为都有那么壮大。他后来又说到一位老人（五十岁）看到"我的器官先生"萎靡不振而感到的痛苦。他还承认这种意外他也不陌生，因为在他青年时代也曾出现过，他肯定说"男人在交往中总是遇到尴尬的性问题"，这样的丢脸应该是很难堪的。

蒙田还带着一种颇为得意的悔恨，说自己青春年少时不是个道德楷模。但是愚蠢地意识到在门风最端正的家庭，爱的风俗也很粗暴的世纪里，他庆幸自己对于所有给过他愉悦的女人表现出诚恳、大方和感激。这一种愉悦解除他的渴望，但是不致使他沉湎其中，其节制保护了他的自由。强烈的热情不合他的品性。

拉博埃西曾经鼓励他这位过于爱好肉欲的朋友，要在夫妻生活中得到从容的爱。事实上过了几年荡检逾闲的生活后，蒙田的单身汉生活在一五六五年结束。他结婚成家了。九月二十三日，他在三十三岁时娶了个二十岁的弗朗索瓦兹·德·拉·夏塞尼。她生于一五四四年十二月十三日，属于波尔多天主教最高法院法官的一个望族。她的祖父若弗鲁瓦·德·拉·夏塞尼曾经担任最高法院第二任院长。他与城市历史密切相关，一五四八年反监税暴动时，他被反叛者劫为主要人质。他直至一五六八年逝世时一直是宗教改革的公开敌人。他与蒙田在一五六三年都是受到拉杰巴斯东挑战的官员。（她的姊姊安德里安娜是蒙田的叔叔雷蒙·德·布萨盖的妻子。）弗朗索瓦兹的父亲约瑟夫，普莱萨克领主，在一五六五年任顾问，古物大鉴赏家，一五六九年担任第五任院长，我们看到的是他被改革派逮住，投进了布莱监狱。

除了一个姐姐以外，弗朗索瓦兹还有两个弟弟。其中一位若弗鲁瓦·德·普莱萨克，翻译塞涅卡书信集和几篇论文。他是《克莱昂特》(1582)的作者，其中受《随笔集》的影响是显而易见的。米歇尔的母亲的一位亲戚安东尼·德·卢普律师在婚约中出面对新娘的嫁妆提供保证。弗朗索瓦兹带来七千图尔里弗尔的一份嫁妆，分五年付款。夫妻两人各给对方两千里弗尔，最后归于未亡的配偶。未婚夫从他的父亲那里除了城堡与其他房屋以外，还得到蒙田庄园出产的四分之一。

在《随笔集》要想找到蒙田小姐（那时夫人的称谓只用于最高贵的贵族妇女）的人物模样是徒劳的。她比她的丈夫多活了三十五年，丈夫谨慎小心，生前从不说起她。至于蒙田的夫妇生活也是众说纷纭，相互矛盾。蒙田放出许多冷箭，嘲讽婚姻，大家因而得出结论说他在影射自己的那一门亲事。

事实上，从《随笔集》，尤其从《论维吉尔的几首诗》这一章，可以看出他对婚姻的一种理论，是根据从各个时代、各个地域借用的例证，通过对当代风俗的观察，当然同样也有他自己个人的经验建立起来的。他毫不隐讳的是他憎恨"一切羁绊与义务"，婚姻也就不怎么吸引他，"凭意愿，即使有贤惠女子要嫁他"，他也会躲开不去娶她。从而最好有人领着他走。他说，如今"我已有了这种体验，面对这种事自然更加无意和敌对"。

蒙田和他的整个时代，都把婚姻与爱情相区别的。这两件事有相似之处，却也有很大的不同，在本质上完全不相符合。爱情如箭矢烈火，婚姻要求平稳坚实，这两者如何和解呢？ 感官上兴奋刺激必然不长久，而感情的牵制应该持续一辈子，又如何平衡呢？ 他看到过草率的婚姻或私情后带来的结合，一般都归于失败。他深信婚姻制度是严肃的，也是有用和必要的，他也低首下心跟着风俗习惯走。他知道"不管怎么说，结婚不是为了自己；结婚是为了传宗接代，人丁兴旺"。这说明他觉得（庞大固埃也同样想法）更可取的是通过第三者选择，让别人而不是让自己作判断。他与弗朗索瓦兹的婚姻就是这样定下的。两家门当户对，早已相识来往，让人预测这场理智的婚姻非常般配。

对于婚后生活，要是相信《随笔集》所记载的，也不像他害怕的那样苦涩，蒙田尽管缺乏热忱投入其中，还是认真对待。他知道美满的婚姻不多：他单身汉时的许多私情使他对此深信不疑。婚姻要价只有更高。这个市场"只有人市是自由的"，当然充满荆棘的道路，它的成功意味专心一注去塑造与处理。那时候婚姻"实在是组成我们社会的最好的构件"。一旦接受婚姻制度强加的责任，必须尊重或者至少努力遵守。他本人遵守婚姻的法规远远比口头说的、心里想的更为严格。"既结了婚又不算夫妻，这是背叛"。在婚姻结合也像在情场往来上，蒙田自鸣得意的是他不是仅仅要求妻子单方面的忠诚，男性的忠诚也有其价值。他这个儿子就是这样欣赏父亲在成家时还是个处男。

据他说，好婚姻不让"爱情作伴，以爱情为条件。他会竭力以友谊为条件。"这也是在十六世纪的普遍看法。人们经常也看到他在说爱情与婚姻的区别时有种歧视女性的看法。这是忘了他视友谊远远高于瞬息即逝的情焰，又认为这是更为高级的享受。夫妻间的友谊如同男性间的友谊，建立它要依靠许多品质，如果说他把后者的友谊比前者的友谊更重视，在他看来这是女人的资质生来达不到这种"神圣友爱"所要求的完全融合。这种强调女性劣势的偏见，在十六世纪是大家——包括女人在内——都接受的，蒙田也这样想，然而他还是祝愿肉体与灵魂能够全面的完美结合。"如果可以建立这样一种串联，自由与自愿，不但心灵得到完全的享受，身体也参与结合，整个人全身心投入，这样可以肯定友爱会更丰富、更完满。"这种友谊，蒙田把它留在梦境中。但是不把妻子当情人，这不是证明他轻视，恰恰相反。如果妻子知道体验婚姻的真意，她拒绝充当情妇的角色，而以妻子身份享受感情"会感到更光荣、更安全"。

　　蒙田的看法既符合同时代人的看法，也符合教会的看法。告解者手册指出丈夫跟妻子进行某种不雅的游戏，其罪孽要比跟其他女人重得多。作为一家之主，不是也应该对妻子的风化道德负责吗？ 鼓励她荒淫轻佻他不是也有罪吗？ 况且，丈夫在其他地方动心献殷勤，肯定宁可看到情妇而不是妻子蒙受耻辱。

　　蒙田是好天主教徒，婚姻是宗教的神圣结合，他把爱情中轻佻放肆比喻为"乱伦行为"。古代人与教廷人士在这方面配合一致。亚里士多德不是也嘱咐"接触妻子时应该谨慎严肃"，只怕过于猥亵的抚摸，使她兴奋得"冲破理智的樊篱"？ 至于医生，他们也肯定少做房事有利于生殖。

　　从我们的作者透露出他在夫妻恩爱中的行为来看，他一字一句遵照神学上的节制训诫，他说，不管我们对妻子的温情如何合情合理，还是应该约束与克制。决不能"初尝禁脔后迷恋肉欲"而不能自制："在这方面我只是听其自然，简单行事。"作为那个时代的人，他也提出性的领域中女性的被动性与男人猎艳的主动性。女人的性格天生是"忍受、服从与同意"，不是"要"与"欲望"。从而在夫妻之间调节与限制乐趣的任务落在丈夫身上，虽然对于像蒙田那样富于激情的人，很不容易"时时处处与妻子融洽相守"。有意要安排这种"自觉的肉欲"，不是采取冷淡和怀疑的态度，而是有计划地保证和维持这种乐趣的持续与存在；因为这种乐趣在婚姻中是平淡的，但是要比瞬息间的肉欲烈焰"更为全面"。妻子跟丈夫同样应该努力"使爱情处于待命状态"。她的含蓄与怕羞就像在不合法爱情中难以到手一样，可以增加乐趣，可是不要掩盖了自己的柔情，正颜厉色满口道德的妻子缺乏吸引力。寻欢作乐中稍加节制不正是最有效的性挑逗吗？ 婚姻的成功是以时间计算的，幸福的最可靠保证还是要懂得"意志的掌控"。

　　我们不知道弗朗索瓦兹如何跟丈夫的亚里士多德原则配合一致。弗洛里蒙·德·雷蒙继蒙田之后担任顾问一职，据他说蒙田是不折不扣贯彻这些原则。《随笔集》中有一节说夫妇的乐趣是一种需要节制的乐趣，严肃还带点儿"死板"。雷蒙在那一节边白上加注：他承认娶了个"非常美丽与可爱的"妻子，他跟其他女子一起时显得极为放浪不羁，还对他私下说他看到妻子对他裸露的只是手和面孔，即使她的乳房也没见过。这是真正的知心话，还是看了随笔的理论观点而得出的此励志宏论？ 我们对此可以自问并表示些许怀疑。

蒙田的家庭生活是不是幸福呢？ 洛莫尼耶认为不。拉特也是这个意见。尼古拉猜想米歇尔还是个受欺骗的丈夫。莱舍梅勒说他的婚姻理论来自于自己的失败。博纳丰、维莱、普拉塔尔则相反，给蒙田夫妇琴瑟和谐描出一幅田园风光。其实应该说这件事上大家都限于猜测而已。

我们知道蒙田认为"处理家务"是一个已婚女子最实用、最光荣的知识与工作，"善于持家"居于一切美德之上。弗朗索瓦兹在这方面好像符合他的期待。他让她去操持家庭一切。把大部分家务和财产管理交给她，也可让自己过得悠闲自在。他身在罗马，亏了她的辛劳，依然操持着他的家事，"看到家里的墙、家里的树、收益增长还是降低，都近在咫尺，"仿佛他在蒙田庄园一样。

她是个好主妇，丈夫出门时竭尽地主之谊，知道如何接待贵客：勋贝格和德·图在普雷萨克陪同下来过，好几年后还在感谢她给他们的接待。玛丽·德·古内在蒙田逝世后，到城堡在未亡人和她的女儿身边住过一年，在给朱斯特斯·利普修斯的信里大大赞扬她们待客之道。她说，这两位夫人从她们的习俗与气质来说，不愧出于这位伟人的家庭。她献给蒙田夫人的四行诗中，把她比作为"夫妻爱情"中的阿尔刻提斯。博纳丰从而说她是个不爱抛头露面的伴侣，知道给《随笔集》作者安排出让他安心写作、进行政治活动的安静环境。

说他们是贤伉俪的人还引用普鲁塔克的那封《慰妻信》，那是拉博埃西翻译的，蒙田在他们结婚五年后献给了弗朗索瓦兹。他在信里明确说他没有朋友"比她更亲密"，还反对那些说一个丈夫向妻子"巴结献殷勤"是不得当的人。他本人则宣称还是愿意按老一代的风俗习惯行事，最后说："您与我就过着老法兰西的生活吧"。这是在抗议当时的偏见，它要求丈夫在高贵阶层前表现出某种程度的冷淡，至少在公众面前。还有像他说的，自诩尽可能尊重夫妻间的忠诚也是很怪的，对于一个男人说来还是可笑的。骑士文学、诗歌在十六世纪还在维护中世纪的反婚姻传统，依然是大行其道的时代风气。在贵族阶层（《七日谈》的故事可以为证），周旋于妻子与女友之间是被普遍接受的。婚姻的美德是布尔乔亚的美德！ 对于商人才是合适的。蒙田本人同意说婚姻更适合"平民百姓，他们不会被享乐、好奇和闲散无事搅乱了心"。

平静的家庭生活会随着时光而变质吗？ 他凭个人经验说过妻子总是要跟丈夫唱反调吗？ 洛莫尼耶、尼古拉和拉特认为有许多一目了然的暗示，说明弗朗索瓦兹顽固与爱指责别人。此外他强调跟固执的女人引起的不愉快，面对她们的怒气保持沉默与冷静，反而会惹得她们暴跳如雷。米歇尔在《论发怒》一章内提醒那些"有资格在家里发脾气的人"，随口乱骂最终会失去目标。谁都不会再在乎了。别做这样的人，别人还未到跟前就开口骂，他走了还继续骂个不休！ 他想到的是蒙田小姐吗？ 我们别忘了他生活在城堡里，一起住的还有他的两个妹妹、他的母亲和他的妻子。（妻子跟着一位想象中很威严的阿婆必然也有不好过的时候）。要是说一直亲密无间、和睦相处，这倒令人惊讶。但是一时有过龃龉或误会，难道就断言说这是婚姻失败吗？

至于说到不忠的指责，这是根据那条金链子的故事。那条金链子是蒙田的英俊的军官弟弟阿诺·德·圣马丁戴的，他一次在网球场上不巧被球击中身亡。在皮埃尔·德·蒙田逝世后分割遗产，发现那条金链子不见了。蒙田作为长子主持这场财产清理，想起（还是有所怀疑？）到他妻子

110

的珠宝盒里去找，找到了。弗朗索瓦兹怎么解释这东西到了她那里呢？不知道。反正安多纳特·德·卢普要求归还。尼古拉猜想婆婆与媳妇为了保全面子，保护死者的名声、弗朗索瓦兹的荣誉和家庭和睦，取得一致意见。蒙田要求母亲提出形式上的追索。一五六九年五月二十三日，在公证人杜马面前，得到三位兄弟的同意，拟成一份笔录，正式写明安多纳特的要求，把那根金链子归还给她。

在这件事中应该看作是妻子不忠的物证，还是应该更符合弗莱姆的设想，只是儿子与母亲之间抹之不去的敌意？因为父亲过世后母亲在家里的权威都被剥夺。蒙田提到过私通，对私通又表示格外的宽容——这以后再谈——丈夫那种有害的好奇心，拼命要弄清楚一种不可挽回的坏事等，从而我们跟着尼古拉设想美丽的弗朗索瓦兹听厌了丈夫严格的"教诲"，对她的富有魅力的小叔表示了好意。

金链子事件始终是个谜。根据已知的情况不足以对蒙田小姐的品行作出判断。还有，要是米歇尔怀疑他的妻子，对这么一件有损妻子、同样有损丈夫名声的争执，他会不会同意给予一个正式的了结呢？

蒙田总是关心保护自己的独立，在家里也留出一个属于自己专用的"后间"。城堡内有两座塔楼，一座留给妻子使用，一座他建立自己的领地。他喜欢像国王一样单独睡。但是他爱与人往来，让人看到他高高兴兴玩游戏，享受天伦之乐，跟弗朗索瓦兹或女儿玩牌戏，在一旁不出声、饶有兴趣看莱奥诺"上课"，会根据对话者的品位与兴趣进行适当的聊天。这种聊天当然也是真心实意的。蒙田写道："我对家里人开诚布公"，毫不犹豫坦陈心曲，说出他对他们的看法。

一般人设想他的妻子至少在蒙田生前，从来没有读过《随笔集》，尽管她对他的身后事与作品付出了许多心血。丈夫去世后一年半，她与女儿把蒙田的手稿寄给玛丽·德·古内，并邀请她去看望她们，——据古内在一六四一年版的序言上说——"完整与相互地占有死者把她们彼此串联一起的友谊"。这证明她对丈夫的义女的嫉妒并不使她，或者不再使她不安于心——据蒙田说嫉妒是做妻子的最坏的缺点。

蒙田毫不掩饰，令他向往旅行的众多理由中，有一条就是撇下一切家庭事务。旅行跟他一直要求的自由是融合一起的。能不能以夫妻情谊与义务来反对他这样做？作家对此提出抗议。丈夫出门决不会影响夫妻感情，反而带来"相互想念后重聚的快乐"。"朝夕相处使感情受损"，使得陌生女人在我们看来都很动人，离家小别给留下的事物带来一种新意。友谊，尤其是夫妻情谊的纽带，长得可以绕地球一周，把他们串联一起。蒙田同样想，分离其实比相聚还让他更接近拉博埃西。结婚时，大家不是相互答应像"狗似的"守在一起。不在时大家继续相互照顾，才使结合更密切，思念更热烈。

蒂博代把蒙田遗孀说成是个头脑清晰、娴静、理智的女人（这从她在婚姻合同上美丽端正的笔迹来看）。她的第二位女婿查理·德·加马什在一六二三年赞扬这位夫人的一片虔诚，她已七十七岁，保养很好，被丈夫称为大美人，而她的精神品质在哪一点上也都配得上他。当然对于这份证词的价值可以存疑，加马什写时蒙田去世已经三十年，他本人当然没有见过他，在他娶莱奥诺后也有了十七年。

弗朗索瓦兹·德·拉·夏塞尼与她的良心导师唐·马可-安东尼·德·圣贝尔纳在一六一七年到一六二五年的通信中，没有告诉我们一点她作为妻子与母亲的生活。她在信中表示极大的虔诚，对马可-安东尼的强烈好感，急切希望他来看她。他们互赠蜜饯、橘子和柠檬，她还托他买些小物件（如为孙女买塔夫绸）。她跟他谈到她准备写在遗嘱中的条款，她要为丈夫、女儿和自己做的弥撒礼。这些通信中金钱问题占据很大部分。她抱怨经济拮据，使她没法多多捐献，到波尔多来生活以遂自己的心愿，担心她的孙辈的命运，——这是她的丈夫嘱咐她照顾的。蒙田逝世时继承部分估计是六万里弗尔家财，六千里弗尔收入。这笔财富非常可观。是不是因而要跟着蒂博代和拉特把她看成是另一个忠诚但贪财的贝杰雷夫人。蒙田早先提到过这件事，那时他嘲笑那些女人宁愿她们的丈夫死去而不是活着，这话可以相信吗？"谁在我生前对着我的面孔啐唾沫，在我入葬前又来抚摸我的双脚，那人怎样伤恸欲绝也不会使我复活的！"这种是无根据的假设，其中的怨恨跟他一贯的善意格格不入。无论如何，结合长久，再加上平时甜蜜、忠诚与愉悦，这是一场美满婚姻的证据。当然他说过"婚姻中的苦与甜，聪明人都不会对外说的"，同时又承认，像他那样爱唠叨的人来说，要保守这样的秘密是很难的！

那么他有没有在婚姻中得到这样"温和的终生交往，讲究稳定，充满信任，平时有数不清的有用可靠的帮助"，保证婚姻的成功呢？ 他是不是跟罗什富科一样想法，好婚姻是有的，但是不见得恩恩爱爱，而是大家不提只是有所怀疑的事而已，"因为妻子贤惠和婚姻美满不是说真正如此，而是没有闲言闲语"。

蒙田结婚以后，继续同时担当官员、军人，偶尔到京城出官差。他一会儿在波尔多，一会儿在蒙田，一会儿在巴黎，一会儿又在其他地方。

他的父亲始终热爱学问，很高兴接待博学有识之士到城堡与他做伴。其中一位皮埃尔·布奈，人文主义者，回归天主教的改革派，送给居停主人一部雷蒙·塞邦的著作《自然神学，或称创造物之书》。向他推荐说这是一部有用的书籍，用以反对路德的新见解。作者是加泰罗尼亚人，研究神学、艺术与医学的导师，一四三〇年左右在图卢兹教书，一四三六年逝世，在他生命的最后几年，写下了这部三百三十章的著作，一四八四年在里昂首次印刷出版。自后在德国、荷兰，从一五〇九年起在法国多次重印。第一部法语译本一五一九年出现于里昂。这是一部节写本，由皮埃尔·多兰译。在整个基督教世界获得巨大成功。皮埃尔·马丁在一五五六年为弗朗索瓦一世的遗孀、王太后莱奥诺把它译成了法语。

塞邦试图理性地用天地创造来阐述基督教的所有信条，书名《创造物之书》也是从中而来的；他不借用神学，甚至不借用《圣经》，也就是说"启示"（另一书名《自然神学》也是从中而来的），因而把自然与世界之书跟圣师之书造成对立。从这部作品的序言起即强调这部世俗神学的特征，他不运用任何专门知识，如语法学、逻辑学、物理学或形而上学，因而为门外汉群众接受，只诉求于做人的阅历，来使人幸福和热爱真理。大自然分为四类：无生命物（金属、矿物），有生命物（植物），有感觉物（动物），有思想物（人）。人处在自然阶梯的最高一层，这与意大利人文主义所倡导的人最尊贵的理论是一致的。人天生有理性与自由仲裁能力，使他能够从自身的存在中推论出必须有一个创造主上帝，从自身的限制中推论出上帝的绝对完美。人是个理性与自由的存在，必须感恩上帝给他这份最高尚的尊严，一个使他舒适生活的天地。

于是从人与上帝相似性系统中，精密细致地去证实基督教学说。超越人类理性的一切都应该看作是一条有益的准则予以接受，给它带来最有说服力与尊严的理论都应该得到采纳。

稍后，蒙田在《雷蒙·塞邦赞》一章中确定了这部作品的意义："他企图从人文和自然两方面寻找理由，去建立和证实基督教的所有信条，驳斥那些无神论者。"

皮埃尔·德·蒙田懂意大利语、西班牙语，不懂拉丁语。他委托儿子米歇尔把塞邦的作品译成法语。他的求知欲、好奇心始终强烈不减。一五五五年跟吕特福的讨论，引导他对自己内心不满的宗教怀疑主义提出疑问。他的儿子肯定天资极高，但是他的事业又不符合他的期望，他有意要让他转向更光荣的工作，适合他发挥拉丁语方面的杰出才干。蒙田接受这项翻译，是满足父亲的盼望，而不是出于个人选择。

这个情况我们是从第一版的题词上得知的。题词说得简单但是有气派，写给他的父亲的。他给塞邦这部书定制了"一套法国式奇装异服"，又使他摆脱"原来的荒唐装束与怪异举止",从而完成了自己的任务。他要求原谅他在译文中出现的"加斯科涅人的做派"。这是因为他在这项工作上还只是个"学徒"。另一方面,他赞扬原文中"精辟的教义阐述"、"高瞻远瞩"。那篇题词以这句话结束:"大人,我祈祷上帝赐您长寿与幸福",日期是一五六八年六月十八日,那天恰是皮埃尔·德·蒙田在城堡里去世的日子。他为什么没有改动他的题词呢? 由于他急急忙忙赶回波尔多而没有能够向印刷厂提出改动吗? 为了说明他父亲的临终时刻和葬礼上他缺席的理由? 或者还是不去修改他向父亲表示的最后孝心? 这条理由好像最有可能。

另有一个奇怪之处。他完成的这个任务是"去年在蒙田城堡里"交给他的。在《雷蒙·塞邦赞》的篇首他又证实了这点。他说,皮埃尔·布奈把这部书送给他之后,他把它放在一边。只是在逝世前几天,偶然在一堆要销毁的废纸下发现了这部书,嘱咐他把它译成法语。蒙田接手做了起来,叫父亲很高兴,他是要把它印刷出版的。这是在他过世后才做的。

这话听来有些不可信,由于这部书篇幅浩大,全文九百九十二页,六十张大八开图表,要比《随笔集》初版两卷本还多出三分之一。还有这部文本很紧密,翻译困难,其中章节连接一起前后不分,也没法把它们重新编排。当布奈把《自然神学》赠给皮埃尔·德·蒙田,后者当波尔多市长一职政务繁忙,也就把它放在一边,随后(在一五五六年后)再回头跟儿子提起,与他讨论。蒙田说这部书是偶然再发现的,翻译工作占了他"几天"。事实上,这部作品已经名气很响。勒菲弗·德·埃塔普勒、夏尔·德·博韦尔这些朋友都对此感兴趣。蒙田承认自己以前问过图纳布斯(死于一五五六年六月)对塞邦的看法。这证明他了解塞邦,或者至少在一五五六年前听说过他。

他保证那么快把这份工作干完了,是作者的俏皮话吗? 他手里有多兰的节写本,是皮埃尔·马丁翻译的,但是不像大量引用里面的内容。不管怎样，他初试身手就显得是个优秀的译者，大体上非常忠实于原文，在细节处理较为自由。尤其使塞邦冗长平淡的散文读来轻松活泼。但是他对某些篇章的改动也毫不犹豫。科潘神父与德雷亚诺神父挑出几处蒙田对原文作出的重大修改，都非常得体，几乎察觉不出来。

这些修改针对的是删去一些多少有点异教徒的阐述，使文本保持在最纯洁的天主教义上。《自然神学》在一五五八年被列为禁书，一五六四年又撤消禁令，但是对那篇前言依然保持原判。于是改动较大的是这篇前言。为了谨慎起见？那么蒙田意见是不是跟塞邦完全一致呢？翻译时无疑要比写《雷蒙·塞邦赞》时更多一致。

在这篇随笔（第二卷第十二章）的原始版本上，他遗憾有许多印刷错误，塞邦的作品一五八二年在吉勒·科尔班出第二版，由他亲自校改，删去了这一段落。蒙田对于自己的第一部译著应该没有不满意。这项工作要求他付出很大耐心，为了翻译正确无误需要十分专心和敏锐。拉博埃西是个优秀的译者，蒙田以他为榜样。《随笔集》随后也得到这项工作的好处。他翻译时，与朋友的思想取得一致，明白这也是对改革、对无神论的反击。也可能是他愿意以"正直的人"的较为平和的说理来代替神学家、教士们语气激烈的争吵。

蒙田应父亲的要求刚刚把翻译这件事做完，父亲就在一五六八年六月十八日去世了。他那时在巴黎，监督《自然神学》的出版工作。也可能他又一次接到最高法院的一项任务。他六月十八日那天在《伯特尔》写道：他的父亲逝世，"享年七十二岁又三个月，长期遭受膀胱结石之苦，留下我们五个男孩和三个女孩。他安葬在蒙田祠堂"。

丧父对他好像不像丧友那么打击严重。这也在事物的情理之中，父亲临终时刻他也不在身边。但是他后来一辈子都继续"深深怀念他，记得他的音容笑貌，亲情交流"，他在他去世后十八年还这么说。皮埃尔·埃康在《随笔集》里是第二位重要的男性人物，在儿子的回忆中像对古代名人一样，要比他的当代人更加牢记不忘。拉博埃西体现古代美德的象征性人物，戴上光环的英雄模范，轰轰烈烈死得光彩。而蒙田领主则是一个现代人物，不知疲倦地活动，体格健壮，精神旺盛，性格也不像拉博埃西那么死板，在日常生活中应付自如。

《随笔集》对这两人都显示了这份忠诚。在第一卷中间《论友爱》，在第二十九章他摘录拉博埃西的二十九首十四行诗，都提到这位亡友，而作品本身也用于给他下葬。在第二卷中，《雷蒙·塞邦赞》（十二章）、《论父子情》（八章）和《论父子相像》（三十七章）证明蒙田对皮埃尔·埃康的思念不断。在这第二卷最后一章，他惊讶地发现亲子关系的神秘性，主要让他继承了父亲的病，也就是肾结石："我们从中而生的这滴精液就是一种魔怪，其中不但包含祖先的形貌特征，还包含他们的精神性格。"

这种感情他一生都没有消失，只是有时候对这位最慈爱的父亲也不排除一种模棱两可的态度，他这个儿子对我们说起父亲直到古稀之年还是极为宽容。蒙田还把自己的散漫也归因于他的这种宽容，尤其是在他的童年时期。但是最令他痛苦的一件事无疑是父亲立第一张遗嘱时，把庄园与家庭财产都让安多纳特·德·卢普一手支配。皮埃尔·埃康不信任米歇尔有工作能力（他那时已二十八岁），还有他做事心不在焉。第二张遗嘱又把继承者的一切权利都交给蒙田。但是父亲的怀疑大约让他暗自伤心。他有一节文章指责年老父亲的残酷与不公平，还有他们的吝啬，在孩子青春年华时不愿慷慨地满足他们的需要，而是让他们等待老人死后迟迟才分享的遗产，难道这些是出于本人的怨恨而写的吗？

当蒙田提到这位慈父，几乎总是把他跟自己相比，突出皮埃尔·埃康具备而自己缺失的优点，这显然是他这个儿子没有达到父亲的期望，表示一种自卑心理和负罪感。他一直像从前那么怀念父亲，只不过觉得是死亡把他隔开了。《随笔集》通篇都谈到他的热爱与感恩。

蒙田领主的死讯宣布后，米歇尔急忙离开巴黎。一五六八年八月二十二日，他在公证人面前与他的三个成年弟弟相会，商量继承问题。他被认定为全面受赠人，保留了蒙田采邑和蒙田姓氏的特权，托马继承波尔多附近的博勒加尔采邑，条件是要付给老三皮埃尔两千六百里弗尔，老三获得蒙特弗尔附近的勃鲁斯采邑。老四阿诺，已从叔叔那里得到一份遗产，成为圣马丁领主，得到皮埃尔·埃康在马科岛上全部土地，米歇尔要付给他一千七百图尔里弗尔。给年幼的贝特朗，保留了在蒙田附近的马特科隆采邑的所有权与名分。最大的女儿雅娜·德·莱斯托那克在结婚时已经得到一份嫁妆，再也没有权利要其他东西。至于两个未成年女儿莱奥诺和玛丽，她们依然带着她们的男女仆人住在城堡里，在出嫁时给她们一笔嫁妆。这次继承在法律上写得周密完整，在受赠者中间显然没有引起任何冲突。

九天后，蒙田与母亲一起出现在公证人面前。这是要明确她今后在什么条件下住在城堡内，因为直到那时为止都是她一手操持，而现在她的长子享有全部权威。这份公约制订得比前一份斤斤计较。一五六八年底或一五六九年初，他的弟弟阿诺去世，引起金链子事件，这件事在一五六九年五月二十三日得到解决。

父亲过世后不久，在"我们第三次还是第二次宗教战争中"，据弗莱姆说是一五六九年底或一五七〇年初；据纳刚说是一五六八年，蒙田遇到一次奇怪的经历，他转而叙述在《论身体力行》（第二卷第六章）中。他离城堡不远骑在一匹小马上，他的一名仆人魁梧强壮，骑在一匹高大的辕马上，放开缰绳朝着他冲过来，把他撞出十几步远，翻倒在地上。他说这是他生平"唯一的一次昏迷"。人家想方设法要弄醒他没有成功，就把他运回城堡。整整两个小时，他被看作是个死人；他吐出满满一罐子鲜血，然后开始恢复了一点生命，但是那么慢，"他的原始感情接近死亡大大超过接近生命"。他最初以为是他中了一枪，感觉自己快要死了，懒洋洋让生命过去很有意思。因为他感觉到的不但没有不愉快，反而"掺杂慢慢入睡

118

时感到的舒适"。只是几小时以后，意识清醒，他立刻感觉坠马后挫伤痛不堪言。

这桩意外事他没有说对发生时间，却给他留下一个深刻的印象，情景记得非常确切。在他很久以后回想，觉得一阵闪电打得他灵魂发颤，他是从另一个世界回来了。

在此之前，蒙田一直害怕死亡。自从有了这番直接体验，把死亡比做睡眠，使他摆脱了对此的恐惧。在生命与死亡之间，边界线是很细的。但是他说"为了习惯死，必须接近死"。这件事微不足道，他给予相当重视，留下的记忆长年不忘，这是由于他从中得到了体会。纳刚看到这里面包含创作《随笔集》的冲动，它的做法是无论哪方面的思想都要从内心去释放。

父亲的去世改变了蒙田的情境，要远远超过他的婚姻。他成了埃康家族的族长，此外还拥有庞大的家产，今后足够维持生存。后来也可以让他放弃官职。摆脱了父亲善意但总是在身边的督促，他必须独自对自己的决定负责。拉博埃西之死在他的人生中产生深刻的断裂，他不再抱有最初的志向，但保持跟朋友继续对话的欲望——这是他的作品的根芽。父亲之死使他不用担心生计，全身心投入勤奋的退隐生活。这两人之死促生了《随笔集》。

一五六九年十一月十四日，他在最高法院恢复工作，他要求在大法庭里列席，遭到拒绝后并不坚持，也不寻求国王的特许。一五七〇年七月二十四日，他辞掉波尔多最高法院顾问一职，让给弗洛里蒙·德·雷蒙。

他从官场上脱身，忙着印刷拉博埃西的作品。这些出版物向公众证实了他对朋友忠心耿耿。《自然神学》在一五六九年问世，蒙田也这样还清欠父亲的一笔债。两年后，他使拉博埃西的作品问世。但是担心在这动荡不安的年代对作品有所歪曲，他放弃选择政治论文，如《自愿奴役讲稿》和《正月敕令纪事》，只发表文学篇章。

他的题词信写于蒙田，从四月三十日到九月一日。它们都发给将会保证"拉博埃西的第二次生命累积"的大人物，给米歇尔·德·洛比塔尔（献给他的是拉丁诗），后者已在一五六八年解职；给亨利·德·梅姆，或给德·朗萨克，上述三位都是国王御前顾问；给保尔·德·弗瓦，驻威尼斯大使。巴黎弗雷德里克·莫雷尔印刷的那本集子出版于一五七一年。他在后记中增加《对拉博埃西之死的演讲：蒙田顾问致他的父亲蒙田领主的一封信的摘录》。这封信他很有意思地称为"演讲"，显然让我们看出经过深思熟虑、再三推敲而定稿的，这并不排斥文内感情自发真诚的流露。他要给对拉博埃西认识不够的群众，包括他自己在内，着重介绍他在最后弥留日子里可以为人师表的事迹，说明他是个高尚的人物，他的死亡也成为他最值得大家追摹的一件作品。这封信此处也具有遗嘱的价值；拉博埃西在临死时还坚称自己属于天主教教义，祝愿两派和解，教廷进行改革。

为了督促这些出版事宜，蒙田在一五七〇年夏末不得不数次往返巴黎。（也是从那里在一五七〇年九月十日给妻子寄上普鲁塔克那封题词信）。可能他参加了法兰西音乐诗歌学院的开幕典礼，那是由德·巴伊夫、蒂博·德·库维尔、莫迪建立的（查理九世签署的诏书则在一五七〇年十一月）。

蒙田那时对两位深刻影响他人生的人作出了交待。他这样做也像在向过去告别。朋友过世后的七年过得非常充实：由于宗教冲突加剧愈来愈难处理的最高法院任务，结婚，《自然神学》的翻译，把拉博埃西随同书籍赠送的文稿整理编目，皮埃尔·埃康去世，遗产问题，官职出售。他的第一个女儿图瓦内特在一五七〇年六月出世，两个月后夭逝。

蒙田的辞职是由一大堆复杂原因引起的。厌恶在最高法院工作肯定是最有决定性的。他已经排斥戎马生涯，放弃国际政治外交大事。他在最高法院希望得到的晋升遭到拒绝。他意识到父亲的失望，在他去世后还在他指出的道路上继续走了几年。

　　但是在一五六九年到一五七〇年之间，他到了人生的转折点，要寻找另一条道路，来说明他放弃原职，选择新人生的道理。给洛比塔尔和亨利·德·梅姆的题词信透露出他已灰心丧气。他与拉博埃西共同祝愿的宗派和解已经变得绝无可能：必须诉之于铁与火。他看到他们两人信奉、在他朋友的著作中颂扬的价值相继沦丧。在最高法院，镇压严厉令他不安。塞邦在《自然神学》中对人性还表示某种程度的乐观，这部书在烽火连天的第二次宗教战争中问世。蒙田接着选择退隐，勤奋读书，拒绝受职务与荣誉的约束。

蒙田庄主

　　一五七一年初，蒙田命人在书房旁边的"小间"墙上做了一块拉丁语铭牌，表明他的心志，日期则是象征性的生日那天：牌上写着："基督纪元一五七一年，时年三十八岁，三月朔日前夕，生日纪念，米歇尔·德·蒙田早已厌倦高等法院工作和其他公务，趁年富力壮之时，投入智慧女神的怀抱，在平安与宁静之中度过有生之年。他住在祖先留下的退隐之地，过自由、宁静、悠闲的生活，但愿命运让他过得称心如意！"

　　这篇铭文语气庄重夸张，表示这一个决定早已经过深思熟虑。米歇尔·布托尔说，蒙田进入文学就像进入教门那样隆重。古代人一生担任公职和从事政治活动后，退隐在家读书、冥想、游闲，是完全合理的，蒙田也遵照他们的做法，放弃了引起他深深厌恶的公职潜心读书。这种生活形式适合老年人，西塞罗、塞涅卡、小普林尼都提出过他们的看法。普鲁塔克给人文主义者提供了榜样，如何做个退隐后勤读的世俗学者。蒙田是不是想过成为一位古贤，做一个——像朱斯特斯·利普修斯后来说的——现代泰勒斯？

　　把蒙田城堡内这个"退隐处"看成是可以远离当时混乱与暴力的世外桃源，甚至如弗雷德里希所说的一个"文人与人文主义者的隐居地"，那是大错特错了。

蒙田从最高法院辞职，变换了生活方式。他将要过一种乡绅的生活，富裕，希望享受他的财富，同时全心全意去管理他的庄园，完成父亲未竟之业（他这样来表示对他身后的感激）；去侍候缪斯，也就是勤学苦读。他有机会也不拒绝到法院看看，到军队办些事，然而不追求荣名，尤其不让束缚他的自由。需要离家好几个月他也不会犹豫不去。

他继承的庄园管理得有条有理。皮埃尔·埃康有个贤内助帮助，努力把庄园扩大和美化，开辟几条大路，在水道上架桥。他喜爱盖房子，在老房子的原地或旁边，建起了一座美丽的城堡，还添置了许多使它坚固与坚守的设备。米歇尔仅仅只是把几堵旧墙头砌齐，把歪斜的房屋木条扶正，还不是因为自己看不顺眼，而是遵照父亲的意愿。他责怪自己懒惰，没有能够接着父亲开的好头做下去，承认自己不懂得人家说得那么美妙的盖房屋之乐。不过他还是操心叫人来修理堵塞的烟囱，在墙上做出几个凹龛（他非常注意清洁与舒适），监督书房的摆设与布置。

大家知道城堡在一八八五年那场大火中几乎全部烧毁。要想象蒙田时代城堡是什么样的，那必须请教在那个日期以前的访问者所做的描述。那个庭院几乎是四方形的，城堡占其中的一边。挨着围墙的三幢楼组成其他的三边，楼里是马厩、粮仓、食物贮藏室、仆人的房屋。城堡的尽头是两排平房，中间被两座塔楼隔开，一座圆形，一座八角形。

旧城堡的一部分逃过火灾，还有蒙田书房所在的那座塔楼。在四方庭院东南边的两个角上有两座塔楼。一座叫夫人塔楼，那是弗朗索瓦兹·德·拉·夏塞尼住的。另一座先生塔楼，下面开一个大通道，蒙田用塔楼来做他的书房。

蒙田做了父亲在城里与乡下的财产继承者，必须保证管理工作。他自比为中等条件的庄园主。那个给他带来姓氏的庄园约三百五十公顷，其收入组成他的主要所得。此外还加上他在波尔多的土地收益，在比利牛斯山脚下拉翁坦封地的一部分利润，在一五七〇年他把职务出售给弗洛里蒙·

德·雷蒙的一笔钱，一五七三年他从科雅克叔叔那里分到三分之一遗产。他当了贵族，不用再支付压在乡下农民和城市布尔乔亚头上的赋税。他必须维持住在城堡里的一家子开支：妻子、母亲、两个妹妹和小弟弟贝特朗。但是他的家产允许他在财务上完全独立支配，不用依赖国王和大贵族。

在一五七八或一五七九年，蒙田对自己关于钱的态度作过清晰的解释。他说童年以后他在三种状况下生活过。二十年间他没有一点稳定的收入，根据时代的习俗和加斯科涅的习惯，"依靠别人的施舍赈济"。但是他不用太操心，钱任意乱花。他的父亲出手阔绰。米歇尔喜欢玩乐、旅行、书籍，十分注意仪表，追随时尚。当他缺钱时朋友不会拒绝借给他。他讨厌举债，也就认真还钱，安排事务（偶尔）更高兴依靠星辰。"我更为自在，"他说。但是等到他有了一笔小财产，这样幸运的状态就停止了。（这是指他结婚后，除了弗朗索瓦兹的一笔嫁妆以外，还有蒙田庄园的四分之一收入，还是指父亲过世后呢？）他一下子突然要积财了，按照他的情况存了相当大的一笔钱。他说这样做没一次不是心事重重。他藏好自己的钱，说到自己的财富"谎话连篇"，他去旅行呢？ 总是想到他家里放钱的箱子，害怕被偷，担心少了东西。总的来说，他体会到"守财比挣钱还烦"。无疑是在那个时期，约一五七八或一五七九年，他可以用他的积蓄买下波尔多大主教俗权下的土地。

几年后（他在一五八八年说是"四五年"），幸亏出外旅行，出手阔绰了一番，才治愈了他的吝啬病。这是第二阶段，约在一五六八年到一五七五年。蒙田只是到了一五八〇年才进入他的人生第三阶段，那时正在意大利旅行。从此以后，他过上一天算一天，只要够付眼前的日常开支也就满意了。倘若他存钱，不是为了购买土地，"要购买乐趣"。一五八五年后，他做到"量入为出"。一五八八年后，蒙田的财富大量增加，来自雷蒙·塞邦译著的进益，一五八八年后是《随笔集》的稿酬。他说到他宁可隔了两个月有人对他说他花了四百埃居，也不愿意每天晚上有人凑着他的耳朵把每日开销报给他听。如果这笔数目（一千两百里弗尔）表示他两个月的真实支出，这让人算出他有七千二百里弗尔的年收入，这在当时是一笔不小的财富（一名优秀的工艺匠一年最多赚三百里弗尔）。

蒙田退隐躲入城堡时，并没有那么富裕。但是尽管有父亲的榜样，"持家"不合他的趣味。可是谈家务的书籍还是很风行的，教导地主如何管理庄园和财产，如艾蒂安和利埃博的《农业与农村人家》，奥里维埃·德·塞尔的《农业舞台和土地经营》。在《论自命不凡》、《论虚妄》中，《随笔集》再三提到蒙田在管理或理财方面的无能。他讨厌讨价还价，尔虞我诈，不关心行情买卖。在一五八八年，他还说，治理家产已有十八年，还不知道亲自处理提交到他手里的地契和庄务上的事情。他什么都行，只要可以不去看契约或翻动这些盖满灰尘的文书。这不是"对这类琐碎的俗务有一种哲学的轻视"，不是的！而是"懒惰与大意，叫人不可原谅，充满孩子气"。

他承认有人即使只是在一间谷仓里颐指气使也感到乐趣。但是他说这点补偿不了全心全意投入工作的人面临的"艰辛操劳，紧张不安"。他一直期望他身上的重担交给别人来挑。在管理良好的庄园，当个账房或管家帮助庄主经营管理（《随笔集》曾有简单暗示）。皮埃尔·德·拉格罗在一六〇四年给弗朗索瓦兹·德·拉·夏塞尼当账房，莱奥诺·德·蒙田一六一五年在遗嘱中留给拉格罗以及他的妻子与两个女儿五百埃居。毫无疑问他长久以来给蒙田一家当差。但是从什么时候起呢？他可能是"领班"，协助主人设宴招待客人。

无论如何，庄园管理是由蒙田领主全面负责的。当他念念不忘他的钱柜时，这份责任必然使他处在第二种经济状况时很操心。无疑也是在这个时期，引起他对那些父亲的指责，他们让孩子处于自己的羽翼之下，只要活着拒绝给他们钱去自立门户，更糟的是把他们对金钱的依赖还延长到身后，把财产留给妻子支配。这样引起儿子的憎恨，他们看到自己由于缺失资源让最好的年华虚度，就因一个"年迈力衰、风烛残年"中的父亲不公正，自私，而濒临绝望。

这种保护青年的激烈热情，好像可以用个人怨恨来解释。皮埃尔·埃康的第一份遗嘱没有被遗忘。但是也看出蒙田对财富的重视。他可能在鞭挞吝啬与金钱的权力。他害怕贫穷也不亚于害怕疼痛。财富与贵族身份同样都是令人向往的，因为它让你摆脱许多束缚。他虽则十分欣赏伊巴密浓达，却无意摹仿他执意要让自己过贫困生活。

后来，当他家道殷富后，他对家人说明他要出外旅行，把庄园交给妻子管理。在这时候，一切事务才由妻子接手，这个责任远比想象的要沉重得多。他宁可给人一次偷去很多，而不愿处心积虑去刺探仆人一桩桩小偷小摸。他有意对自己的经济状况抱一知半解的态度，只要损失不多也就不计较，他说："就像让拾穗者去收割后的田里捡庄稼。"

这位新庄主徒然成长于乡下，与农耕为伴，对田间工作却毫无兴趣。他说"不论种在地上还是收入粮仓，如果差别不是太明显，我就分不清不同的谷类，也区分不了我花园里的白菜与莴苣"。"我叫不出最基本的耕种用具和农业的最简单原则——这些连孩子也都懂的。"

然而，对于十六世纪的乡绅，种花养草还是农活中最清高与最崇尚的消遣之一。若弗鲁瓦·德·埃斯蒂萨克、安东尼·德·波旁、加斯帕尔·德·科利尼、德·奥比涅，在他们的书简和著作中都提到他们对蔬菜、水果或花卉的爱好。龙沙是这方面的专家，把自己圣科姆花园里的出产献给查理九世。

蒙田对于货物的交易与知识，不论是水果、酒、食用肉类，既无兴趣也很低能，甚至不知道酵母用于做面包，使葡萄酒发酵又是怎么一回事。

乡绅的游戏中打猎是最受重视的，打猎是贵族的典型游戏，对其他阶层的人则是禁止的。保持身份就要在自己领地上进行狩猎。放老鹰到空中追猎猎物，蒙田承认对这种鹰猎不内行，不知道让隼鸟停在拳头上，尤其不会在适当的时候放出去。

至于围猎，那是国王喜爱的消遣，亨利·德·那瓦尔驻跸蒙田时，蒙田还给他组织了一场。他玩过，也承认自己笨手笨脚：他不会"跟狗说话"（也就是说，根据林子里放出来的是一头鹿或是野兽，用不同方法使狗兴奋）。而且，比如野兽在意料不到的地方突然出现会引起他激动，然而他"受不了看人家追赶和杀害一头无辜的动物，它既没有防御能力，也没有伤害我们任何人"。他抓到一头活的动物不会不把它放到荒郊野外；看到一头麋鹿陷入绝境，跪着"眼泪汪汪求情"，怎么会不动心呢？这种运动是他这个阶层的特权，而他表示反对，这需要一定的勇气。

从城堡向外观望是一片荒野，可以看到动物与植物形形色色的生命形态。蒙田主要的品质之一是心灵敏感，使他意识到所有创造物的相互依赖，"人类的普遍义务，不但对于有生命有感情的动物，并且对树木花草都要有爱惜之情"。这种看法在当时是罕见的，同样罕见的是他处在那么一个"残酷暴行司空见惯的时代"，对残酷的厌恶，这在《随笔集》中也有大量例子。他对人类与动物的一切痛苦都表示同情。如农民因为拒绝交付赎款而遭士兵折磨。蒙田就亲眼目睹一个人赤裸裸被当作死尸抛在沟内，脖子上都是伤，"还套了一副马笼头，接在一匹马尾巴上拖了一夜"，全身上下被捅了一百多刀。他看到人家把鸡掐死，一只兔子落在他的猎犬的嘴里，也会感到不舒服。

他因身体单薄敏感，对"动手动脚的游戏"（比武）恨之入骨。已有两位王室亲王死于这方面；同样也恨一切暴烈的运动。决斗是在荣誉的借口下玩弄技巧，而不是真正的勇敢，他在《胆怯是残暴的根由》一文中把剑术也作为谴责的玩意儿。从他的话里听来，他对于贵族的运动：游泳、角斗、剑术、骑术、跳跃、网球，无一精通。至于音乐或歌咏，从来没有学过。里戈洛说，卡斯蒂格里奥尼的《宫廷朝臣》一书说到做个理想的人文主义贵族，蒙田仿佛在反其道而行之，当他列举一长串他不擅长的休闲活动时，还带着一种掩饰不住的嘲讽。

他还不忘提到他的阶级的一些偏见，他本人是个平庸的舞者，他欣赏"庄重的舞蹈"，进退有序，女人发挥她们天生的妖媚；他轻视乱颠乱动的舞蹈，身子过度抖动；还有平民百姓的舞蹈，如勃朗尔舞，那时流行一时。

高等贵族的消遣他不喜欢，乡绅的消遣他也不喜欢：如广场上的激烈杂耍、市场庙会、拈花惹草、大吃大喝。这些我们都可以通过同时代说故事人的作品去了解，仅举最著名的为例，如诺埃尔·杜·法伊的《厄特拉佩故事集》《乡村絮语》和《闲言闲语》，纪尧姆·布歇的《塞莱斯》，博纳旺蒂尔·德·佩里耶的《休息与开心话》等。

但是《随笔集》说到蒙田对于高贵的马术则是一片热情。他从幼年起就喜欢以马代步。他是个不知疲劳的骑士，可以骑几个小时不下马背，即使在旅途中结石使他疼痛难熬，也宁可一辈子"屁股不离马鞍"。此外也是在马背上他跟自己进行最长时间的广泛谈话。

毫无疑义，他是个道地的爱说笑的加斯科涅人，会在骑马路上解闷散心，上邻居家串门或赶路，听这些滑稽的道听途说、有滋有味的消遣性故事。乡下领主都爱听这些，说故事人也给我们留下了记载。他自己也承认在这类聚会中总是设法好好扮演"好同伴"的角色。

说实在的，小贵族地主一般都轻视文艺和书籍，这是依据封建时代的原则，把武功作为贵族的天职，认为学问消磨意志不配贵族行为，这留给教士和平民去做。拉努埃在一五八五年还这样写道："在我祖父这个时代，当一位贵族有志学习希腊语和拉丁语时，他的一伙人会说他应该去当个教士，佩剑是不配的。"

蒙田同时代的贵族不少也有这个偏见，如王室总监安娜·德·蒙莫朗西。除了出入宫廷的大领主，那些乡村贵族，也就是安东尼·德·拉瓦尔说的"小贵族"，继续目不识丁，轻视文人，把他们轻蔑地当教士对待。

蒙田跟这些邻居当然不会意气相投。但是意大利文艺复兴的影响，瓦罗亚王族保护文学艺术的影响，促成文化知识在贵族圈子里得到发展。《宫廷朝臣》（一五二八年从意大利语译成法语）指出要做完美的贵族和朝廷大官必须既有武功也有文才。皮埃尔·埃康对这种人文主义新理想是非常入迷的。他给儿子受的教育已足够证明这点。蒙田同时代的佩剑贵族，如拉普里莫代、拉努、德·奥比涅，既以勇武与将才闻名，同时也是文人。许多编年史家属于贵族，如布朗托姆或他的朋友蒙吕克，后者的土地离蒙田的土地并不很远。他应该不是个标新立异的人物，他的邻居中也有一些与他见解相同的人。

是不是从而应该像有人偶尔说的，蒙田领主是土地贵族的一位典型代表？他的生活不用说有一部分是与他们相一致的。他也有他们的操心事，也像那些宁可宅在家里的人，觉得待在自己的庄园像威尼斯公爵那么自在。但是他取笑他们的焦虑，他们的娱乐，他们爱打官司，有时候他们愚昧无知。

那么他是不是体现了有文化贵族的新理想呢？他内心确实结合了贵族的骄傲，对家族、族徽与纹章的自豪，对布尔乔亚的谨小慎微与市侩气息的轻视。他善于适应实际生活，还热爱文艺与书籍。

但是据叙普勒的说法，这位官员贵族不属于哪个类型。在十六世纪，说到读书人是指对精神生活感兴趣的人。蒙田知道跟学问保持距离，这点胜过他的父亲，他也毫不讳言。他喜欢我们后来称为知识分子那样的人，但是他"不崇拜他们"。他不是个博学之士，也不让自己做个"写书的人"。他宁可做"优秀的马夫，不做优秀的逻辑学家"。这是一位新贵族、一位暴发户、一位乡绅的自卑心理吗？

有人就说过，这是佩剑贵族的冒充风雅。可能是吧。但是大家也不要忘记大人物、短袍贵族也没有逃过他的冷嘲热讽。至于第四等级，那些司法官员，他也没有姑息。蒙田是个性格复杂、"深藏若虚"的人，在社会上这样，在一切方面都这样。

蒙田退隐到城堡，祝愿摆脱世事的骚扰，并不是封闭在孤独中。如果说我们看到他独自几小时固执地待在书房这个隐居地，他的独处也是相对而言的。他周围有家人、有仆人，对外界还要尽些世俗义务。好客是老贵族的基本美德之一。皮埃尔·埃康为这个传统作出过许多牺牲，他的儿子心里也很在乎给家庭保留这个好客的名声。他应该在周围的贵族中间维持自己的地位。

此外，谁来敲门城堡都会向他开放。没有守卫与哨岗来禁止入内，门房的职责只限于殷勤接待来客。在整个暴风雨时代，蒙田就是不给自己的家门设防，此外还认为不要引人起疑反而能够保护它免遭内战的暴力。他想，许多设防的房屋正因为设了防而遭了殃。他自夸法国像他这样地位的人唯有他把看家的任务交给了老天爷。遇上危险来临，他收留邻近的居民与牲畜，这使他赢得"众人爱戴"。

居耶纳有不少领主人家，蒙田与他们保持良好邻居关系。从《随笔集》里提到众多的轶事与影射中，我们看到一个多元化的社会，他去拜访他们，或者也在城堡里接待他们，有天主教徒或新教徒，有显赫的领主或官员，有武官和少妇。贵族的社交主要在亲戚内部，但是也有精心编织有来有往的朋友圈子。这种人事关系是一种资本，也像一笔财富那样积累和传承。好客也成为乡绅贵族日常生活的一部分，乐意把某人和他的随从款留在家，管住管吃好几天。说书人经常记述一群人被接待在某个城堡里吃喝玩乐。

蒙田早年熟知礼仪，对待礼仪的细枝末节都小心翼翼，用心把客人照顾周到。《论言过其实》一章，在跟已故红衣主教加拉法的膳食总管的一席话中，他幽默地、但也用心地学习了宴席的上菜顺序，其中大有奥妙。我们看到他对这种口腹之欲的学问大为好奇，他跟着那个意大利人登堂入室，弄懂怎样区分各种不同的胃口，怎样引动胃口大开，注意调料使用，它们成分的特点，不同季节的沙拉也不同，要考虑到温度，如何配制花色使它们赏心悦目。无疑他是跟拉格罗学习了这门烹饪课。

他是个细心的东道主，凡事有失就觉得责任在于自己。这样朋友来访，尤其在他们不期而至的时候，往往失去不少乐趣。他竭力要做到不让客人觉得怠慢，也不吹嘘自己服务周到，从不当面训斥仆人。他祝愿接待平静顺利，安排有条不紊，把秩序、整洁看得比食物丰富更重要。他免除一切礼节，让客人自由自在，希望客人也让他自由自在，可由他自己决定说话或不说话，都不会冒犯他们。

他对待自己的仆人也是这样自由。柏拉图主张跟仆人说话要用主人的语言，不随便不亲近，蒙田则不同意这个看法。他认为用命运赐予的这个特权来摆威风是不合人性和不公正的。当然有人惹恼他也会生气。但是怒气很快消失，"立刻不提这事"。他也会骂某人小丑或小牛，但也不是永远把他看成那个样子。他只要求他好好尽自己的职责，不操心此外他是个什么样的人。他对服侍他的人都信任，他说"我看到他们犯错才说犯错了"。他乐意跟他们闲聊，很有兴趣根据他们的专长打听消息。他的先父有一个懂配方的仆人，朴实的瑞士人，跟他说到一个灌肠药的故事，这是他给图卢兹一名商人配的假药，跟真的一样有效。他有一个巴西仆人长期在他身边，在美洲"南极法兰西"生活了十一二年。那人朴实单纯，不耍心眼便是诚实的保证，蒙田从他那里了解许多情况，后来写成《论食人部落》。

一旦给客人安排好住宿饮食，就必须有娱乐。可以认为蒙田的客人玩得要比诺埃尔·德·法伊的乡绅文雅，后者宴席上狼吞虎咽，喝了酒后开粗俗的玩笑，大讲荤段子。雅克·伊韦尔的《春天》，生动地再现贵族与名媛文质彬彬相会在（普瓦图的卢西尼昂）一位乡村贵妇的城堡里的社交场面。在玩过网球或骑术以后，男宾与女客再进行一些高尚的游戏，讨论

"高雅的问题"训练智力。想来弗朗索瓦兹和米歇尔·德·蒙田一定也是这样做的。《论华而不实的技巧》（二卷五十四章）跟我们谈到东道主对某些时尚流行的诗歌活动的反感（塔布罗·德·阿科尔在《五花八门》一书中专门谈用字母、数字、音符猜谜）。但是蒙田说到在他家中玩的文字游戏，是看谁最能找出用于两个极端事物的词。（比如 Sire，给国王的称谓'陛下'，也可以用于称呼普通商人）。他在书房里也保存一部社交游戏册子。

对于智力游戏如象棋、跳棋，他承认只懂些最粗略的规则，因为思想迟钝。靠运气的游戏，如纸牌、骰子、"布勒兰"，在十六世纪大受欢迎。他在第三卷里承认从前也喜欢过。但是他戒除了，他是个输不起的人，给人打败后心里总是不舒服。他在家里跟妻子与女儿一起玩时，即使不在乎输赢，还是记分数，好像下赌注似的。在这里也像在其他方面，他始终讨厌欺骗作弊。

城堡有时也请一些奇人进来给家人和朋友逗乐。如那个南特的矮人，生来缺少胳膊，蒙田在家里看到运用双脚如同双手，子弹上膛，穿针引线，梳头发，靠表演为生。

蒙田天生热爱社交，与人相处很高兴。他好几次说，"我本质上还是适合交往与表达的"。他说自己感情外露，喜欢说出内心的话。但是这在一定的条件下。所以《随笔集》向我们展示的蒙田的面目，在对话者眼里也是不同的。跟所谓的泛泛之交、普通人打交道，他就会不自在，因为他不是个说话说一半，态度谨慎保留和多疑的人。"若不能坦诚相待，我的举止就不自然。"他生活的是那个等级森严、相互敌对和讨价还价的世界，不可能出现他曾经有过的真正友谊，不许人与人坦诚相见。他倒没有这个缺点，根据自己是怎样要别人也怎样。他恰巧相反，喜欢和尊重与他不同趣味的人。他赞赏"通权达变"的人，知道根据对方脾性和工作调整他的谈话，不管是木匠或园丁，谈房屋、打猎或打官司都可以。他必须给普通人解闷或把亲王逗乐吗？他既不知道讨好，也不会引人发笑和说得人兴意盎然。他说"最好的故事由他来说变得干巴巴，毫不精彩。我只有兴致来时才会说话。"亲王不喜欢听正经话，而他自己不喜欢胡说八道。

然而他也有说话投机的友伴，与他们一起既不呆板也不冷淡，恰巧相反大家都觉得他平易近人，这是有根据的。《论三种交往》，向我们说出他对情投意合的友谊如饥似渴。他的三种爱好，第一是与正派和能干的人来往。这样的人说实在的是"百里挑一"。即使在他自家宾客盈门的城堡里，我们的堡主也遇不上几个。跟他们谈话是最大的一种乐趣，尤因罕见而更值得重视。在一种欢愉、自由、亲近的氛围中切磋心灵之外并无其他要求。蒙田在这些交谈中期待的不是某种特定的学问，虽则他也不预先排斥严肃的话题，只是人际关系的实践。一切心灵都在此得到磨炼，也会叫人乐于交往。

蒙田在一五八六年或一五八七年初写了《论交谈艺术》，我们知道帕斯卡钦佩这位无与伦比的作者的辩才。他详细地、还比《论三种交往》更明确地指出正派人之间的讨论特点，并强调要避免的缺点。蒙田宁可失去视力而不愿失去听力或说话能力，看到会话里有理想的表述形式，要胜过书籍阅读，书籍阅读"行动迟缓，叫人冲动不起来"。他兴奋地说："依我看，训练思想最有效与最自然的方法是与人交谈。"他想象中的交谈，就像跟"一位有主见的人和强手交锋"，或一场剑客的决斗，对方不断出手，对着他左右刺杀。"他的想象力会刺激我的想象力，"他说。争论刺激，唇枪舌剑，意见冲突中求胜心切，这都会催促他、推动他超越自己。米歇尔·让纳雷把这类会话恰如其分地称为"挑战系列"。思想在批评的触动下，更加强了它的论点。由于强手的攻击，推理更细致了，思考更往前了，因为"说话一半属于说的人，一半属于听的人。"

掌控好一场辩论，思想必须遵守纪律。应该听到相反意见没有不耐烦，蒙田对此说自己心理有所准备："什么建议都不会叫我吃惊，什么信仰都不会叫我生气"。也要做到有错必改。不要顽固不化，不顾一切支持一个意见；不要永远想占上风；不要抢说最后一句话，要避免一切气恼。开门见山、直奔主题是必不可少的，不要迷失在毫无意义的开场白或废话里，决不要采用学院老学究的蛮横语调。还有必不可少的是学会侧耳倾听，让对方有时间说出他的全部想法，正确听明白他的真正用意，让他陷入矛盾不能自拔。激烈自我辩护会引起新的反对意见，使争论再度兴起。在他的眼里重要的是争论进行有条有理，这个很少人能够做到。交谈的设计如同运动（在那一章内使用的隐喻可以为证），实际上变成了行动。从身体也加入这种语言角斗来看，它就是如此。蒙田是个好演员，表情生动，"说得比写得好"，手势配合语言，全身心投入辩论。《随笔集》的语言无不采用对白腔调，口语节奏，也就形同会话一样。

很少篇章表现得那么欢愉与自由，据作者说，这在一切美好的讨论氛围中最主要的东西，也生动地反映了家庭谈话中的进程与色彩。他的继承者和朋友弗洛里蒙·德·雷蒙说他最擅长此道了。这使我们看到蒙田的另一副面目。他对自己选择的同伴充满信任，决不去逼迫听者，而被反驳的话或者自己叙述的热情弄得心火上升。他就让自己天生的烈性子发出来，以致变得叫人讨厌或毫无礼貌。他承认说，"我平时说话语调急促，很容易提高嗓门夸大其辞。"但是若有人问他"不加虚饰的赤裸裸真相"，他又回到较为平稳的语调了。

他需要提防的对话者也是有的。那最好还是独处也胜过与"讨厌与荒谬的人为伴"。愚蠢会惹恼他，以致气愤、心烦。他拒绝让官职、爵位和财富把他吓倒，那些东西经常只是给平淡无奇的废话提高身价而已。他憎恨一切形式的暴政，尤其是语言的暴政。这里他也要撕下假面具，不相信什么自尊与想象，在对"真"的寻求中，保持一份完整的批判自由。他保证说："无论从谁的手里学到真理，我都会额手称庆。"

他对任何意见都安之若素，这是因为他在正反双方的意见中看到了同

134

样的弱点。交谈的目的不是让一方压倒另一方，得出最终的结论。他优柔寡断，遇事难下决心，这使得他很会"坚持观点，但不会选择观点"。他宁可听命于一位比他更有主意和信念的人；他对自己的主意总觉得"论点不牢靠"。因而他在讨论中看重的不是猎获物，而是狩猎本身，它使你精神保持活跃，同时又尊重他人的自由与自己的自由。

与正派女人（他在一五八八年又加上"美丽的"）美妙交往，是另一种他感觉最强烈的欢乐，但是说实话还是比与正派男人交往差一点，因为"心灵不是那么投入"，而"感官享受"又更胜一筹。我们看到蒙田在青春期滥情日子以后，根据自己制订的战略，对这种交往还是留一点心眼儿的。他不愿意只受惠于人而不赐惠于人，但是拒绝让热情束缚他，影响到他的判断与自由。他是不是一直遵守这个原则呢？他"尽其所能地"忠实，结婚以后也显然没有放弃与人幽会。老人这样做他认为是可笑的，但是他在四十岁时应该不会觉得自己已垂垂老矣。

他爱好声色，对女人的花容玉貌很敏感，也同样充分享受与她们的交谈。只是不要找上那些矫揉造作的女人。他对她们的不利看法不是由于他不相信她们能够学习。但是卖弄一知半解的学问，这到达不了她们的心灵里，而只是停留在嘴巴上，他觉得这类矫情是应该谴责的。他不喜欢她们使用一种新奇做作的说话与书写方式。事实上，不论对男人与女人，蒙田都憎恶装腔作势："头脑简单地扑灭自身的光而借外界的光闪闪发亮。"她们对自己认识不足。"世上没有什么比她们更美了。"她们只要保持自然状态，接受天性的指导。让她们相信自己天生丽质。"有了这门知识，她手执教鞭，给那些学者传道解惑。"

他是个明白事理的名流，不否认女人有开启心智的权利，看到女性文化内容成分适当，还另有一种魅力。在十六世纪，性别平等还是一种邪说，蒙田也跟着时代有轻视女性的思想。他承认诗歌是"一种耍小聪明的搞笑艺术，……开开心心，搔首弄姿，像她们一样"，最适合她们。历史与哲学一样对她们也有用处。至于神学，则超过她们的理解力。这也是龙沙的看法。但是心智活动，这对于培养判断力与洁身自好是必要的，此外对于女性也提供了帮助、去反抗男性的不公正、丈夫的粗暴、"年纪与皱纹的困扰"，或者至少学会忍受。女人说实在的不适合做朋友，但与她们交往是愉悦的，要提高心智则不如与男性交往。彼此彬彬有礼也就不会与她们较真争论了。

这两种交往有赖于别人，满足不了蒙田的生活需要。前一种可遇而不可求，第二种因年迈而徒呼奈何。但是他所喜爱的第三种交往，与书籍的交往，给他一种"更可靠、更取决于我们自己的"欢乐。他说，"这是他人生旅途中最好的储粮"。蒙田在孤独、晚年、厌烦和痛苦不到受不了时，在其中寻找安慰。他出门旅行时不会不带书本，不论在和平还是战争年代。他说，他享受书籍，"犹如守财奴享受财宝，只要知道高兴时可以用来享受就够了"。即使不翻书，知道它们在身边就叫他安心。不论有什么其他消遣，即使最平常的，他也会毫不犹豫走出书房，只要心里认定他需要时完全可以回来找到它们的。

他生活在一个"野蛮地方"，周围没有人看书、懂拉丁语或关心知识，然而他说他不在乎，邻近的亲友、路过的客人都不会不来看他，给他打发岁月的机会。他在他们中间是不是找到了他寻求的对话者呢？有几人出现在《随笔集》里。他最接近的那位邻居是杰尔曼·加斯东·德·弗瓦，特朗侯爵，居松和弗莱克斯伯爵，亨利·德·那瓦尔的表亲，前驻英国大使，住在弗莱克斯城堡；他们是世交，走得很近。居松伯爵是蒙田向其效忠的人，对当地的贵族有巨大权威性。他是他的小领主与邻居的天然守护人，蒙田在社会和政治上的地位提升也多亏了他的保荐。《随笔集》中提到那个无名无姓和冷酷的人物，却给弗洛里蒙·德·雷蒙认了出来：年老粗鲁，态度僵硬，"脾气最暴躁的法国大老爷"，仆人的暴君，把粮仓、库房、钱柜的钥匙都放在兜里，对亲戚、仆人任意责骂，然而家人仆人串通一气瞒着他。一五八七年在内拉克附近蒙克拉博一战，他的三个儿子在同一天阵亡，他把这个沉重的打击还看作是"天赐之福"。

长子路易·德·弗瓦，居松伯爵，一五七九年在波尔多的城堡里娶了他的堂妹典雅娜·德·弗瓦。蒙田作为新郎父母的诉讼代理人（他自称是私人性质的）参加了婚礼。婚礼在一位年老的女亲戚家举行的，老太太害怕针刺魔法，会使伯爵在新婚之夜阳痿。新郎同样很担心。有一次在城堡逗留时，蒙田的朋友雅克·佩尔蒂送给他一枚小金币，上面镌刻几位天使，缝在一根带子上，据说防暑止头痛很有效果。我们的加斯东在给伯爵送上传统夜宵时跟他换了睡袍，嘱咐他躲在一旁，念上三遍祷词，把锻带系在腰间，注意把金币置于正确位置。这样做完后，拉紧锻带，回进去，不要忘记把袍子铺在床上盖住新婚夫妇的身子。"这样装神弄鬼具有良好的疗效"，蒙田领主有趣地说明。这次取得完全的成功。

弗雷德里克的兄弟，新郎的叔叔弗朗索瓦住在蒙田南面约十里路的卡迪亚克。他本来是波尔多最高法院顾问，在一五七〇年与随笔作家同时放弃职务，当上阿杜尔河畔埃尔的主教。他是个异人，精通数学，擅长技术发明，使他得到"阿基米德第二"的外号（他创造了一台机器，一名六岁儿童可以用它举起一门大炮那么重的东西）。他潜心研究点金石，能够援引《圣经》中五六段话来说明这项工作是有意义的，蒙田很乐意跟这个有判断力的人谈他的炼金术。他在一五七四年左右，研究据说是埃及人至尊赫尔墨斯写的希腊语与拉丁语著作，一五七九年米郎杰出版了他的《波依曼德勒斯（牧者）》，一部新柏拉图形而上学研究，献给那瓦尔的玛格丽特王后，恰在同时蒙田献给她《雷蒙·塞邦赞》。他的兄弟克里斯多夫在居耶纳中学曾是小米歇尔的同学。他是波尔多最高法院顾问，后来跟他同时辞去职务。

在胡格诺派中间，蒙田也有不少知心朋友。勒内·德·瓦尔柴克上尉，塞莱领主，在布罗阿杰围城战中"朝着死亡直奔而去"。还有弗朗索瓦·德·拉·罗什富科，他总是用手擤鼻涕。有一天有人问他什么道理，他却反问："这个脏东西有什么特权让我们用一块漂亮的手帕来兜着？"他说得有没有道理？ 蒙田承认他在那时以前从来不觉得这个习惯的怪异。

天主教方面，与他常来常往的有波尔多大主教普雷沃·德·桑萨克。他热烈赞扬他坦然委托一个下人管理产业，自己很少操心。无疑是这位新堡主与这位老神职人员的交易做得很称心。那个时期，蒙田正在买地要把自己的庄园连成一片。

他跟让·德·莱齐尼昂也关系密切，那人是阿让司法总管手下的短袍贵族副官，晚年丧偶，依然精神矍铄，蒙田根据自己的习惯向他"大胆"进言，劝他把主屋让给孩子居住，自己搬到附近的庄园去安身。他听从此话这样做后，日子过得很惬意。

著名的布莱兹·德·蒙吕克元帅也是他的朋友。他的儿子佩罗在一次远征中死于马德拉岛上的丰沙尔。他跟蒙田颇为亲近，向他透露"他痛心的是他觉得从未与儿子有过内心的交流"，他多么遗憾自己一直对他摆出皱眉头的样子，充满轻蔑的表情。蒙田提到的这段怨恨之情，后来叫塞维尼埃夫人看了掉下眼泪。

这类日常谈话让我们看到一个爱交际的蒙田，敏锐的观察家，乐于提出劝告，或者倾听别人的私房话，后来在《随笔集》里都有所反映，这些实际的人生问题丰富了作者的思考。

在蒙田庄园附近也有"美丽正派的女人"。他把《论儿童教育》一文献给了戴安娜·德·弗瓦，居松伯爵夫人，在题词中还提到他积极促成了她的婚事。他把《论父子情》一文献给了路易·德·埃斯蒂萨克的遗孀。他赞扬夫人守节，她早年守寡，拒绝许多豪门望族来提亲，对孩子则表现出做母亲的绝对忠诚，矢志不渝，为此"多年来含辛茹苦"。玛格丽特·德·格拉蒙是让·杜尔福·德·杜拉斯的遗孀，在蒙田写第二卷最后一章时来探望他，蒙田就把《论父子相像》一文献给了她。他对她说，她在书中见到他时，依然"保持当面谈话的姿势与神态"，因为他祝愿他的文章让人读了想到的还是他生活中的本色。

杜拉斯家族除了在居耶纳有好几座城堡以外，在波尔多还有一幢公馆，离弗瓦·德·康达尔的公馆很近，蒙田应该是常客。杜拉斯夫人是那瓦尔王后的宫廷夫人和知己，跟戴安娜·德·弗瓦是亲戚。戴安娜很早嫁给菲利贝尔·德·格拉蒙，美丽富有，大贵族出身，妩媚动人，慷慨大方，爱诗歌和诗人，也爱骑士小说。她对《阿马蒂斯》一书入迷，把自己的戴安娜名字也改成科丽桑特，取自当时这部畅销小说的一位女主角的名字。蒙田那时还没有出版拉博埃西的十四行诗，准备以后收在他的《随笔集》（在一五八八年前的版本里这些诗都收在第一卷第二十九章内），就把它们献给了"高贵的科丽桑特"，那时她刚到二十四岁。

他的朋友的一部分诗以前献给了科丽桑特的亲戚保尔·德·弗瓦。蒙田请求她不要因此妒羡，因为他献给她的诗"自有一种我说不出的更强烈的激情热火"。这份礼物送给她非常合适，在法国没有几位夫人在诗歌评论与运用上会胜过她。也无人能像她那样用歌喉使它得到如此出色的发挥（那时诗歌往常是用来吟唱的）。他甚至还答应在"她耳边"，说出他的朋友在风华少年时内心为之燃烧的那个人的名字。这句知心话可以看出他们关系的密切。

科丽桑特在梅多克有几处领邑。到了波尔多她住在弗瓦在普侬-波林的家。从一五七〇到一五八〇年，蒙田经常有机会在波尔多、杜拉斯或卡迪亚克遇见她。可能她也曾与玛格丽特·德·杜拉斯一起到城堡来拜访过他。然后有几年蒙田与科丽桑特关系的一切线索消失，但是他们没有完全不相往来。我们还看到当守寡的科丽桑特成了亨利·德·那瓦尔的情妇后，他们又接近了。

《论三种交往》里看出对女性有某种歧视。蒙田首先要求女人长得漂亮。他承认她们可以进入某些知识领域，但是又深信她们对待事物都不够认真，取悦于人的欲望统制她们的全部行为，总之一句话：女性轻浮。可是 A.尼克拉有一部作品谈论"蒙田的美丽女友"，她们都让他看了入迷，她们也对他人迷，他还是认为她们都能够读懂他的作品与他的朋友拉博埃西的作品。

在这个满屋子都是亲朋好友（尤其是女性）的家庭内，我们看不到孩子。弗朗索瓦兹和米歇尔·德·蒙田等了四年等到第一个孩子。这是一个女儿，多内特，由外公和祖母给她当教父与教母，她两月后去世。我们看到父亲给他的妻子寄去普鲁塔克的《慰妻信》。弗朗索瓦兹虽怀过六胎，给他生的都是女儿，又都不久夭逝，除了一个莱奥诺，生于一五七一年九月九日，蒙田退隐到城堡后七个月。他的弟弟皮埃尔和妹妹莱奥诺给她行洗礼。

大家谴责蒙田说过他"也曾失去过两三个还在喂奶期的孩子，不是没有遗憾，至少不十分悲痛"。还说他忘记了数目，这是不大可能的。在他的《伯特尔》里他写了她们的名字、出生日期时间、她们教父母的姓名。三女安娜，生于一五七三年七月九日，活了七个星期①。接下来是四女，生于一五七四年十二月二十七日，三月后去世；五女生于一五七七年五月十六日，一月后去世；最后一个女儿玛丽，生于一五八三年二月二十一日，没几天去世。那时蒙田已五十岁差七天，他的妻子已过四十岁。

一五八八年，他写道，大多数人觉得家里孩子多是极大的幸福，他自己与其他少数人不以为意。他若生的是儿子会不会说这样的话呢？只是听到他说起他愿意给男孩施加怎样的教育，像他得到的相似，细致温和，"追求豪放，头脑机灵，心地坦诚，"为了保证不出反效果。他只有一个女儿，姓氏将湮没。在这方面，皮埃尔·埃康又胜过他，他生了五个儿子。

蒙田说的是实话，有人说他心硬，不是也有人为他开脱，提出儿童死

---

① 附在《意大利之旅》后的《伯特尔》里，说她生于七月五日。——译者注

亡率高，新生儿一出生就寄养在乳母家，远离父母，面对他们的死亡一般都很冷待吗？他自己也承认这不是触动人心最强烈的意外。但是爱孩子仅仅因为是自己生育的，他认为这个理由不够充分，"我们的心灵产物"要求我们付出更多心力，也给我们带来更多光荣。因而他问自己难道不是宁可跟缪斯，而不是跟妻子生个十全十美的孩子吗。

不管怎样，他对幼儿表现出明显的厌恶："不乐意有人在我面前给他们喂奶"。有人抱着初生婴儿充满热情，他看了心烦，对这个小东西的可爱无动于衷。事实上，在那个时代对着幼童的天真、抚爱与可笑动感情的人还是很少见。只是到了下一个世纪这种感情才开始风行起来。蒙田认为大人拿孩子的游戏、天真无知来解闷消遣，把他们当作"小猴而不是人"，这是自私，最终也是堕落的。不必要给他们买太多的玩具，最好是留着以后备不时之需！

然而，他也解释自己为什么对婴儿不感兴趣，他们"心灵既没有活动，形体还未定型，"也就谈不上可爱。父爱不能仅限于一种本能的动物性的依恋。要以儿童的价值来决定和调整，也就是说它与儿童的智力发展相配合的。像一切真正的感情，它包含一种相互的交流关系。总的说来，孩子达到理智年龄后父亲才能对他们关心起来。随着他长大，看法更明确，父爱也随之增加。孩子变成了成年人，父子亲情在那时就会建立在自由地和健康地相互评判的基础上。

蒙田也像他的同时代人一样，认为童年是软弱、粗心大意、单纯的同义词，但是这是一个过渡性状态，还不完美，居于更高一级的成人状态之前，教育将会引导他掌握理性与智慧。

让我们再来看一看蒙田实际上怎样做父亲的。从他提到莱奥诺的话来看，不论如何隐讳，还是充满了温情。根据那个时代的习惯，女儿的教育是由母亲操心的："女人的做法自有一种神秘，还是应该由她们来管"。但是父亲排除厉声斥责与体罚（他自己只挨过两次鞭打），这点得到妻子的同意，他知道她也是宽大的人；她不用其他惩罚，只是和颜悦色教导她。我们在《论维吉尔的几首诗》中，知道莱奥诺是养在深闺中长大的，她发育晚，体质单薄软弱，刚走出童年差不多已到结婚年龄。蒙田一声不出旁听莱奥诺的一次上课，幽默地记下女管家的笨拙做法：她粗鲁地要她漏过一个所谓脏词别读，只怕因此引起暧昧的联想。他在一旁观察莱奥诺，跟随她的发展，却一点不显露出来。

蒙田这位父亲，要比大家相信的更体贴，也比他自己所说的更慈祥关怀。他不愿意人家要他的女儿对他用尊敬的称呼，而要亲切地称他父亲。在他那次长途旅行中，有一条阿尔卑斯山山路人家都说难行，他则说他若带了"只有八岁的女儿"走在上面决不会出危险。关于莱奥诺也像关于他其他在世的亲人，《随笔集》中都不提作者对他们的感情。

如果说《随笔集》前两卷让我们看到蒙田一鳞半爪的庄园生活，然而在第三卷，尤其最后一章，他对他的日常生活、习惯情趣谈得又多又详细。他动作不利落，一切都"晚"：起床晚、上床晚、吃饭晚。他七时起床（这在当时是晚的），在十一点前不吃中饭，晚饭总在六点以后。

睡眠占了他一大部分生命，差不多五十五岁时，他还要连续睡上八、九个小时。但是他后悔总是在清晨还要再睡，这使他在白天时间里动作迟缓，睡意迷蒙。他喜欢独自安寝，睡硬床，盖被子。他从不用炉子暖床，但是年岁大了，多加了几条毯子给脚与胃保暖。这样他养成了某些习惯，再也难以改掉：他在白天睡不着，两餐之间不吃东西，晚餐后三小时内不会上床，"只在睡觉以前生孩子，也不会站着做"，受不了出汗，也不能长时间不戴帽子，也不在午饭后剪头发。他饭后离桌要去洗，手套、衬衣、床顶、床帐都难以省去不用，"仿佛都是必需品"。

有人把他训练成对事都毫不在乎，他也努力对一切都能适应。这倒也没有多少困难，因为直至他受到结石的最初打击以前，他再三说他的健康情况全面良好，他后来还说精神抖擞，热情奔放，很少受小毛小病的影响。

他生来"一切器官几乎毫无缺陷"。他视力很好，但是多看容易累。所以他看书不能太久，只好通过别人帮助来做。他平时在书上放一块玻璃片，来冲淡纸上的白光。他不戴眼镜，但是阅读总是使他感到疲劳，在黄昏和夜里变得很困难。他到了老年耳朵患上重听。

他嗅觉灵敏。他为气味专门写了一章，他喜爱的是最自然的气味。什么样的气味沾上他的身子就不散，他的皮肤很容易把它吸收。他有浓密胡子把气味送到他的鼻子里。他对此那么敏感，它们会强烈影响到他的心情。他逃离"恶浊臭气"。他的牙齿一直完好无损，他早晨和饭后总用一块毛巾刷牙。

他像父亲终日穿黑白两色衣服，讲究仪表，不喜欢敞开纽扣。不分冬夏，他只穿一双简单的丝袜，大腿小腿都不盖住，很早就经受天气变化的磨练。只是以后得了感冒和结石，才戴帽子和遮盖腹部。不论什么季节他都一样过，除了大太阳后的酷热，他对气候变化是不敏感的："什么样的天空对我都是同一的。"

他走路迅速有力。他性急爱动，不论在祈祷和庆典场合，坐久了就耽不住。

他胃口只有吃的时候才来："我只有坐上桌子才会饿。"在父亲当家时"用餐时间长"，叫他烦，害了他，因为"坐相不好"，他就坐上尽量吃。虽然在自己家里"用餐时间短"，他在别人后入座，但是不会在别人之前离席。他不喜欢吃饱肚子说话，宁愿在饭前争论，他还是喜欢自己不插嘴，高高兴兴听人家说，跟伊壁鸠鲁一样认为："不要注意吃的是什么，而要注意跟谁在一起吃。"

他年轻时，喜欢不吃中饭，像古代人一样留着肚子到休息时吃晚饭，"不打断白天时间"，有时省了一顿让第二天胃口更好。年岁大了，他就受不了一日两顿以上的"简餐"，也不能够其中一顿完全省去，但是也厌恶像服药似的一天勉强吃上三四顿"饿饭"。他凭自己经验还是相信少吃多餐较为养身。一顿好晚饭据他说消化较为容易。

他吃饭愿意不铺桌布，但是很难不用德国式餐巾，汤勺与叉子则很少用。他讨厌不停地上菜，拿着什么就是什么，一点东西就能满足，但是不喜欢一盘菜正吃得起劲时把它换了。他承认自己吃东西狼吞虎咽，匆匆忙忙有时咬了自己的舌头和手指，这个习惯不雅，也有碍于健康与口福。他这样失去谈话的乐趣，其实话说得有趣而简短，"是一种美妙不过的餐桌调味品"。

以他的认识来说，没有一种食物对他是有害。自从犯胃病以后，他对历来喜欢的沙司都开始厌恶。他的面包师给他做无盐面包，这跟家乡的习惯不同，但是他爱吃。他不要肉煮太久，要很嫩，即使变味也可以。他很爱吃鱼，然而不要太新鲜太硬，他"在小斋日大吃大喝，在大斋日又成了他的宴庆日"，在食鱼日吃肉心里不安，在同一餐时不把肉与鱼混在一起吃。至于蔬菜色拉，他不比水果更爱吃，除了甜瓜，对牡蛎则情有独钟。

不论健康和生病，他不容易口渴："我会嘴干，但不想喝。"从情趣和气质来说，他讨厌酗酒，不能理解怎么有人"解渴以后还能喝得津津有味"，在想象中去创造一种违反自然的需要。他只有在桌上兴致来时才喝，最后一口也是最多的一口，在夏天不超过三口，享用佳肴时需要就喝五口，这是为了不违背德谟克利特的规则，不许喝了四口叫停，因为四是个不吉利的数字。他喜欢喝小杯子，可以干杯，这在别人看来一般又是失礼的。他喜欢放在玻璃杯里喝，一切金属餐具他都不喜欢。

他不会大口喝纯水或纯酒，所以他经常在酒里掺上一半水，有时三分之一。他在家时，按照医生给他父亲订的老习惯，掺水的酒先在酒室里放上两三小时再饮用。几年来，他用白葡萄酒换上淡红，又从淡红换成白葡萄酒。他生了病首先失去兴趣的就是这件事。

因而蒙田生活在城堡里时,不妨说他吃得多而不是吃得精,对一个佩里戈尔人来说酒量不大。但是后来我们看到他在旅行中经常打破自己的生活习惯。他非常好奇,要打听外国菜肴的做法,看到新奇东西就要尝试,决不受任何节食制度的限制。

蒙田辞去最高法院职务时,放弃了义务与荣誉。荣誉他还是获得了一些。这在他退隐以后不久。

一五七一年十月二十八日,他在《伯特尔》上写道:"根据国王的诏令和陛下的来函,我由特朗侯爵加斯东·德·弗瓦授以圣米迦勒骑士勋位,等等。"这个骑士勋位由路易十一建立,起初很有威望,后来价值大打折扣。一五六〇年,弗朗索瓦二世一下子增添了二十位骑士。克吕索尔夫人说,新酒上市! 勋位的标识是一串贝壳编成的项链,拉罗什·杜·曼恩把它称为"通用兽圈"。

蒙田一定很满足。他年轻时早就希望获得法国贵族的这个标志。但是他也幽默地指出当他受勋时已大大贬值;他说,命运没有要求我奋发有为去得到它,"而是降心以从地对待我,把勋章压在我的肩膀上,使我抬不起头来"。

蒙田所欣赏的荣誉报酬是颁发给美德的,特别是指武德,不附加任何物质利益。否则它们就失去了自身价值,不配一位贵族去争取。它们也不应该到处滥发。他这种想法是不久前亨利三世创立圣灵勋章引起的。

我们不知道凭什么功绩给他颁发这份荣誉。是他在最高法院任职那几年的工作吗? 这不大可能。布朗托姆对蒙田一直不怀好意,声称是特朗侯爵给他的膳食总管申请和要求项链时也顺便把蒙田带上了。权势显赫的侯爵给他的邻居"顾客"和朋友疏通说好话,这是非常可能的。不大可能的是他这是在嘲弄他。

查理九世后来又在一五七三年任命蒙田为御前侍从。在最初三版《随

145

笔集》和《自然神学》重印本上，作者用上这个头衔。这个职务完全是荣誉性的，既无俸禄也无实事委派，然而特别在乡绅贵族中间很受重视。我们不知道蒙田在朝廷中到底担任什么角色。无论如何朝廷没有忘记他。他后来也去过好几次，都负有任务，时常打断他在自己庄园里的退隐生活。

蒙田在书房独处和工作

    蒙田退隐在城堡，必然要担任一部分家庭职责和社会义务，那是他没法推托的。但是这还是允许他保持自身的独立，"这个后间完全属于我们的，不受约束，我们在里面建立我们真正的自由，主要的独处静居"。他详细描写的那间著名书房是留给他自由、宁静与休闲的隐居地，如同一五七一年二月二十八日铭牌上所说的，他打算投入到智慧女神的怀抱。

    那座塔楼坐落在入口处那幢房屋的拐角上，书房在塔楼的第三层，早晚大钟敲《圣母颂》，声音很闹（他起初觉得不可忍受，但是很快也就习惯了）。蒙田从那里指挥他的团队，俯视他的花园、饲养场、庭院和他的大部分不同的房舍。平地第一层楼是他的礼拜堂；通过一座螺旋楼梯登上二层楼，他舒服的卧室，有一个大壁炉和两扇窗子（墙壁从前有丰富的图案），他经常独自睡在这里。上面有一间大藏衣室，原是家里最无用的地方，这里变成了他的"总部"。他一生中大部分日子，一天中大部分时间在那里度过。他从不在那里宿夜。他把那里做了他的书房，为此自豪。他说，"这是村里最美丽的书房之一"。藏书不久达到一千册，其中大部分是拉博埃西遗赠给他的。古人写的历史、伦理、哲学著作和译著一边出他一边买，不断丰富他的藏书。他还说，书房的形状是圆的，仅有的平面墙壁恰好放我的书桌和椅子。我的书分五排贴墙绕成一圈，其弧度可以让我把它们一览无遗。从三个方向看出去是远处宽阔的美景，让他把四周乡野、一座大丘陵、覆盖葡萄树的大山坡尽收眼底。

冬天他不在那里长待，因为他的家筑在一座小丘上（他的姓氏montaigne原意是"山"），没有房间比它更通风。他喜欢是因为书房地处偏僻，出入不便，闲人也就没有勇气上楼，远隔尘嚣，保证他安安静静坐拥书城。

天花板下有一根坚实的橡木心栋梁和四十五根小梁。这些梁上共有五十七句拉丁语或希腊语格言，引自《圣经》或古代作者。只有一句是法语的："我知道什么？"这些格言是蒙田选择的。《随笔集》的所有主题都在上面。

在书房旁边开了一间小室，颇为精致，据他说，采光很舒适，冬天可以生火。他很想"在两边都接上一条长百步、宽十二步的长廊"，平的不用台阶，墙头都是现成的，俱已派作了其他用途（无疑是围墙）。但是他做事随便，又怕花钱，使他下不了决心把它建成。这很可惜："任何隐蔽的地方都需要有个走廊。"在这间小室内，他命人画了几幅画（今天还留下不多几张）：玛斯和维纳斯被伏尔甘逮着，维纳斯与阿多尼斯，暴风雨中两艘船，泰门由他的女儿佩罗喂食，中间隔开几个怪物。

书房是他的王国。他忙于交际，然而觉得永远独处还是要比永远得不到独处好受。"依我看来，有的人很可怜，在家里没有自己的位子，没有自己的享乐，没有自己的藏身处。"在这个空间，他竭力要独霸一方，"不让它并入夫妻、父子、亲友共同的大集体"，蒙田要享受一种"纯粹的统治"，个人独揽的权威，对于自己的精神生活，按照自己的意愿指引它。

这个"总部"非常符合他的情趣与需要。如果知识休闲所必需的孤独在这里得到完全的保护，那居高凌下的地势又让他看到他的庄园生活以及四周乡野，"荒野景色"，一个与书房绝对对立的宇宙，他不时要深入到那里面，因为这对于丰富与更新他对真理的探求也是不可或缺的。蒙田喜爱

148

的居所不是一间密封的小室，而是一个类似的观察所，他在那里可以与世界、与他的书籍、与大自然和文化保持距离。这种对不同观点的态度使《随笔集》读来生动活泼。

蒙田同样细心区别属于上帝的礼拜堂和属于文化生活的书房。这个禀性也符合《随笔集》中对思想的割裂，在这部书里伦理哲学与信仰就是截然分开的。

蒙田梦想在宁静中满足自己对学习的热望，在退隐后初期享受这一切时大约觉得自己是个幸福的人。《论懒散》说出他不久为此感到不安。他原本以为，最让他的精神受惠的是让它"无所事事，养气敛情，全由自己"。可是啊！ 它像"脱缰之马"，使他脑海中念头怪诞不经，给他带来的烦恼超过专心做事时一百倍。

精神状态飘忽不定，使得他既焦虑又忧郁。把《论父子情》题赠给埃斯蒂萨夫人时，蒙田向她这样解释："几年来我陷入了因孤独压抑而形成的一种忧郁情绪，这种情绪跟我的天性是非常敌对的；首先在我心中滋生写作的欲望。"蒙田说到自己脾性介于欢愉与忧郁之间，耽于空想，他可能是这样，但是他否认，后来一直否认是个愁眉苦脸、满腹牢骚的人，"牢牢抱住苦难不放"。这样的厄运在他退休前几年纷至沓来；他的父亲在一五六一年得结石症，七年后经过剧烈的痛苦逝去；拉博埃西在一五六三年去世，同一年他的弟弟阿诺去世；在一五七〇年他的第一个女儿两月时去世。

这种焦躁不安的心态叫他自己也吃惊，然而不管怎样，我们看到，这倒成了他写《随笔集》的起因。苦闷跟拉博埃西的死亡有关。在书房的中楣有一篇拉丁语铭文，提到亡友的卓越之处，永远铭记在生者的心中："这是一位最温和、最亲切、最知心的朋友；最优秀、最博学、最愉悦、我们这世纪最完美的同伴，蒙田在失去他以后，愿意对这份相互的感情留下一份特殊证物，因为无法更明确表达我对他的感激，兹把这篇博闻强识的著作能让他读了高兴，以志纪念。"

根据这位朋友弥留时的愿望，他愿意送给他的是"第二次人生"。一五七一年，他出力出版了拉博埃西的作品，包括他的题词信，日期都标着一五七〇年，接着就是他给父亲叙述拉博埃西死亡的信。他那时把这些证物公之于众，也是履行了对朋友的职责，这些证物在他眼里认为远远不足以显示他的天才，他的最后的形象——圣贤临死前的形象。他单独一个人时，设法要给他一个"位子"，结合在他的知识追求上，证明亡友一直生活在他的思想中：他计划写的作品将是拉博埃西的一座纪念碑，他的"坟墓"。

他在《论悲伤》一章中说，这种感情是从意大利输入的时尚，他对此感到讨厌；他还说"如今人们在这背后掩藏的是智慧、美德和良心"，他宣称自己"属于最不会悲伤的人"。他从童年起也经常陷入抑郁状态，还对此进行过诊断（这种神经官能症可能是面对父亲有一种负罪感）。大家还提到他小学时的消极被动，屡次三番自我贬低，这在《论自命不凡》中表现得清清楚楚，强烈意识到父亲与拉博埃西的优势。他好几次强调厌烦与懒散给他带来多少祸害。

他费力要摆脱心灵的干扰，若不予以制止就会迷失颓唐。所以必须持续不断地提出一些命题并专心去做。这说明他为什么决定开始"把它的荒谬诡异的想法记录在案，以备日后看着自感羞愧"。

因而写作《随笔集》有一种治疗价值，向蒙田提供一些思考的话题，以便收敛他心灵激动和过度紧张。同时又可使他分心移情，"也是医治心病最常用的药方"。这个方法他已经用过，那是在他的朋友去世后极度沮丧时，让自己爱上了艺术与阅读。"心中滋生写作的欲望"，这事本身也产生了忧郁，叫蒙田很惊讶，因为这与他的天性不合。

坐拥书城勤奋阅读，没有立即产生他周围的人期望的成果（他们或许期待学术著作）。他可能也在自问他放弃了一切荣誉或获利的职务，深居简出工作是不是有道理。墙上的铭文让他想起他的雄心壮志，应该时而也在取笑他，使他感到惭愧。

其他一些更隐秘的动机可能促使他决心写作。《论虚空》开头对一些"无能无用的作家"的作品提出严厉批判。蒙田把自己也包括在内。但是文艺从那时起享有足够的威望，一名乡绅可以从事写作而不掉身价，还可获取一点好名声。法兰西音乐诗歌学院建立，参加的有亨利·德·梅姆、保尔·德·弗瓦这样的大人物，对文人的成就给予官方的认可。纳刚还暗示学院的建立不是与蒙田的决定无关的。查理九世签署的《法兰西音乐诗歌学院》诏书特别指出，在诗歌与音乐的研究中推广优秀的随笔散文作品。这些"随笔"日后是不是对蒙田选择书名起了某种作用呢？

他有一些朋友也曾尝试写作。米歇尔·德·洛比塔尔，蒙田可能在他最近的巴黎之行时拜访过他；蒙吕克，他在家休息养伤。这些"佩剑贵族回忆录"后来层出不穷，贵族原本对《论学究式教育》一文心有不甘，这给他们提供了一个写作的理由，同时也是对他们的武功的一种补偿或替代。

蒙田退隐之初已不是一个写作新手。他给自己定下长期和困难的翻译工作，他细心探索词的意义，明白文笔可以使思想清晰表达。但是应父亲的要求而做的出版工作他没有主动投入。是出版社单独操作，译者也没有督促印刷事项。封面上甚至不署蒙田的名字，在第二版时才加了上去。提到拉博埃西逝世时的那封信结构严密、文笔简洁，说明已掌握一种"风格"（蒙田的话），只是着重于让大家阅读这位垂死的楷模的言行而已。如同他介绍拉博埃西的小册子时，他躲在朋友这个人物背后从不显身。

蒙田在书房独处时，当然并不立即写作。但是他沉思，大量阅读。他长期以来养成在书页边白写短注，甚至就在纸上写下自己的印象和思考。他书房里藏有一部历史学家尼古尔·吉勒（一五六二年）《法国编年史与年表》，该书留传了下来。其中包括蒙田所写的一百七十二条评注，内容庞杂。简单的只是一个括号或几条着重线,最长的有十至十二行,这里是读者对原作者的语言与风格的评论。有一些是改正。他用心参照其他历史学家保尔-埃米尔、傅华萨、科明来指出人物的混淆。他有时承认自己糊里糊涂:"我在做梦吧!"他说。他改正自己的纠错,从这一页的边注又参见另一页。

他在多少作品上作了这样的评论和看法呢? 他的大部分藏书可惜已经失散,维莱根据《随笔集》试图恢复图书目录。确认是蒙田的藏书有二百五十多部,其中七十多部有蒙田签名。这与他说书柜里有一千部来说是很少的。但是除了那些"死亡的"书,人家留赠给他的书,他没有开封或者很少打开的书以外,还应该算上他读过,影响过他,然而在《随笔集》里没有留下痕迹的书,那些通过暗示知道他读过、研究过而又没有引用的书,还有一些作品在那世纪末很流行,从形式上跟《随笔集》很相近,而他又很有可能读过的书。

他是个热情的读者,为了弥补记忆的不足,很早养成习惯在每部书末尾(那些他只打算读一遍的书籍)添上他从中得到的一般评论。他在《论书籍》一章中抄录了其中几处评注。他就是这样非常细致地阅读了吉沙尔丹的《意大利史》、菲列普·德·科明的《回忆录》、杜·贝莱兄弟的《回忆录》、布歇的《阿基坦编年史》。古代与现代的历史学家的作品都是他心爱的读物,他还随便翻阅蒙斯特尔莱、拉谟斯、阿庇安、科内利乌斯·尼浦斯的书。

他精通拉丁语,直接阅读古罗马文学和历史学著作、传记、诗篇;维吉尔、卢克莱修、卡图鲁斯、贺拉斯、卢卡努、普洛图斯和泰伦提乌斯,他都常读不厌。但是奥维德以前喜欢,后来放弃。他在一五七一年到一五七二年读得多的是塞涅卡,尤其是《给卢西里乌斯的书信集》。也是拉丁语向他显示了现代作品,其中许多都是用拉丁语出版的,让他发现了希腊作品的译著,如第欧根尼·拉尔修,稍后有色诺芬和柏拉图。

在他潜心苦读那个时期，法语版希腊译著开始涌现市上。他这样阅读了西西里岛的狄奥多洛斯、阿米奥（一五七二年）译的普鲁塔克《希腊罗马名人传》和《道德论集》，他觉得在全体法国作家中，他要把棕榈枝献给阿米奥。"如果这部书还不能使我们明白事理，我们真是无知得没法治了。"这部书成了他的床头书。他后来将近一五七八年写了一篇随笔《为塞涅卡和普鲁塔克辩护》，都是他喜爱的作家，他说：他的书纯然是以"他们的遗训作为骨架"的。他撰写《随笔集》过程中对普鲁塔克愈来愈爱好，崇拜之情也从未减退。

蒙田所受的教育主要是拉丁教育，他喜爱古人的书胜过今人的书，他觉得古人的书更紧凑有内容。至于希腊人的书他的兴趣要差一些，因为他不谙希腊文，对于一知半解的事做不出满意的评判。他可能还懂点西班牙文。他阅读意大利语（他在意大利旅行时讲意大利语，一部分旅行日记还是用托斯卡纳语写的），意大利文化他是熟悉的。在他的书房里有马基雅弗利、奥吕斯·格列乌斯、卡斯蒂格里奥尼、彼特拉克、薄伽丘等人的作品。他后来在意大利还买喜剧剧本和书信集。

在他的书房没有几部严肃的法语作品。当时严肃作品都是用拉丁语写的。在蒙田从事写作前十五年，皮埃尔·博瓦斯迪奥认为有必要把自己的作品作为拉丁作品的译著来介绍，使它们看来更有分量。拉伯雷的作品、《十日谈》、让·塞孔的《吻》都是作为娱乐小说提到的，这里面的短篇与中篇小说应该有它们的位子。（他读博纳旺蒂尔·德·佩里耶）。蒙田跟同时代人一样对十六世纪风行的作品感兴趣，在那些作品里把一系列格言、谚语、警句和范例都合并一段论述。加图的《道德二行诗》流传最广，是一部格言集，译成法语散文，后又改成诗歌，不断出版直至那个世纪末。伊拉斯谟的《格言集》（在一五七一年出一百二十版）解释了在古代作家作品中遇到难解的格言。斯多巴乌斯的《文选》把邪恶与美德并列搜集，大部分问题都涉及人生、财富、高贵、医学和死亡。蒙田书房里一半希腊格言都来自这部集子。

另一类编集更吸引人，那是各种教育图书。它们汇集了许多不同的门类，包含同一性质的事件与范例，再配以简短的评言，从中得出有教化意义的结论。还有意外死亡者的名册，分成各类：乐死者、饿死者、渴死者，等等。归于这一类的还有奥吕斯·格列乌斯的《雅典之夜》、西班牙人安东尼·德·格瓦拉的《金色书信》（这位作者甚受皮埃尔·埃康的欣赏），他的弟子皮埃尔·梅西的《不同的教训》，译于一五五二年。格瓦拉在这些虚构的书信中，提出一些实用道德忠告：如嫁给老丈夫的青年妇女或者娶了青年妇女的老丈夫应该怎样做人。

蒙田对这类作品很熟悉，这是肯定的。维莱在《随笔集》中查出不少地方抄自罗迪奇努斯、克里尼都斯等其他作家的作品。后来细读，发现这些作家都毫无顾忌相互抄袭，很难明确看出最初的来源。

如果说蒙田像许多人文主义者阅读很广，方法却不相同。有的书他认为无多大益处，只读一遍或者不予以太大注意。相反情况下，我们看到有的书对他大有裨益，他就读之再读，这类书总数不多。他只是要触发自己的思考，"一时翻阅这一部书，一时又翻阅另一部书，毫无次序，毫无目的，读文章也不连贯"。他的记忆很差，就他自己说的，他在给自己锻造一个"纸的记忆力"，自己记录或者加注一切与他的沉思内容有关的东西。因为他眼力很容易疲劳，有时叫仆人高声朗读作品，然后又口授他的想法。

他做不到长时间静止不动，就在书房里来回踱方步。"我若让思维坐下，思维就会睡着；我的两腿若不催动精神，精神就会不济。"大家知道"动"对他是必不可少的。他忍受不了强迫静止，这对肉体是艰苦的，对精神也是有害的，"精神从那时起就会惊呆，也会悲哀"。他不是高高兴兴地就做不成事情，"苦心孤诣、孜孜以求反而使我判断不清"。

这说明为什么他隔一阵子目光转向窗外看风景，看他的一排排书，离

154

开他偏爱的隐居地。因为最深远的遐想产生了《随笔集》，然而却违情悖理地产生在他出门时，"在马背上，在餐桌上，在床上，但更多是在马背上，那时候我思路最广，"他说。大家看到人群又把他拉了回来。但是他只有在自己的书房里才能写，他对自己的记忆力又深表怀疑，因而脑海中一出现什么想法，害怕穿过庭院也会把它丢失，就"告诉别人代为记住"。

蒙田在书城中寻找自己的道路。他选择用法语写作，这可能让人感到意外。拉丁语是他的母语，在他看来这是一种更稳定、更长久的语言，有其权威性。哲学、科学和宗教著作都采用这个语言，被欧洲精英大量传阅。蒙田的两种语言表现在拉丁语引语的使用上（他称为借用），被斯塔罗宾斯基称为本国语与外国语之间的游戏。他在古人那里汲水，"就像达那伊得斯姐妹不停地在无底槽里取水、注水"。使用的是自己的语言，装入的是外国原料，而又不离开他可以看成是自己固有的一个领域、一个私人阅历的区域。但是组成《随笔集》生命的人文主义文化，他全都用法语来表达。

他选择法语书写的决心，无疑来自他拒绝写一篇传统的议论文，从一开始就不是计划把书仅供狭窄的亲友圈子阅读的。他有意识使用一种尚在变化还未臻于完美的语言：谁能够期望目前的语言形式在五十年后还在使用呢？"它每天从我的手里流出去，此后我看到大半都起了变化。"但是这种生动的语言尚不稳定，始终在变，却美妙地适合一种流动的、意识到自己脆弱性的思想的要求："我写我的书不会有多少人看，也不会有多少年流传，"他那样想。这种语言的长处是允许他用书写去还原他喜爱的口语，"简单、稚拙，书面上、口头上都是如此。"蒙田肯定没有想到的是，他的书是第一部用通俗语言来表达一种重要独特的思想，如弗里德里克说的，这代表了语言史上的一件大事。

作者初次写作方法显示在《随笔集》第一卷的篇章里，据维莱说，这种编写跟蒙田从一五七二到一五七三年第一阶段工作是符合的。

有人称这些无人称章节相当于那个时代编纂的励志书。一点也表达不了一五八〇年版致读者中宣称描述自己的意图。前面十八章罗列一连串历史事例，再加上若干思考。《论姓名》一章提到一场宴席，席上一百十位宾客都有相同的名字，另一场宴席，以菜肴的第一个字母依次上桌，还有一个荒淫青年，听到有人在他面前提到圣母马利亚的名字后改邪归正，等等。那些都是作者所说的"八卦大杂烩"。

最初几章大多数都是蒙田在一五七二年前或同时的读书感想。他还在吉勒的《编年史》中读到无畏的约翰在蒙特罗被刺，指出赴会各方的安全保卫措施都是无效的。他在边白上指出其他会见的措施更为谨慎。从而写出两篇随笔：《身陷重围的将领该不该赴会谈判》、《谈判时刻充满危险》。

这里把事实与感想简单对照就可以看出，蒙田那时跟他阅读的书籍，如杜·贝莱的《回忆录》、吉沙尔丹、布歇，稍后普鲁塔克的《希腊罗马名人传》等，都靠得非常近。他转述一桩引起他注意的轶事，加上一个想法：范例上再加一条道德教训。然后他再在他的书里或他的记忆中去找适用于他目的的其他事实，有时其他警句。

《论对懦夫行为的惩罚》反映出最初几篇随笔的结构。他从杜·贝莱《回忆录》中保留了弗朗杰领主的故事。他因怯懦把富恩塔拉比拱手让与西班牙，受控定罪后被废除了贵族称号。蒙田说出例子的梗概，又提起吉兹一事（也取自杜·贝莱《回忆录》），还有其他事例，其后又在西西里的狄奥多罗斯的书里找到希腊在类似情况下采取的措施：只是罚逃兵穿了妇女服装在广场中央坐三天。他还加上安米阿努斯·马西利纳斯叙述的同样例子，得到的教训是：怯懦是天生软弱，不是恶意，不能等同处罚。

蒙田对外交事业的兴趣出现在写外交官的几篇随笔中，《论撒谎》、《几位大使的一个特点》。论述战争的几章内容非常不同：怎样向一个正在火头上的敌人求饶？应该向他哀求还是表示勇气引起他的尊敬？威尔斯亲王爱德华、伊庇鲁斯君主斯坎德培、康拉德国王的例子倾向于这第二种办法，而庞培和苏拉的例子则证明其相反的下场。蒙田不能够作出结论，因为"人都是出奇地虚荣、多变、反复无常"。《论战马》零零星星搜集了有趣的故事和看法，他对骑术的热爱不断地丰富这个篇章。《命运与理智经常相遇在一条道上》，这又是《随笔集》出版时期大家喜闻乐见的奇谈怪论汇编。它们中间大部分都是从某位编纂者那里直接借用的。

有一件事很有意思，那就是研究蒙田是怎样工作的，他撰写《随笔集》时阅读方法起了什么作用。最初几篇随笔说明蒙田博闻强记，随笔与文艺复兴时期非常流行的《老生常谈》这类书的亲戚关系，使得保尔·波托认为蒙田在充当一只卡片箱、一部陈词滥调的书，由那时的教师推荐给学生使用。学生随着阅读进展去熟读这些分类的引语：痛苦、酗酒等等。这分类是以字母顺序排列的。这样的册子用来培养记忆和判断。傅丹的《历史方法》（一五六六年）很受蒙田欣赏，他在书内就提到这样做的有用性。《随笔集》，尤其是最初几章拼拼凑凑，五花八门，令人对此作出这样的比照，波托还特地提出第一卷第二十章"死在女人大腿间的死者"名单确实抄自拉维西乌斯·泰克斯托尔的《八卦作坊》。

波托的文章受到图尔农的驳斥，他说蒙田从来不会随着编纂的目的而选择阅读，也遭到戈耶的否定，《随笔集》章节是遵照作者本人的编目而来的。

然而蒙田也多次提到自己借用的方式。他若在书里读到他喜欢的句子就偷了来，这不是为了把它们藏起来，"因为我没有柜子，而是把它们转化为自己的"。他不像其他人读书是为了搜集，他追求的是在作品查阅中去"诈骗"他可以用在自己笔下的东西。因而他有时在写之前，也会在写之后都去查阅这些编纂集子。即使他对之作出严厉的批评和摆脱它们的影响之后还是继续阅读。

第三卷中他对自己的做法很有信心，针对反对者为自己辩护，他说："有人可能说我只是搜集了一大堆别人培育的花，自己只是提供了一条绳子把它们捆在一起罢了。"他反而自赞完全不同一般。他肯定也看出他的引语不是来自第一手的：他不是"从它们的源泉"引用的。但是他拒绝把他的书跟平庸的编书匠炮制的陈词滥调混为一谈，那些人只有"油墨与纸张"是他们的。

最初的几篇随笔落下这个罪名严格说来也不冤枉。蒙田日后自我检讨，承认这些随笔发出异臭，也就是说借用的材料占了太多的位子。但是随着他的意图愈来愈明确，他明白自己要追求的是什么，每一章服从于一个思想，由它调整表面的无序。这种对编纂作品的逆反，促使他加强自己对批判的信心，给《随笔集》突出它的独特性。

从第一卷第一章起，他表示他的关心与编纂者的不同之点。他不像他们在不同的例子里找出符合大众说法的教训，而是强调自己的意图是抱着批判精神去进行研究，还给怀疑留出空间：那些相互矛盾的例子让他不得不承认，很难对人的行为"作出标准统一的评价"。那篇随笔在一五七八年也曾进行一次改写，把它放在书的开头，好像是在提出这部作品的指导思想。这个例子很少见，但是在随笔作家的心目中是典型的，他将如何进行他的研究。

在第一卷中，最初几章内容颇为贫乏，其他较为丰富的几章提到一些重大的道德问题：《善恶的观念主要取决于我们自己的看法》、《探讨哲学就是学习死亡》、《论退隐》、《论我们之间的差别》、《论人的行为变化无常》、《塞亚岛的风俗》。痛苦、死亡、自杀、哲学的孤独和智慧，这些主题是他那时候操心的要点，引起他的思考，这比最初几章更显示他的个性。这些思考在《随笔集》二十年的撰写过程中也摇摆不定。这些摇摆激起不少争论。维莱把这些摇摆跟在撰写过程中作者思想与处境的改变相对照。他明确指出，在研究《随笔集的源泉与演变》时，他着重于追踪蒙田作品的演变超过他思想的演变。

作者在三十八岁提笔写作。他自己宣布人的性格到了二十岁即停滞不前。那部书用他自己的话来说，是与作者"同体共存的"。但是如果说作者在写《随笔集》的整个过程中，就是在寻求自我定义、自我塑造和自我完美，那么他并没有根本的改变。因而不可能去相信大家长期来所说的那样，把他断裂成一个斯多葛派蒙田、一个怀疑主义者蒙田，最后是伊壁鸠鲁派蒙田。维莱自己决不对蒙田提出这种图表式、人为的介绍。但是他旁征博引，追本溯源，重现作者受当时心爱读物的影响下的思想演变。

维莱强调在一五七六年以前随笔中塞涅卡的影响显著，那些随笔他看成是斯多葛作品，反映一种高傲、严厉和超过常人的智慧。格言与引语占据相当大的位子，大部分是借用的。阿曼戈则在同样的格言里看到伊壁鸠鲁的踪迹。图尔农最近指出这些借用的句子的再度使用并不意味这属于这个或那个哲学流派。因为蒙田摘引的这些语意是脱离它们的上下文而使用的，纳入他自己要强调的想法而予以重新阐述，这也是说摆脱它们的原意。随笔作家既变成了道德家，也充当了旁观者，既是格言与范例的法官，也是证人，他把它们一一罗列，然后由他再来检验。

如果说蒙田在工作初期大量引用当时流行的格言与故事，他承认当他决定写作时走什么样的路子捉摸不定，曾经有意使用书信的框架。他宁可采取这种形式来发表他的豪情壮志，如果——他说——他有了说话的对象。他非常拙于写那些礼节信和求情信（推荐信）。然而他声称自己很满意他从前给女人涂涂写写的那些情书。但是没有收信人就失去了真诚的先决条件，真诚这是书信体必不可少的品质；由于他天性适合，文笔亲切诙谐，接近口语，是能够成功的。（他的书信即写即发，速度快，他宁可自己写而不口授）。书信与随笔的相似之处是明显的。书信是一时感情的流露，接受主题的不同与语气的转变，跟即兴之作是合拍的。

在古代这种体裁给他提供坚实的保证，在《随笔集》中提到西塞罗，他讨厌他的辩才，也不喜欢他的虚荣性格和华丽词藻，把他损了一通，但是他高度赞扬他《给阿提库斯的信》，胜过他给大众阅读的《家常信简》；他弃用为人师表的语气，接近私人日记，讨论形形色色的问题，然而其中保持一致的是作家的个性。他也熟读小普林尼的书信，普鲁塔克和意大利人的书信，意大利人是尺牍的大出版家，他说他已搜集了一百来种，觉得阿尼巴尔·卡洛的书信集最佳，在那个时代也甚受重视。书信作为文学体裁出现时，都是用通俗语言写的。但是他所不喜欢的是艺术书信或者当时流行的想象虚构的伪尺牍。他的朋友艾蒂安·帕基耶，自吹是他把通俗语言书信体裁引入了法国，蒙田努力要给"自己的想法编个故事"。

他同样还说偏爱对话，这与书信是相配的，因为这是一种"半信"。这两种体裁在古希腊与古罗马时代使用广泛，在文艺复兴时期大为风行。他尤其欣赏柏拉图对话，它把他本人丰富多彩的思想通过各人的嘴说出来，提出捉摸不定的前景，然而又不作肯定的评论。在十六世纪知识的所有分支差不多都可以用对话表达。宫廷社交文化也建立在对话上。蒙田对擅长写对话的同时代作者都熟悉，从伊拉斯谟到拉腊梅、布吕埃或塔于罗。他不明说自己想用这个体裁，但是他后来回忆这种陈述的技巧，用自己的精神对话代替人物的虚构对话。

《随笔集》作者使用的则是一种叙述性与教导性的体裁，他可以从中找到正式的材料和元素，讯息式的、故事式的，就是所谓的"不经之谈"。蒙田熟读古人书，以他们为楷模，也读最好的作家，自己却是个现代人。彼鲁兹巧妙地指出《随笔集》的亲族关系。它既探讨我们的禀性与行为，也议论那些时常作为范例的故事；这些故事搜集在伊韦、德·勒·普尔克、杜·法伊、布歇、肖利埃、塔布罗的集子里，结合了人文主义者的睿智和民间的传说。随笔作家既可在普鲁塔克的作品中，也可在闲聊或日常现实中寻找这些范例。对他来说，一切都是有用的，不管真的或假的

160

都没关系，只要这是"人类才干的一种表现"，这说明人在工作。《论想象的力量》显示了这位说书人的品质，叙述奇妙故事应付裕如，不论它们借自亨利-高乃依·阿格里帕，还是来自自身经历（巧妙化解别针哽在咽喉的故事），或者转述父亲的一个仆人的话（给图卢兹商人假服灌肠药）。这些故事不逊于一部"不经之谈"。可是蒙田不是为了讲故事而讲故事。这些轶事反复出现，并不朝向一个教育方向，而是表明范例的多样性，其批判精神可以从各方面来理解。

一五七二年写的《论懒散》，常人看来好像是《随笔集》的另一篇前言，蒙田努力控制他的怪念头泛滥，这不是要阻拦，而是要记录在案，以备日后观看。他也是把"既无目的也无次序的"阅读所得分门别类，毫不舍弃，做成传统的类书，也就是说不是有系统的、内容前后一致的言论，只是为了满足自己研究的乐趣。他很早就理会到，他阅读藏书凡有心得，从而形成的看法必然会随着环境和心情的变化而改变。但是他只限于记录他先后出现或者相互矛盾的看法，用这些看法写成那么多的随笔，也就是对天然能力的考验，都在于认识自己和让人认识自己，又总是意识到这永远是在"学习"（第一卷的最后一句话中就有这个词），在"身体力行"。

他的书诞生于书的边白上，"也是世上唯一的这类书"。这种追求新奇，作者向埃斯蒂萨克夫人题赠《论父子情》时也曾为此辩白过。这件"愚蠢的工作"，与"惯常的做法"迥然不同，也只因"其新奇、怪异"而有了价值。这是一部奇书，一项惊世骇俗的计划的产物。"实在缺乏题材，我就把自己作为论辩的对象与文章的主题"。蒙田确实说过这样的话，他担心懒散产生的后果，那时灵魂没有既定的目标，就会迷失方向。题材他不缺乏。但是怎样适当利用呢？ 这就不只是他在几行字前谈到的这种忧郁情绪，而是这种怪异的精神状态下思想混乱，他必须从中理出个头绪而加以利用。

他思想上从来没有忘记拉博埃西的友谊，"给他一个位子的"诺言。他最初想到的是把《自愿奴役》置于他的作品中心，再用不同篇章去烘云托月。他在《论友爱》中指出他打算怎样安排第一卷篇目。他愿意从蒙田城堡雇请的一位画家的工作中得到启发。他在每堵墙壁上选择最佳部位或中央部位放上一幅美好的画。四周的空白上画满"怪物，荒诞不经的图案，用奇形怪状来表现画的魅力"。蒙田把朋友的作品置于中央，两边一些东拼西凑的文章，也就是长着不同肢体的身子，没有一定形状，"任意拼凑，不成比例"，是他自己的妖魔鬼怪。

这些抽屉式章节非常短，其写作也在其他之前，很长时期内不受批评家重视，然而近二十年来，他们又竭力为之翻案：大家从中发现对作者本人、对他的趣味或厌恶、对他的担忧或希望有若干提示。但是更重要的是发现他是怎样工作的，实施他的判断，在《王者待客之礼》中对礼仪的看法，还要求读者注意他这部《随笔集》中的八卦部分来自我解嘲。

他退隐到城堡内远离事务的那个时候，把注意力转向公共生活、外交和战争的某些问题上。最初几篇随笔触目皆是灰暗悲观的色彩。他个人遇到的丧事，四方扰攘的政治形势，说明蒙田竭力要以写作来舒解心头之愁。在隆瑞莫和平之后，一五六八年入夏又爆发了第三次动乱。洛比塔尔失宠。最初的神圣联盟纷纷建立。安茹公爵率领的天主教军队一五六九年在雅尔纳克和蒙孔都取得辉煌胜利。孔代在雅尔纳克战役中阵亡。一五七一年七月，查理九世签订圣日耳曼和约，这对改革派有利。和平非常脆弱。

一五七二年三月，蒙田写《探讨哲学就是学习死亡》。他在文中写道，十五天前他度过了三十九岁。他退隐开始后还不到一年半，法国就开始乱世争雄的时期。亨利·德·那瓦尔国王与玛格丽特·德·瓦罗亚公主的婚礼于一五七二年八月十八日在巴黎举行。这场婚姻应该是天主教与新教恢复团结的象征。新教中的亲王与贵族将近七百人，聚集巴黎庆祝这场盛典。科利尼那时主导青年国王的思想，后者接受海军上将的政策。卡特琳怀疑新教领袖们要与路易·德·拿骚联盟，要让荷兰摆脱西班牙的暴政。她害怕跟西班牙进行战争，大家认为这使她下决心牺牲科利尼和他的一派。她说得查理九世相信存在一个推翻他王位的阴谋。国王害怕了，被他的母亲、他的弟弟安茹和他的顾问说服了。八月二十四日清晨，圣日尔曼-奥塞尔敲响警钟，开始屠杀的信号，杀人者遍布全城，还有民众配合。

圣巴托罗缪大屠杀有三千个受害者（首都那时居民人口是三十万）。阿格里帕·德·奥比涅在《悲剧》中说，塞纳河水一片红。人们用推车把尸体往河里倒，河水把尸体冲走。在卢浮宫里，亨利·德·那瓦尔和他的表弟年轻的孔代亲王，只是在被强制立即实行改宗仪式后才保全了性命。他们直到一五七六年前一直囚禁在王宫里。

恐怖情景层出不穷，屠杀蔓延至整个法国，在奥尔良，在里昂，在鲁昂，在图卢兹等地。十月三日，蒙费朗在波尔多掀起恐怖活动。根据近代的一份统计表，外省死于屠杀的受害者将近一万人。圣巴托罗缪大屠杀的政治与宗教后果是巨大的。在法国如同在欧洲，这表示天主教与新教的分裂。在西班牙，腓力二世高兴不已。对教皇来说，这是一场堪比勒班陀的凯旋，那是一五七二年打败土耳其人的一场海战。在罗马用大放焰火和高唱谢主经庆祝屠杀。

在法国，天主教方面以圣巴托罗缪事件为荣，然而不可避免地再度爆发血腥的战争。王宫权威受到动摇。查理九世命令或者允许屠杀，都是在否认他与封臣和臣民的合约。以国家利益的名义作出的权宜之计，代替了自古以来的封建社会的忠诚约束，新教徒也就可以标榜自己叛乱的合法性，他们是在反抗一个运用犯罪手段无法无天的政权。

对于圣巴托罗缪事件，蒙田在《随笔集》里一言不发。这种沉默令人惊讶。沉默其实符合温和派政治人物的态度。洛比塔尔在听到大屠杀时，高叫："把这一天删去吧！"在《伯特尔》里八月二十四日与十月三日这两页也是缺失的，这是巴黎与波尔多的圣巴托罗缪日。它们是撕掉的吗？是蒙田自己撕的吗？小心为是？有意遗忘？这点被德·图、后来又被亨利四世立为政治原则。如果说他闭口不谈自己反对，然而在《随笔集》里自始至终指责残酷与苦刑的恐怖，它们的无用性，它们的荒谬性，以及对受害者的怜悯。

第一次内战时期的主要事件在第一卷中都有所提及。战争连续不断，中间间歇那么短，以致蒙田也把它们混淆了：他从马背坠下发生在"第二次还是第三次战乱"。如果说他内心向着国王部队内天主教徒这一边，（他说："我们的人"），身处法国那样的动乱中，相信最后审判的日子是会到来的，他还同样指出这些战斗的荒谬性，战士带着满腔愤恨相互对杀，受尽苦楚，仅仅是为了那些大人物，"他们正是闲在一边享乐"，对他们的死活绝对不操一点心。

我们必须回顾龙沙发出的仇恨叫嚣，他在《失败的七头蛇》里鼓励杀；还去读一读赞扬圣巴托罗缪事件的集子，像巴伊夫、尤其是若代勒这样的诗人，还有皮布拉克都同意屠杀，才会感觉蒙田保持沉默克制的价值。

此外，在一五七二年后，当代重大的军事故事再也不出现在《随笔集》里。内战一直若隐若现，难以区分，但是始终出现在作品的远景中：它已经成为"日常生活中的经纬"。

有人把一五七二到一五七四年作为《随笔集》撰写的第一阶段。蒙田是在一五七一年退隐以后立即工作的吗？当他在一五七○年辞去职务时，是不是已经汇集了一些议论并有心出书？根据维莱的说法，他最初的几篇随笔好像在他《探讨哲学就是学习死亡》这篇前后写的。在一五七二年，他开始写第一卷的五十三章、第二卷的二章，在一五七三年第二卷的六章。在一五七二到一五七四年，他写完第一卷的三十九章，第二卷的最初六章，这个年表还不是确定无疑的。差不多所有这些篇章都指出，我们的意见是建立在人意识不到的荒谬或残酷的偏见上的，人对自己的行为、自己的无能和自己对不可控制力量的依赖也未必有更多的意识。少数大人物恪守道德原则，能够奋起面对命运。但是一个生命的价值真正只是在经受死亡考验后才能测定，蒙田对于这点不停地进行他的思索。这些也是对拉博埃西死亡的那封信内论点的反思。

在这书里听得到圣巴托罗缪事件的回响。如果说这事件让他在书房里加强自身的探索，镇静下来后更好认识自己，它也解释了蒙田对暴力的谴责，对"革新"的厌恶，这是他已经看到"非常有害的后果"。是圣巴托罗缪事件引起了叛乱，起初是改革派的叛乱，后来又是联盟的叛乱，所有这些人愿意消除弊端的同时，加剧政体的混乱，使国家动摇，使百姓过不了和平生活。从而产生他在政治上的保守主义，不放弃旧的习惯、法律和合法权威。贤人应该内心保留自主评判事物的自由与能力，但是要遵守他所在地的法律。不管我们自己的习俗是多么虚妄，最合情理的态度是以此为据，这是《论习俗与不轻易改变已被接受的法律》一文的结论。

蒙田——中间人和军人

　　这个时期蒙田的生活鲜为人知。如果说他选择躲开公众事务以免束缚自己的自由，他可是也不思闭门谢客，远离世界。把自己关在城堡里这违背自己的脾性。他说过只是待在家中穷极无聊时，才提笔写文章，"林林总总，凑成了这部大杂烩"，"有时好几个月有事出门在外，文章也就断断续续，历经许多不同的时期才得以完成"。他只有在家时才写。

　　在这些旅行中，有没有几次是把他召进了宫廷呢？ 在一五七二年，查理九世为了给一年一度的圣米迦勒勋章授受典礼增加异彩，在圣巴托罗缪事件后召集了全体骑士。蒙田非常可能也在其中。

　　一五八八年在波尔多三级会议遇到司法官和历史学家雅克-奥古斯特·德·图，蒙田向他透露了一句私房话，让我们知道他在两位亨利——亨利·德·那瓦尔和亨利·德·吉兹——之间当中间人，那时他们都在宫廷里。德·图署名写的拉丁语《回忆录》中，转述了他与他的朋友的这段对话，然而没有能够确定蒙田从中调停是什么时期，这只可能在一五七二年到一五七六年之间，那时亨利·德·那瓦尔在法国宫廷（在他结婚和发誓弃绝新教之后），后来又在一五七六年从那里出逃的。大家最近——但是没有确证——又提出一五七八年这个日期。这个谈判是不是如弗莱姆所说的，一个费用浩大的旅行机会，让蒙田摆脱为钱担忧呢？

亨利·德·那瓦尔和亨利·德·吉兹（经常还加入第三位亨利，安茹公爵，未来的波兰国王和法国国王），很长时期保持同学关系，他们三人进入那瓦尔中学后就开始有来有往。至少从表面上来看，吉兹总是主动跟贝亚恩王子示好。当他明白后者欺骗了他，有意避开他，把他当作敌人，他才不得不——据他自己说——最后拿起武器保护自己的生命与家庭的荣誉。蒙田曾经尝试让他们两人彼此很好理解，觉得那瓦尔更多疑，吉兹更随和。但是据他说，这两人其实对自己的宗教都不真正坚持。那瓦尔要不是害怕会被本派人抛弃，是会回到祖先的信仰的。至于吉兹，他追随旧的信仰不损害到自己的利益，然而他对于奥格斯堡信纲持同情的态度，那是他的叔叔洛林红衣主教对他的开导。

蒙田稍后在《论功利与诚实》一章确定了这个态度，他说他几次参与君王之间的谈判（事实上还是不少的）一直这样保持：不作违心之论，把"自己最强烈的意见和盘托出"。诚恳使他取得成功，斡旋于敌对双方的人很少比他"受到更少的怀疑、更多的礼遇与亲善"。

一五七三年他成为国王侍从贵族（这个头衔首次出现于波尔多最高法院司法部致米歇尔·德·蒙田阁下的信件中），他不得不参加战争。一五七四年五月，佩里戈尔的国王军队是由洛斯领主率领的，但是他长期缺席。利麦列领主和布尔代耶领主（布朗托姆的兄弟）先后接替他的职位。波尔多总督夏尔·德·蒙费朗请蒙田前赴圣埃尔米纳兵营，向蒙潘西埃公爵、西南地区国王军队总司令路易·德·波旁报告这次敌对活动引起的动乱。蒙田是给哪一边当这份差使呢？可能是给利麦列，这可以说明为什么布朗托姆对他恨之入骨。不管怎样，五月十一日，他给波尔多最高法院带回一封信。纪事册对蒙田受到的接待提供一些情况，但是没有确定他的任务内容。人家请他坐在大议会厅中央，跟该厅的其他顾问一起（五年前不让他投票，这次反过来请他投票应该令他满意了），还居于国王派遣的官员之上。他在《伯特尔》里这么记录。蒙田呈上公爵的信，有人把它读了出来，之后他作了长篇发言。维尔纳夫院长感谢他，庆贺他圆满完成任务。根据最高法院和市政府所采取的措施，想来是公爵要求采取一切必要的预防手段——尤其是加强特隆佩特要塞的防御——以阻止胡格诺派突然袭击。他们也担心英国人在纪龙德登陆。重要的是提高警惕，严密注视波尔多与居耶纳的事态发展，不惜一切为国王效忠。

战争是在一五七三年再度爆发的，大家几乎一直不停地打到贝日拉克和约（一五七七年九月）。《随笔集》有许多叙述暗示蒙田在战争时期积极效力。他说过"法国贵族唯一固有的本质是驰骋疆场"。于是蒙田放弃做长袍贵族而做短袍贵族。他是国王御前侍从，贵族在国王张贴全体动员令时有义务入伍。战争是贵族的特权、荣誉的集会。拉克鲁瓦·杜·曼恩宣布这位作家放弃公职而拿起武器。布朗托姆嘲笑我们这个加斯科涅人脱下长袍和方帽子，佩上一把宝剑到处走动：这几句挖苦话证明蒙田当过军人。他是军人那是肯定的，因为一切贵族都要参军。《随笔集》第一卷与第二卷有十分之一以上的篇幅谈军队和战略问题。它们表现出他对行伍生活的兴趣。那么他参加了哪些战斗呢？ 在内战的哪个阶段他积极投入了呢？ 蒙田什么都没说。有好几件事还是可以证明他亲身参加战斗的。他承认他曾不止一次忘记三小时前传出或接到的口令；他提到他受过伤；他说战争叫人难受的是把人整天活埋在浓密的灰尘里。他在一五八八年写道，几年以来"在军队服役，经常整夜忙碌，五六小时后胃开始难受，引起剧烈头痛，不到天明就要呕吐"。

这样看起来他在一五七三年到一五七七年在军队服役，那时内战打得遍地烽火，而他还没有得结石症，人还生龙活虎一般。

那么他有没有参加拉罗歇尔的围城战呢？ 那次作为宫廷俘虏的那瓦尔国王，参加天主教军队战斗。一五七四年，当蒙田辞去波尔多最高法院一职后，来到普瓦图的圣埃尔米纳，他是应蒙潘西埃的召唤而来的吗？丰特内·勒·贡特落入新教徒之手，卡特琳·德·美第奇责成国王三支军队之一的总司令蒙潘西埃去收复失地。很可能是在这个时期，蒙田经过普瓦蒂埃，在那里遇见了圣希莱尔教长让·德·埃斯蒂萨克，后者二十多年来把自己关在房间里生活。然后他又去跟公爵会合，公爵徒然竭力要把拉努拖入战争。查理九世死讯一公布（一五七四年五月三十日），蒙潘西埃被召进宫。停火两个月，偃旗息鼓。在七月战火又起。

蒙田在一五七四年七月去参加国王葬礼，这不是不可能的，给荣誉团骑士特地留出了位子。查理国王二十四岁得肺痨病而死，有人说，他对自己下命令屠杀悔恨不已，蒙田称他为"我们可怜的查理九世先王"，对他表示怜悯；他也像他那时代的人，对于这个热爱文学、保护作家的人很有感情。当洛比塔尔担任他的顾问时，在他治下所颁布的诏令都趋向于和解，对改革派非常有利。改革派则决不原谅他。像蒙田这样的温和派天主教徒，是不是认为他这样做也都是由不得自己呢？

蒙田在一五七四年到一五七七年又离开城堡去参加战争吗？我们不得而知。不论在历史学家还是在编年史作者的著作里，都看不到他在国王军队里得到一个军衔，或者参加一场重要战役。他也没有赢得或者像他的弟弟阿诺·德·圣马丁那样买个上尉的头衔。弗朗索瓦一世和亨利二世试图在军队实施正规的组织系统，刚开始就被内战阻止了。纪律松弛、经费缺乏，使步兵团依靠宣誓效忠的普通民兵都不能满员，再加上新兵都是在艰苦的条件下匆匆组成（强征入伍的农民、江湖盗贼等）。

骑兵是由领主率领的，他们为了自己的利益招兵买马。蒙田评定这些贵人的精神状态，勇敢，但是不守纪律，盛气凌人；他平时凭身份要与之打交道的人，"大多数很少关心文化修养，在他们接受的教育中荣誉是真福，英勇是完德"。有的贵族心甘情愿服役。我们这个加斯科涅人，据格伦的说法，是参加佩里戈尔地区贵族志愿兵。他说他更乐意"到离开我邻居最远的地方去打仗"。志愿兵可以调遣去完成各种各样任务。他们有时没有接到命令就往四周派兵，占领要塞，抢掠城堡。仗打得累了就打道回

169

府。或者当他们不得不保卫家乡抵御"毛贼"时，迅速往回撤：这些士兵在乡间乱窜，威吓农民，比敌人还可怕。

蒙田的同时代人，从卡斯泰尔诺到布朗托姆、拉努、叙利或多比涅，都提到内战时的无政府主义与胡作非为。没有既定的战术，很少大的战斗，但是有意想不到闹烘烘的狭路相逢，围城，攻击对方的城堡，鲜血淋漓的战斗，同意兵丁打家劫舍作为军饷或奖励，屠杀战俘，对平民百姓可以为所欲为。贵族树立了榜样，出于功利煽动战争，"并不是它是正义的，而是它是战争"。

动乱时期法国经历的战争，不再是封建英武精神和布朗托姆的勇将鼓吹的理想化战争，从前时代重现的浪漫战争，罗马共和国时代的忠诚正义的战争，或者我们的先辈进行的远征意大利一类的战争，提起来都带着一定的怀旧。在不多几位军事领袖心里还残留骑士精神的理想，他们参加过敌对双方阵营的战斗，然而惺惺相惜，如新教徒拉努，蒙田称赞他一贯与人为善，作风温文尔雅，如天主教弗朗索瓦·德·吉兹，蒙田提到他在鲁昂围城时的宽仁。这种气度已不复多见，因为据拉努的说法，那个时代的军人已经变成了"盗贼"，据蒙田的说法，是"卑鄙的刽子手"，他对法国军队的无秩序与无政府主义很愤慨，只有外国雇佣军在里面起了纽带作用，还保持若干纪律性。已故舰队司令夏蒂荣带领的部队让人看到类似的楷模做法，他军中的法国人"出钱给服务王爷的外国人付饷银"，这确是非常动人，也因其绝无仅有。

蒙田在体验火线生活时的感情又是怎么样的呢？这不难想象。他这人对于处死刑，即使是"依法而行，有怎样正当的理由，也是不敢正视"，从来不会对残酷"安之若素"："我生活的这个时代，内乱频仍，残酷的罪行真是罄竹难书。……但是这决不能使我见多了而不以为然。要不是亲眼目睹真难以相信人间有这样的魔鬼，仅仅是为了取乐而任意杀人；用斧子砍下别人的四肢，绞尽脑汁去发明新的酷刑、新的死法，既不出于仇恨，也不出于利害，只是出于取乐的目的，要看一看一个人临死前的焦虑，他可怜巴巴的动作，他使人闻之泪下的呻吟和叫喊。"

在崇尚和平的人文主义者如伊拉斯谟和布代看来，战争是一种人类病，应该予以谴责，在蒙田看来也是如此，这是毫无疑义的。他坚决反对内战，反对征服战，他接受甚至赞成保卫战——这与伊拉斯谟不同，对他一切战争都是可憎的——条件是军人在战争中不追求功利和"个人目的"。他没有布代或马基雅弗尔那样绝对卑视军功的态度。据他的说法，他不否认文化教育对贵族是有利和有用的，然而军功训练更加直接培育"哲学的勇武"。勇气，战争艺术，不像蒙吕克和塔瓦纳所肯定的那样，只是贵族的特权；它们在内战中已经变成民间的了，平民在内战中跟贵族一样战斗。但是真正的英勇，"是坚毅，不是四肢结实，而是勇气与心灵坚毅"。体力这是"脚夫的本领"。对他来说武功只是他要达到的"哲学的英勇"的一小份而已。比奋勇作战更难的是要有勇气担当公共生活中出现的事故。能够这样做的人不需要在需要时鼓足勇气。

在《论盖世英雄》中提到伊巴密浓达的众多美德，他赞扬他对敌人的宽宏大量，因为即使为了让国家获得自由，也不能"滥杀一名无辜"，认为在战斗中也应该宽恕一位朋友，即使他在对方阵营中。

渴望光荣让人行为英勇，对于以战争为职业的贵族是这样教育的。于是，"世上有名就有物"。《论荣誉》一章就是这样开头的，这篇文章夸大了虚名。在英勇中寻找的只是光荣，这在唆使人只是在人前才显示你的勇气。有多少可歌可泣的大事湮没无闻啊！在一场战役中，成千上万人受伤、残废或战死，让人提到的还不到十几人。那些受人尊敬的斗士，是偶然性把他们安置到了有利的位置，身先士卒，让将军看在眼里，他们出名多亏好运，而不是他们的勇气。"我们应该尽义务去参加战争"，盼望的报偿只是"使一颗正直的心获得做好事后的满足"。每人都是自己行动的唯一真正的法官。这说明为什么蒙田揭露战争的"伪善"，战争中可以毫无困难"伪造"勇士。

这番话引出一个章节，那是在第三卷最后一篇随笔，蒙田却违情悖理地歌颂了军营生活："什么工作都不及军事工作令人兴奋"。鼓吹这项事业的高尚与造福大众，保卫国家的安宁与伟大，出身名门、思想活跃的年轻人相处一起，彼此关系直率随便，豪爽不尚虚饰，活动千变万化，充满意外的游戏，冒风险的乐趣，这种生活艰辛困难，甚至"雄壮嘹亮的战歌听在耳里热血沸腾，心潮澎湃"。这种摆脱了日常习惯的生活，通过吃苦耐劳，跟死亡与"悲壮场面"习以为常，可以激发内心最好的美德。

这是一个人到了五十岁，回头想到青春年代的美好回忆吗？ 还是嬉笑的嘲弄，把军事工作看得比日常琐事还低？ 接下来这一段确实说到军营给人信心，死在病床上可能比困在战火中还痛苦。

苏普尔认为这些赞词不是嘲讽，蒙田的态度要比表面复杂得多。《随笔集》作者曾是一个"志愿兵"，不是一个职业军人，说到军营生活令人向往之处，不是谈个人经历，不是吹嘘自己的勇气，而是通过一个无人称的公式，给予这段人生道路一些普遍的含义。害怕、吃苦与死亡这些问题一直缠绕他的思想。最初几篇随笔可以证实。而战争又是一座熔炉，一个人的力量与弱点在其中毕露无遗。这给研究心理的道德学家提供机会去探测、检验、比较各种环境下变幻不定的动机，在私生活或军队中单独时或集体时的勇气。如果说蒙田极其钦佩伊巴密浓达，这是因为他符合他对不同层次的心灵的理想，结合了勇气与宽仁，这样的美德不论在和平年代和战争年代，对人生的方方面面都会发挥其作用。

这也不是要大家以为蒙田像吉罗杜笔下的赫克托耳一样憎恨战争。但是他像他一样明白这种状态的吸引力，那就是让你摆脱最亲近的联系、和平家庭的温馨、日常生活的压力与单调，而投入到战友的情谊中，过着一种充满意外的生活。在对军营生活唱赞歌时，这是心理学家，而不是道德家在说话。

《雷蒙·塞邦赞》——病情——早期出版的《随笔集》

一五七二年到一五七四年间，蒙田肯定不在城堡。但是他遇有机会就回到书房，勤奋阅读写作，给《随笔集》定稿。在一五七二年，阿米奥译的普鲁塔克《道德论集》在巴黎米歇尔·德·瓦斯科桑出版社出版。这是他的案头书，他不断地查阅，（维莱说《随笔集》里借用普鲁塔克的话将近五百处），启发他用于好几章的主题。这也使他对人的形象重新有了信心。

他的思想因阅读而趋于成熟，塞涅卡的作品又得到时代的赏识，乱世时代促使斯多葛主义再度兴起，对君王顾问的任务又提出问号。《善恶的观念主要取决于我们自己的看法》、《论饮酒》、《探讨哲学就是学习死亡》、《塞亚岛的风俗》（篇内讨论自杀问题）等，一派塞涅卡的观点。但是蒙田在《探讨哲学就是学习死亡》结束时也借用卢克莱修。这是吸收斯多葛派和伊壁鸠鲁派的观点来完成他自己的思想。

普鲁塔克使他对这些教条主义哲学家愈来愈有所保留。他与希腊道德家苏格拉底性情相近，也使他体验这位通才的作品，从中学到"控制脾性与心情"，也就是说更好地认识自己，评判自己。他跟普鲁塔克一样欣赏一种对实质保持怀疑的写作方式，目的是探索更多于开导，对人、对人的行为与动机保持同样的好奇。只有在与人有关时他才对自然、对社会、对艺术、对知识感兴趣。他若谈到自然，谈的总是大自然母亲，动物是我们的兄弟或者我们的表象。引起他好奇的人，不是哲学家笔下的人。这不是概念上的人，而是处于日常平庸条件下的人，他们出现在生活中大大小小的情境下，各不相同，永远变幻不定，处于一个本身也是变幻不定的世界上。

《随笔集》第一、二卷这样坦露作者游移不定的思路，可能是他乐于把次序颠倒，把古人与今人叠放一起，如讨论习俗的积重难返，一些奇异的荒谬事会变成政治或道德的行为准则（《论古人习俗》），论诉讼中合法动用酷刑，论良心，尤其论个人自由的妄想："我们不是在走路，而是在漂流，受到河水的挟制。"

他的那些作家通过蒙田说出他们的判断，蒙田又把这些判断汇集比照。但是检验它们，实施它们，这要依靠他自己的判断，"判断是处理一切问题的工具"，他时时刻刻都在使用。对世俗的定见比照后得出的结论却是令人困惑的。对人的看法得出的结论也是苦涩的，人，"可怜的动物"，陷入无知、贫贱、苦难、贪生怕死境地，面对集体历史的突发事件无能为力。

接任查理九世当国王的是从波兰回国的亨利三世。他在一五七三年九月被推举当波兰国王，毫无热情去赴任。听到他的哥哥的死讯，他在六月中旬潜逃出克拉科夫，等候时机在一五七四年九月初到达里昂。他下决心要与新教徒打一场硬仗。国王聪敏，有教养，据同时代人的看法能说会道，可是没过多久变得愈来愈不得民心。他装腔作势的虔诚表现，穷极无聊的悠闲活动，沉湎珍奇饰物，对宠臣的疯狂的赏赐，对幼童的猥亵，据《星报》的揭露，引起巴黎人的蔑视。他在礼仪想出的新花样，触怒了习惯上与国王不拘礼节来往的贵族。他始终缺钱花，于是乱征苛捐杂税。

亲王们与大贵族的争雄称霸和彼此仇恨，使战火绵延不断。阿朗松公爵善耍诡计与搬弄是非，他是王储，憎恨亨利三世，控制"不满派"政界人物，这里面集中了温和派天主教徒，不满吉兹的影响，希望跟改革派达成妥协。从圣巴托罗缪事件以来，他差不多一直囚禁在卢浮宫，在一五七五年九月十五日潜逃出宫。内韦尔和马蒂尼翁接到命令去追他，王太后亲自到大路上跟他进行谈判，试图让自己的几个儿子和解。在一五七六年，亨利·德·那瓦尔也逃出卢浮宫。他立即公开放弃天主教，回到他的王国。政治性小册子作者纷纷起来反对国王和卡特琳，卡特琳是老百姓的眼中钉，说她是法国一切灾难的罪魁祸首，指责她身边都是意大利人。

年轻的亨利·德·吉兹在多尔芒一役后，人称为"刀面人"。他的威望日益高涨，天主教的坚决维护者，建立神圣联盟。尽管卡特琳和亨利三世很有政治头脑，然而王宫的仲裁愈来愈无人愿听。朗格多克总督当维尔跟改革派联合，天主教派不停地在西部和南部打仗，国王后来签署博里欧诏书，或称"太子和约"（一五七五年五月六日），满足新教徒和不满者，要求给巴托罗缪事件受害者平反，允许更大的祭礼自由，安全地区增加到八处（阿朗松得到安茹、都兰、贝里作为封邑，当维尔保留他的政府。）

但是亨利三世面对天主教神圣联盟的组成，试图领导这个运动来提防自己受到冲击。一五七七年一月一日，他禁止改革派举行祭礼，敌对行为又开始了，零星冲突此起彼伏。三位亨利代表三个阵营，在法国相互对抗：他们是政策上犹豫不决的亨利三世，天主教徒亨利·德·吉兹，胡格诺派亨利·德·那瓦尔。在第六次战争中，改革派被打败，缔结贝日拉克和约（一五七七年九月）。普瓦蒂埃诏书（十月八日）缩小了在一年前对他们作出的让步，不过幅度还是可以接受。

这些内战是在财政危机和物质与道德极端贫乏的背景下展开的。然而在宫廷里依然歌舞升平，极尽奢侈，无忧无虑，国王对他的嬖幸疯狂挥霍引起众怒。他们与阿朗松的宠臣或吉兹公爵的党徒之间不断进行决斗——

亨利·德·那瓦尔说，"我们随时准备咽喉吃上一剑"。《论反奢侈法》提到"在饮食和衣着上挥霍无度"。这是朝廷在提倡。《论古人习俗》指出现时代时尚变化荒谬绝伦，"穷奢极欲、纸醉金迷"方面不输前人。谴责亨利三世的宫廷生活，蒙田后来对他也从未有好感。

但是乡间兵祸横行，民不聊生。尤其在居耶纳。据《星报》的报道，蒙潘西埃在一五七七年三月回来，向国王报告说贫苦的农民走来跪在他面前，如果国王要继续打下去，请求他把他们的脖子割破，不要让他们再受苦了。"我觉得最糟糕的是局势动荡，"宗教派别与信念的混乱使蒙田感到痛心。双方都以信仰的名义判罪杀人。《随笔集》对那个时期的军事行动不多提及，但是对这种全面的堕落流露出惊慌与消沉的心情。《论良心》在这方面谈到一件很有意义的轶事。一次在旅途中，米歇尔和弟弟皮埃尔遇见一位"风度翩翩的贵族"。他是新教徒，但是表面上一点不引人怀疑，因为他装得是个天主教徒。但是他怕露出真相容易"惊惶失措"，使蒙田猜出这个可怜的人信什么教。这场"伤天害理的战争"中，敌人与你无法区分，大家是在同样的法律和同样的习俗中长大的！

政治事件的演变把国家推到崩溃的边缘，引起迹近于绝望的悲观情绪。宗教狂热产生的残酷行为说明自由的幻想与理智的无能。蒙田倾向怀疑主义的天性也加强他提防人的抱负：人的想象、习俗、虚荣都在歪曲自己的判断。他还是怀着对古人的敬重勤读不止；普鲁塔克的《道德论集》是他的经书，让他更加看清自己，跟他心爱的作者卢克莱修的英雄们对比——蒙田是他那个时代最多阅读卢克莱修的人。但是蒙田也注意同时代人的作品。他阅读亨利·高乃依·阿格里帕《科学的不确定性与虚空》，杰出的乔瓦尼·皮科·德·拉·米兰多拉的侄子弗朗西斯科·德·拉·米兰多拉《权衡虚空的异教认知论与真正的基督教要义》，这部书把古代思想史学派逐个阐述，由亨利·艾蒂安译自塞克斯都·恩披里可的《皮浪的基本原理》（公元前 200 年）。

这部概要包括塞克斯都的《反对数学家》、拉尔修的第欧根尼的《皮浪传》、盖伦的《反对学院派与皮浪派》，在一五六九年巴黎出过希腊罗马版，蒙田无疑已经阅读过。拉丁语版部分由让蒂安·埃尔韦译出，献给思想温和的洛林红衣主教，用以反对虚有其表、轻视明显的真理的哲学家。这些怀疑主义书籍都是引起蒙田思考的读本。

一五七六年，他给自己打了一枚头像像章。一面是他的族徽，四周是圣米迦勒骑士团柱饰，另一面是日期，他的年龄，四十二岁，有一副天平，两头小盘保持平衡，还有那句举世闻名的"我知道什么？"。在天平下面是塞克斯都·恩披里可的一句格言。那条格言由蒙田自己把它阐译为："我不支持，我不移动。"并把这句皮浪派格言作出这样的评论："他们应用他们的理智了解和争论，不是决定和选择。"盘子平衡象征判断与选择其中一方而不是另一方的困难。像"我知道什么？"的这个象征物，对蒙田的思想引起众多的阐述和反义见解。这句格言不是承认无知——我什么都不知道——而是愿意保持怀疑，是为了重新寻找真相，拒绝舒舒服服地深信不疑（或者保持深信不疑的印象），避免陷入危险：深信不疑自己有道理，不就会陷入狂热、迫害、酷刑和屠杀吗？

格言和象征物是在有意强调一个危机时代。大家很久以来就谈到出现在最初几章随笔中的斯多葛危机之后，又来了一次"怀疑主义危机"，这是读到塞克斯都·恩披里可后触发他引起的。在一五七六年这个时期，蒙田处在这样的思想心态下，写下了《雷蒙·塞邦赞》的大部分篇章。他又开始了工作，企图审察人的智慧、智慧的能力与限制，自问始终占据他思考核心的认识问题。是不是像他有时候所说的，在对古代思想的沉思中努力去忘记"这个病态时代"的痛苦？是不是像米歇尔·布托尔所提出的，他有意要进行第二次退隐，愿意彻底无所事事？

在一五七六年到一五八〇年之间，他的活动在一切情况下都很丰富，因为他写成了《随笔集》第一、二卷中将近三十篇文章。

最令人不解的，也是对此说法最有争议、最困难的，肯定是那篇《雷蒙·塞邦赞》，它在一五八〇年版的篇幅上有压倒优势。单独一章占第一版的四分之一。在波尔多版样书中，内容得到最大发挥，这一章是其他最长一章的三倍。它是根据一个有步骤、有条理的计划进行的。语调低沉，有时痛苦，愤慨悲哀，然而写得气势雄浑。记载人的疯狂的备忘录，还是献给光荣的神的大教堂？据斯特罗夫斯基的说法，这两者可以是相互印证的。不管怎样，是蒙田本人怀疑主义的完美表述，这在他那句格言里已说了出来。他的书房的小梁上原来就有格言，在一五七六年到来时他叫人换上了其他皮浪主义的格言，其中三分之二都写进了《雷蒙·塞邦赞》——除了那些没有得到借用的以外。只有一句语调不同，这也决定了思想的走向："我是人，我认为对人的一切我都不陌生。"

蒙田不是教士，也不是学师，只是一位普通的贵族，竭力要顺着皮浪的思路去探索自己对人、对自然、对知识、对学问的价值、对人的智能尝试的想法，以求得真理。根据福斯塔·加拉维尼的说法，在这个不宽容、人人易受怀疑的时代，他带着一种"破坏性的谨慎态度"在做这件事，但是不论他的表述如何隐晦，从不放弃明明白白说出自己的见解。

蒙田在写《雷蒙·塞邦赞》时，不是专门通过阅读作准备。他的思想像平时一样都来自行动与生活。他在官场的经历，使他对于握有生杀大权的最高法院作出不容置辩的判决表示怀疑。图尔农指出"他的思想在知识、文件与事实的网络前窥视，一出现逻辑不肯定的苗头就能发现，这使他跨过等因奉此的传统公文看问题"。这是他个人的怀疑，又加上文艺复兴知识更新带来的司法理论的危机。

内战中出现的凶杀场面，尤其促使他憎恨气势汹汹的教条主义和宗教偏执。

我们看到蒙田翻译了《创造物之书》，书内那位西班牙神学家，在一个宗教斗争的时代，试图通过理智来证实基督学说。这部著作获得成功，尤其在女读者那里。但是它受到了打击。这是应一位公主的要求——其身份没有透露，在什么时期也不知道——蒙田为这部作品辩护，反对它的反对者。但是这篇自相矛盾的赞扬文章很快变成了一篇塞邦哲学论据的反驳文章，一篇讨论怀疑论的"随笔"，像这位奇怪的赞扬者所写的那样。

文章开头就针对两条反对意见来为塞邦辩护。第一条是不能用人的道理来维护信仰。当然——蒙田反驳说——人不得到天恩是无能的，但是"使用上帝赐给我们的天然与人体的工具来为信仰服务，岂不是一项可敬的事业"。塞邦的论点对这点是有帮助的。至于第二条反对意见：这些论点是"软弱的和不合适的"，蒙田将用这章三分之二的篇幅，据他说，为了打落这位神学家的傲慢敌手的"狂妄气焰"，想方设法"把人的骄傲与自负踩在脚下"。他要"让他们感到人的虚妄、虚荣和虚无；从他们手中夺过人的拙劣的理性武器"。暴露人的理智的虚幻，这同时也是——虽然是间接地——使塞邦的全部理性主义论点不攻自破。

从这里开始，就不再是维护他这个人，也不再提出他的学说。他的学说事实上建立在两个基本公理上：第一是人的突出地位，是在宇宙等级结构中，也就是在"自然阶梯"中得天独厚的创造物；第二是人处在无知情况下，应该接受最有利、最有尊严的建议，那就是基督的学说。这时蒙田对于人的自命不凡与骄傲进行无情的揭露。人自以为是宇宙中心。他发表长篇大论，说动物的智力是我们无法予以评定的，借以说明人不是创造物中的王。人唯一超过其他创造物的是认识到神与神的恩宠，这又是创造主的一个馈赠。

创造物等级的论题所产生的这些思考，好似出现在一五七三年到一五七五年左右，早于撰写《雷蒙·塞邦赞》那个时期。这些思考都是在说人的理性，那么变化无常，那么捉摸不定，跟动物的本能相比，并不高明多少。这样的对比自然要提出许多故事来支撑，大量引自普林尼尤其是普鲁塔克的著作。动物跟人同样都能表示高尚的感情。它们难道就不具备理性吗？"当我跟猫玩时，谁知道是它跟我还是我跟它在消磨时间？"这是对奇谈怪论的赞美吗？十六世纪就是喜欢说这类事。理性不是人的特权，这个想法在奇谈怪论文学中是老生常谈，在蒙田的书房里就有奥当肖·兰特的《奇谈怪论》和博瓦斯迪奥的《世界舞台》。还是在人的最高尊严的争论中采取的立场呢？这又是文艺复兴时代津津乐道的话题。蒙田像弗雷德里希说的，站在怀疑派一边揭露人的理性不足之处。

塞邦好像再也不见提起，又回过头来探索认识问题。人是否有能力找到他要寻找的东西？为了尝试回答这个问题，必须在最好的哲学家那里去找，他跟塞克斯都·恩披里可一样把他们分为三个宗派：独断主义（伊壁鸠鲁学派、斯多葛学派、逍遥学派）相信自己已经找到真理；柏拉图学派死命地寻找真理，因为用人的方法是不可能找到的；而皮浪学派说自己"正在寻找真理"。蒙田跟后者是一致的，结论中说出哲学的破产，没有能力教导人认识自己，不论在肉体上还是在精神上。

在论证的最后一个阶段，他揭露这样无知的原因，发现它们存在于人的理性的虚妄上（看法老是在变，对社会法律与公约任意判断），尤其在于感官功能不完美，既在欺人也在自欺。因此人是不可能达到真理的。但是人可以提高和超越，如果上帝予以额外援手，这也就是说没有神的恩宠与帮助则一事无成。

奇怪的赞颂，只是在前三十来页谈论这位卡塔兰神学家的作品，其余部分都在跟塞邦作为信仰基础的理性打官司。这个题目好像也跟这番论证对不上号，几乎使所有评论家不知所措。我们不准备对《雷蒙·塞邦赞》引起的评论进行审视，我们在这里关心的只是它标志了蒙田知识人生和《随笔集》创作中的一个阶段，当然是重要的阶段。大家不知道蒙田在什么时期和怎样写《雷蒙·塞邦赞》，但是一般承认这么一篇长文是分好几年写成的。普鲁塔克《道德论集》中的借文，为人与动物的比较提供依据，以此推算约在一五七三年到一五七五年间完成的，犹如论人的知识的虚妄也在那时候。在一五七六年左右，那时蒙田命人铸造那枚著名的族徽，阅读塞克斯都·恩披里可，哲学学派的检验、对皮浪的赞扬和感官的不确定性。

稍后就是对那位贵夫人的寄语，这篇文章是为她而写的："我违反常规，喋喋不休说了那么一大通。"这段寄语出现的地方也有点奇怪，放在对哲学各种流派一一回顾以后，《雷蒙·塞邦赞》约已写了三分之二。这番回顾使塞邦的论据都轰然倒地。它好像说明蒙田的意图。这位他没有宣布名字的公主是谁呢？ 有一个可以上溯到十七世纪的传统说法，指出这是玛格丽特·德·瓦罗亚，那瓦尔国王的妻子。她在一五七八年离开法国王宫，到贝亚恩首府之一的内拉克与她的丈夫一起。蒙田从一五七七年起是亨利·德·那瓦尔的宫廷侍从。他结交了王后身边几位贵妇，如典雅娜·德·弗瓦（即格拉蒙伯爵夫人，人称"美丽的科丽桑特"）和她的宫廷女官杜拉斯夫人。玛格丽特在她的《回忆录》中说，在一五七六年读了《创造物之书》，很欣赏。一五七八到一五七九年冬季，她跟塞邦的译者有了联系。维莱告诉我们，在那瓦尔王宫里有人认为塞邦试图单单用理性的智慧来证实信仰的真理宣告失败。此外，宗教战争在文人和高等社会圈子里形成一股反基督的理性主义思潮，甚至到了无神论的地步。在内拉克，天主教徒玛格丽特生活在一个新教徒的王宫里。于是这不难让人相信王后要求蒙田捍卫塞邦反抗她周围的攻击。他的《雷蒙·塞邦赞》不但满足了王后的愿望，还是对皮埃尔·埃康的纪念。玛格丽特二十五岁。蒙田比她大二十岁，可以彬彬有礼地奉劝她不论对事物的看法、生活习惯和其他事情奉行节俭平和的原则。

给玛格丽特的寄语，不大可能写在一五七八年到一五七九年之前，最后又以这句话结束："这样也有您做不完的工作。"这看来是下文的开头，但是好像还是有关上文的结束：他提供材料回答了塞邦的批评者，既是把信仰说得太美的人，也是攻击他论据中的弱点的人。玛格丽特时代的宗教气候不是十五世纪的宗教气候。令人畏惧的人是过分强调理性的人。蒙田警告玛格丽特要提防追求新奇的战术，他自己刚才在否定人的理性的一切价值时就用上"这剑术中的最后一招"。要她不到最后关头不用。"拉着别人同归于尽是极为鲁莽的事"。用另一句话来说，还不如运用传统的论据来维护塞邦。

蒙田为了完成他的任务，把《雷蒙·塞邦赞》放在开头，然后是发挥与塞邦的独断论不可调和的理论。这个假设令人对蒙田的好意起疑。当我们知道蒙田对"撒谎"——这个"该诅咒的罪恶"——深恶痛绝，就不会这样去想。同样难于令人接受的是蒙田没有觉察这个矛盾。可能应该把这视作为一个整体，就像作者提出的那样。根据图尔农的说法，"维护塞邦变成了他铭刻在支柱上的皮浪主义一篇随笔的主题"，这些话都与解释性的评论联结在一起的。

这篇文章的口气激烈，读起来像一篇檄文，反对所有神学上的独断主义，是它们要对"陷我们国家于水深火热中"的战争负责。这个时代，两方的学说原则愈来愈强硬，这样的气候也说明蒙田奋力拒绝一切确切无疑的看法。

《雷蒙·塞邦赞》撰写过程中进行的查阅，不久让他确定和深入他在最初几篇随笔中使用的调查方法。它说明了文艺复兴后期人文主义宣扬的价值全面崩溃。这是皮浪派"不停地坦承自己无知"，清除独断派赖以自豪的坚信幻想，然而也没有让他们受蒙田作为思想模式的"永远无定论"的折磨。但是他心目中的皮浪主义不是希腊哲学家的皮浪主义，希腊人的结论是任何判断是不可能的，拒绝发表任何意见。蒙田个人的怀疑主义是一种探索哲学，他在内心发现的"探索法"。他暂且不作判断，始终承认自己在所有领域——政治生命、道德、宗教等——的无知，却又探讨其他人的意见，深信我们看到的只是表面，还是努力提出判断，这些判断只对自己有约束，明白一切知识永远是暂时的，都会受到质疑。这种态度跟他的意愿是完全吻合的，他更多在"试验"而不是在"解题"。这样主动的探索保证了他的精神的宁静，既不是无动于衷，也不是淡然冷漠，但是使他像皮浪一样"享受生活中的一切乐事，正当健康地利用和发挥肉体和精神上的一切潜力。"

大家看到《雷蒙·塞邦赞》所证实的怀疑主义，有过一段暂时的危机。事实上，蒙田自我标榜的怀疑主义是非常自我的，不是一种虚无主义，它不瓦解思想，它解放思想。据弗雷德里希的说法，"这是一种关心时局、放眼世界的智慧，不是一种毁灭的乐趣"，不抱偏见的目光，综观万物的意愿，然而同时又拒绝评判，一种"开明的怀疑主义"。随笔作家在其最初几章已露端倪，在这里更可全面看到他的一贯秉性品格。

《塞亚岛的风俗》的开头在这方面是很有意义的："如果说哲学讨论——如大家说的——就是怀疑，那么，我这样信口开河、高谈阔论，更有理由认为是怀疑。"探求与讨论属于他那样的"学徒"，解惑释疑属于神的权柄。可是还是有些问题他给予明确无误的回答。但是当他提出一个论点，其唯一的价值是真诚，他不妄图把它强加于人，提出他的看法是让人看到"他本人的见解"如何，不是事物本身如何。

如果说蒙田的怀疑主义引导他探索人，为了抨击人"愚蠢的"理性，然而他的探索中绝口不提一切有关基督教神学问题。人的资质是无法认识神意的。《雷蒙·塞邦赞》得出跟奥古斯丁学说一样的结论，人不靠天恩的帮助一事无成。

天主教信仰宣言，或者简单地称基督教信仰宣言，特别在《论祈祷》和《雷蒙·塞邦赞》中比比皆是，《雷蒙·塞邦赞》结束时肯定上帝的绝对存在，"按照一种不由时间测定、不受变化、不移不动的永恒而存在"。这段话慷慨激昂，然而引自普鲁塔克。

蒙田的这种信仰论，把信仰与理性分开，让理性有完全的自由在探索真理时锤炼自己，而又不对信仰提出质疑，这让人怀疑到他的宗教虔诚。

有人认为他是个不信神者（如圣伯夫、阿曼戈、纪德），有人认为他是屈从于本国宗教的异教徒（如不伦瑞克、德德扬），有人认为他思想倾向于改革（如纳刚），有人认为他是个虔诚的天主教徒（如弗莱姆、斯特罗夫斯基、维莱、普拉塔尔、德雷亚诺、西托勒、奥洛特）。还有人看他是个信仰论者（弗雷德里希、图尔农）。这一点是肯定的，对这位不可认识的上帝《随笔集》是不谈的。莫洛亚很好归纳了蒙田的态度："他不否定上帝，而是恰恰相反，让上帝坐在皇座上，巍然孤立，就像上帝不存在似的活着。"

除了对基督信仰的异议以外，《随笔集》里零零星星一些偶然的小事，也可证实蒙田在每日生活中遵守天主教教礼。他在自己城堡的礼拜堂里参加弥撒。塔楼里的一口钟每天敲《圣田颂》、《晨起与退省》、黎明和夜晚的三钟经。饭前祈福，饭后谢恩，蒙田一日三次划十字礼。他临睡前不忘念主祷文。他在意大利旅游途中，绕道前往洛雷托圣母堂去朝圣，在圣屋里放上一块许愿牌，牌上有他的跪像，还有他的妻子与女儿——据说为了讨好虔诚的蒙田小姐，还在那里领圣体！就算是吧。但是他只是在特殊情况下才缺席周日的弥撒，当他觉得结石症要犯时，他去忏悔，领圣体，感觉轻松了。这完全是表面文章吗？这要由他自己来说了，他才是唯一的证人。

更有意思的是他有一篇随笔专门谈祈祷。他解释怎样祈祷。身体必须站得毕恭毕敬、全神贯注，先要"振起你心"然后进行祈祷。唯一完美的祈祷是天主经，他对它作出严肃的评论。当祈祷只是装腔作势，来自一个不纯洁的灵魂，它就不可能被上帝接受。在《凭个人浅见去判断真伪，那是狂妄》一篇里，他谈到卜算未来、蛊惑术和其他荒唐事愚弄小百姓，他觉得可怜。然而，当他变得不那么自以为是的时候，他对某些神迹，尤其是《圣经》中提到的神迹也不再表示怀疑。

蒙田遵守天主教的教礼，是不是一个正统天主教徒呢？他服从教廷，不对神学的教条提出疑问。罪恶的概念对他是陌生的。《论悔恨》这篇随笔说出他既不接受补赎，也不接受告解，同时又根据他的日常心态和一贯行为来评判自己。既不提圣母和众神（他不向他们祈祷）。也不暗示炼狱和撒旦。

在这部自称"真诚的书"里，看不出有什么令人怀疑他的宗教行为的真诚（他的同时代人从未起过怀疑）。但是蒙田感兴趣的是人和人的生活，他也把这两者作为观察视界。当他在一五八八年增补版中说："我们做了基督教徒，我们同样也可以做佩里戈尔人或德国人。"——这句话引起许多相互矛盾的解释！——他只是看到人的条件的限制，受环境与习俗的偶然性支配。在不知道和无法明白超越理解的神秘事物时，最可靠与最聪明的方法是接受所在地的宗教，以及与它的箴言保持一致。

蒙田政治上的保守与他信奉传统的信仰是密切相连的，都出于同样的信念。如同他在宗教问题上区别信仰的真理与理性的真理，他要求贤人具有自由评判事物内在本质的自由与能力，同时又完全追随来自外界的方式与形态。这对于二十世纪的哲人来说也是令人吃惊的割裂。这使他承认他"对于革新不论以什么面目出现都是厌恶的"。首先因为他害怕变动带来不可预测的后果，这也是十六世纪人精神状态中不完美的标志，它以神的世界的完美不变来抵制社会的骚动，否定进步的概念。其效果是非常糟糕的，当前的混乱局面即是例子。从而他谴责宗教改革，说"它是罪魁祸首，后来的混乱与破坏都是借用它和反对它而产生的。"他不怪罪于改革派的教义，但怪罪于改革派的政策，也就是新宗教对社会生活横加干涉。

什么都不及法律错误那么性质严重与危害性大，蒙田对此有切身经验。"法律所以有威信，不是因为它是公正的，而是因为它是法律。这是它权威的神秘基础；没有其他基础。"但是尽管见到大多数法律的荒谬性与相对性，还是必须承认法律避免了国家内部的失序与混乱。为什么要接受新的法律呢？还不是"出自一地方人或一位亲王的意见"，他们的情绪变化万千，法律也随之"朝令夕改"？它们的价值完全是相对而言的："什么样的真理可以受到这些山岭的阻挡，越界以后又变成了谎言呢？"还不如遵照好公民拉博埃西的榜样：他是优秀公民，他的至理名言是"虔诚地遵守和服从自己出生地的法律"。

《随笔集》第一卷的大部分篇章是查理九世在位时写的。根据维莱提出、又被弗莱姆接受的年表来看，蒙田好像是在一五七六年至一五八〇年间开始执笔，大家还知道他写作断断续续，然而那时特别高产，因为除了《雷蒙·塞邦赞》的某些部分外，还有第一卷新写的四章，第二卷二十七章，都是一五八〇年版《随笔集》中的最佳篇章。

他是不是因此在政治舞台上销声匿迹了呢？我们一点不知情，但是大家可以这么认为。那些大人物不论怎样没有忘了他。一五七七年十一月三十日，亨利·德·那瓦尔签了一份任命书交给勒克图尔，表彰"我们敬爱的国王级骑士蒙田阁下，学识渊博、道德高尚、有节操，"晋封他为宫廷内侍。亨利·德·那瓦尔一五七七年住在阿让。蒙田跟他一样都是吕西尼昂的朋友。他在那时见到国王的吗？路易·德·弗瓦是特朗侯爵的长子，大家知道他跟蒙田关系密切，一五七九年，亨利在卡迪拉克的弗瓦家做客人，他们见面了吗？同一年，布罗阿杰围城战，勒内·德·瓦尔柴格是他的朋友的领主，蒙田曾经竭力劝他不要参加战斗，没有成功，瓦尔柴格死在了战场。他自己也在那里吗？

大家知道圣米迦勒勋位大大贬值，亨利三世认为很有必要建立一个新的勋位——圣灵团，同时——据莱斯图瓦勒的说法——也希望把一些有意参加神圣联盟的贵族拉拢在自己身边。蒙田后来说他看不起一些"荣誉补偿"，还为此写过一章。他还预言新勋位也会受到蔑视。然而荣誉的标志还是叫他高兴，如果说他幽默地嘲弄，但是也会高兴地接受。

《随笔集》在许多隐喻中，都证实退隐在城堡并没使蒙田脱离社会生活。大家看到他常常出入"居耶纳第一家庭"，特朗老侯爵弗瓦-康达尔一家，侯爵积极参加佩里戈尔的政治生活，在一五七六年创立了波尔多天主教联盟。蒙田还跟他的儿子以及与他们有亲戚朋友关系的贵夫人来往。

当玛格丽特王后来到内拉克后，吸引了许多俊彦人物到宫内，塞邦的译者当然不会不去，玛格丽特在她的《回忆录》中叙述宫廷生活丰富多彩，无忧无虑，愉快，至少在最初几年。蒙田领主应该说对大臣贵族也有交往，尤其对那瓦尔宫廷情况还比法国宫廷更熟悉。

这些交往是不是在鼓动他的社会抱负？ 他那时正在打几场官司，购买土地和葡萄园。一五七八年七月，他花了二千零二十五图尔里弗尔，中标买下了原先属于波尔多大主教安东尼·普雷沃·德·桑萨克在勃朗塔诺尔森林的一百十阿庞土地。一五七九年四月，跟大主教又有其他交易，他把蒙田教区内的几块土地让给蒙田，此外还有一些货物和现金的杂税也归他受理。

蒙田阅读与写作并未松懈。一五七六年，《自愿奴役》全文出版，收在《查理九世治下法国概况回忆》的一批具有煽动性的文集中，后又根据他的意思改名为《反对独夫》。新教徒已经发表了一部分，刊登在《法国人的闹钟》杂志。从而蒙田没有把它再收入他的《随笔集》中，因为它已被恶意披露。

一五七五年，安德烈·泰韦的《万国志》出版（蒙田不喜欢这位作者），一五七六年让·德·莱里的《巴西之旅》出版，一五七九年于尔班·肖韦通的《简短的演说》出版。他利用这些文章在一五七九年写成《论食人部落》。

他在一五七八年阅读让·博丹的《历史方法》，很欣赏，也引用在《为塞涅卡和普鲁塔克辩护》中。

洛朗·茹贝尔的《民间对医学与卫生制度的误读》，给他提供了《雷蒙·塞邦赞》里野孩子的例子。

一五七八年二月二十五日至七月二十一日，他怀着敬意阅读了恺撒的《高卢战纪》，作了详细的注解。这番阅读的影响反映在《斯布里那的故事》、《观察朱利乌斯·恺撒的战争谋略》两文内，蒙田对这位历史学家和军事统帅表现极大热情，"自然界最伟大的奇迹之一"。他阅读他的普鲁塔克，始终不辍，还有安米阿努斯·马西利纳斯，《论信仰自由》一章的例子差不多都取自此书，同样明显感到博丹的影响。

随笔对时事也作出反应，他在最后都有隐射，如一五七六年博里欧和约，一五七七年贝日拉克停战。亨利·德·那瓦尔不久前弃绝天主教的同时也在背弃自我。

在和约上签字的亲王又回到宽容绥靖的政策，这满足了阿朗松、不满者、改革派、当维尔，但也有所克制以免引起天主教徒的担心。这些宽容的诏书没有得到理解。天主教徒中有人把它看作是蒙骗胡格诺的花招，有人看成是斗志松懈。大家都说这是马基雅弗利式阴谋。是亲王的无能还是谨慎，准备作出让步，使国家不致崩溃？ 蒙田不久展开讨论，勇敢地表明立场，主张信仰自由。

他这篇《论信仰自由》有特殊价值，占据全篇的人物是"外号背教者"的朱利安。蒙田称赞他是"哲学家、正人君子"，他是"基督教的敌人，但他不血腥"。这位异教徒皇帝确实下过命令，让他的基督教臣民放心自由举行自己的宗教礼仪。他向他的人民和君士坦丁堡主教保证尊重所有信念和所有祭礼。朱利安的政策经过检验引起一片赞扬声。公正的贤君，人文主义亲王，渴望保持国内和平，尊重生命。朱利安手段高明，允许不同意见来稳定他的政权，这样挑动了矛盾，——据安米阿努斯·马西利纳斯的说法——后来摧毁了新宗教。法国国王不久前作出相似的决定，要达到相反的目的，来缓解宗教冲突。这篇随笔是对一五六二年《正月诏书的回忆》一文的反驳，如纳刚所指出的那样。他表面与拉博埃西说反话，拉博埃西只承认一个宗教。但是蒙田否定他而又不背弃他；因为他的

188

朋友是相互宽容的信徒，憎恨杀戮，渴求国家和平。他的严格的理想主义可惜在那么多次动乱后已无从实现。这篇随笔的中心主题，是对亡友的一篇纪念文章，如同第一卷计划中的《自愿奴役》。

对一位异教徒教皇予以那么全面的赞扬，蒙田也是那个时代唯一敢这样做的人，可以想象他的大无畏精神（随笔还是被教廷封死）。作家向亲王们提出这帖药方，这堂现实政治课，不抱什么幻想。在这个风雨飘摇、全面纷乱的局面下，提出不管怎么良好的措施，能预看到其效果吗？他回到现实中，对于篇名所指的内容提出表示怀疑的结论，希望"国王为了表示自己的宗教虔诚，既然做不到他们愿做的事，就装出愿做他们能做到的事"。

一五七八年七月二十日，蒙田感觉结石症（肾绞痛）第一次严重发作，他的父亲就是患上此病痛苦了七年后死去的。他自己身体一直矫健，而今"他跟最坏的病交上了手，这是一种突如其来、痛苦非凡、可以致死和无药可治的痼疾"。结石症在当时是绝症。这是他从青年时代就最怕害的病，还曾想到不如自杀的好。一开始发作特别"难受与疼痛"，而且频率甚高（他说每月一次）。痛苦来时，蒙田不愿意竭力装得满不在乎的样子，痛苦时克制不由自主的动作。只要心灵保持"良好状态"，大声嚷嚷算得了什么呢。

他发觉我们通过想象力会加剧疼痛。蒙田身体健康时，怜悯病人还比他生结石时更多于怜悯自己。（他的判断与脾气还允许他面对现实）只是触及灵魂的痛苦不及触及"肉体真正关键部位的"痛苦那么叫他害怕。他害怕的是肉体痛苦，健康时把它们想象得不堪忍受。他心寒也就把"真情"夸大了将近一半。他现在看到实际的痛苦不及害怕那么可怕。哲学家的箴言与默想，让他提前准备去忍受痛苦，更是驱散不了这种害怕心情。

他从而认为心灵的功能搅乱生命的平静多过于保证生命的平静。习惯——十八个月前当他写作时，就是处于这种"不称心状态"——教导他今后要学会带着这结石症过日子：他说，"我从中找到了自我安慰与希望的东西"。"当他病痛激烈发作时，经受疾病的考验使他明白自己还是能说话、能思想、能回答问题，像在任何其他时刻一样清清楚楚"，当然没那么持续长久。

他的观察总是非常精细，还带有一种幽默感，这来自他的心灵活动。他给自己编了一些有病也要不以为意的理由。这病叫他高兴，因为生这病的更多是大人物。这是老年的"租金"，它姗姗来迟——感谢上帝——让他太太平平享受完了青春的欢乐，再令他厌恶人生与世界，也就在告诉他可以走了。它也教会他在病痛发作的间歇期内更好享受健康，让他满意地看到自己能够像一位古贤，尤其像一个名副其实的人那样忍受痛苦。

他谈到自己的病中经验，那是在《论父子相像》那一章。因为蒙田这个结石症是从他为此而死的父亲那里遗传来的。

他同时也承传来了父亲对医学的天然"反感"；他的祖上对医学也是抵触的。他的祖父、曾祖父、他的叔叔都有这种情绪。然而他们还是活到很老。这使得蒙田对医学和医生进行强烈的控诉。

医学是一门脆弱与虚妄的学问。古人与今人的医学理论中存在永远的不一致，他从中看到了证据，并加以区分。这门重要的学科负责我们的健康，却是"最没把握、最混乱、也是说变就变的一门学科"。它是通过习惯强加于我们身上的："医学被当作了几何学"。至于医生，他说，"我不满意的不是他们，而是他们的工作"。此外，他们让健康的人生病，为了防止他们脱离他们的掌握。蒙田还提到一次个人经历：他和夏洛斯的德·科班纳男爵对他们家乡山脚下的一大片封地都拥有权利，这块封地叫拉翁坦，面积很大。当地居民在那里活得很健康。来了一名医生，他们从前只用大蒜来医治百病，医生给他们开奇怪的复合药剂，开始利用他们的健康

190

与死亡进行交易。他们从此以后生上了"一连串奇奇怪怪的毛病……生命也缩短了一半"。

对于因疾病与害怕而垂头丧气的可怜虫，医生就是大着胆子在他们身上建立暴君般的权威，提出异域昂贵的药物投其所好，诱使他们轻信上当。就是这么一回事。但是说到他们利用人的愚蠢而图利，也不单是他们如此！他们表面上总是装得小心翼翼、愁眉苦脸，让人感到不自在。我们知道蒙田憎恨假学者使用的任何假面具，他把他们看成是卖艺人。有多少医生，就有多少种看法：他们根据气候与月光作出诊断。他们误诊时有发生。不久前不就是在巴黎，"一名贵族在医生诊断后开了刀，膀胱像掌心一样找不出有什么结石"吗？但是做这工作的人知道推卸责任，把失败都归在病人头上，把成功都据为己有。因为他们的名声要比治好病人更重要。我们几曾看到一名医生照抄同事的方子，不是添加些什么就是取除些什么？他们对医学其实跟蒙田一样轻视，从来不遵照自己开给别人的方子。他们自己"吃甜瓜、喝新酒"，而叫病人喝果汁和面包汤。这一切归根结蒂也无关紧要，要是可以肯定这药虽不有效，倒也无害！

在蒙田眼里，外科给医学挽回了一点声誉。他觉得外科更可靠，"因为它做的事都是看得到与摸得着的。没那么多靠猜靠蒙的"。这是不是因为在波尔多——据巴蒂斯这样想——理发师与外科大夫都必须在市长、副市长、行政官和检察官面前通过考核，而蒙田与他的父亲可能主持过这类考核？

作家尽管对医生缺乏信任，还是承认遇上自己生病，跟别人一样请他们出诊，要求他们侍候他，报酬照付。他还承认他遇到过好多"真诚、令人喜爱的医生"，从他的《随笔集》和《意大利之旅》里看到他跟某些医生保持良好关系。

但是跟医学相比，蒙田宁可采用自然疗法，让自然发挥作用："大自然的走向可以朝着疾病也可以朝着健康"。较妥的办法是避免药性剧烈的

191

药物，同样还有民间草方（他又承认比其他药还少危害性），养成卫生习惯，根据希腊医学中的传统养生法进行锻炼。他主张"健身沐浴"，遗憾大家不再保持古人每日沐浴的习惯。

他在那时独自自我治疗，认为每人都是自己最好的医生。生病的经验向他证明身体拥有本能的智慧，同样健康具有不可估量的价值，说实在的这是值得人"不但用时间、汗水、劳苦、财产，而且还用生命去追求的"唯一东西。没有健康，欢乐、智慧、学识和美德都黯然无光，不见影踪。身体与灵魂有不可分割的联系，对于它们都必须同样予以密切关注。

结石症频频发作，迫使蒙田在一五七九年到比利牛斯山区各温泉浴场去试试疗效。他在那次长期旅行接受怎样的治疗，只是通过几处简短的水质比较记载才知道，他到了埃格肖特，那瓦尔亲王们和他们的朝臣每年都去那里暂住。他到巴涅尔德比戈尔，十分欣赏那地方。他到巴博坦的普莱萨克温泉场，在那里沐泥浴。在巴博坦和普莱萨克的水温高得叫他头脑晕眩。这种自然疗法使他得到舒解、即使无效至少也不危险，他尤其喜欢在那里遇到有趣的旅伴，在美景中散步。

他的文学工作并没有放慢。现在他已经确定写作方向：好像在一五七八年，他定下了书名。他给它起了一个完全与众不同的书名，他是第一个这样用的人。在十六世纪，essai 一词指"尝试"、"证明某一种状态的试验"，这样它也相当于"身体力行"和"阅历"，并在《随笔集》第二卷第六章、第三卷第十三章用它们作为篇名。它根据拉丁词词根也可指"掂分量、称重量"，于是有了"检验""尝试、试吃"（饮料与食品的品尝）。有时这词用于指这些意义中的一条，有时又包含这两层意义："本文纯然是凭天性而不是凭学问而写成的"，他在《论书籍》一章开头这么说。或者在《论自命不凡》中，"这里的随笔都出自我的判断"。

拉克鲁瓦·杜·曼恩在他的《法国国家图书馆》一文中（一五八四

年），看出蒙田选择这个书名的多层意义，这个书名非常谦虚，"因为大家把这个词说成是试验或学艺，这是十分谦逊和虚心……如果把它看成是试笔或试验，也就是根据他人进行自己的反思，那还可这样理解：因为这部书只是蒙田先生的生活写照，每一章包含的仅是其中一部分而已"。

弗雷德里希说，《随笔集》这书名可以与同时代流行作品的书名相对应，如：争论、格言、金字、对话、杂集、汇编、五花八门等。然而蒙田在一五八八年版本以前很少把自己的书称为"随笔"。一般来说，他用些贬义字：什锦菜、杂烩、狂想。但是他愿意用"essai"来说明他的学习方法，运用评判的经验。因为他拒绝作出最终的结论，教育人家怎么怎么："其他人教育人，我则叙述人"。他一直自认为是在"学艺和试验"，是别人与自己的观众，日后他在《论阅历》一章中说到自己的书："这份东扯西拉的大杂烩，只是我一生试验的记录"。

《论德谟克利特和赫拉克利特》这一章开头，明确定义了蒙田的方法和随笔的特征。他谈到他对自己判断的试验，他利用"任何机会"进行，任其发挥，抓到一个内容贫乏、没有定型或者高尚、已有过探讨的题材，他摸索是为了认清自己的能力或弱点："我努力要人认识的不是事物，而是我。"或者更实在地说，跟那些手艺师傅不同，他们自称掌握一门技艺，要传承下去；而他要人认识的是，他在证实自己学习方法的同时，对所说的事物永远不能下定论。

他在人生提供的一切事物上试验他的判断：他自己的经历，人在各种不同时刻、不同状态，在所有条件、所有环境下的行为与动机（"一切行动都在暴露我们"），他同时承认他的根本宗旨是无知，这使他总是对自己问个不停，这也使他在作品中认识自己与描绘自己。

在一五七八年到一五八〇年间写的随笔就表现出了这个意图。普鲁塔克和塞克斯都·恩披里可的著作鼓励他进行内心分析。《雷蒙·塞邦赞》认为认识自己是人最重要的任务。因而，在《论儿童教育》，蒙田根据自己的经历提出体育与智育同时发展的教育方法，强调增加知识、加强记忆会损害判断的危险性，唯有判断使人达到智慧。他态度坚定，不容置疑地提出的教育体制是建立在他个人的经验上，也出于他的品格使然。《论书籍》说到他阅读的品位和嫌弃的读物。

《论父子相像》发表他对疾病、医学与医生的看法。他的祖先对医学的厌恶传给了他，他也供认不讳。但是他提出个人的思考更加强了这种感情，不然这就是"一种愚蠢鲁莽的倾向"。从他的几位朋友的行为得到的观察，他个人的私语，不停地穿插其间，使该文写成了类似如何治家的一篇谈话。

给埃斯蒂萨克夫人的题词让人看出，这部书的成书过程全由他掌握。材料他从不缺少，在这部探讨那么多问题的作品里，总的来说，自画像占的篇幅受到限制。但是这部与作者"同质共存"的书还是不停地让他出场，既然当他让其他人说话，表述或对比他们的意见时，他就站出来把它们"试验"一下："我引用别人是为了更好表达自己。"

《论自命不凡》是最著名的篇章之一，对作者提出一幅表现其体格、智慧与道德的画像。据维莱的说法，这是对良心的检验。蒙田描述自己四十岁前是怎样的人，而今（将近一五七八到一五八〇年），只是个"半人"，走向年迈的道路。他认为自己的外表不动人（他的身材略矮于一般人），表情介于开心与忧郁之间，笨手笨脚，任何体育运动都不精通。

他记忆不好，精神"迟钝萎靡"。他说他的"身体状态跟精神状态总的来说非常相称。从不心情轻松愉快，只是精力扎实充沛"。他天性懒洋洋吃不起苦，除非逢上自觉自愿；"这极端懒散、极端自由，是天性，也是习惯"。他审视自己的缺点如此严厉，我们可以想象很难看到"有人比他更加鄙视自己"。蒙田最后还是给自己找到一个长处，唯一的长处是"感觉"，是判断。因为他想自己的"意见老实中肯"。但是谁不对自己是这样想的呢？ 这种辨别真伪的能力，如果说主要归于他的天性，那他也努力从别人的权威和古书的勤读中得到加强。

这样自贬是不是假谦虚呢？高高兴兴议论自己，难道是为了压低自己？《随笔集》显出他满脑子都是学问，还说自己记忆不佳是在卖俏吗？他不承认做个写书的人，这是贵族在装无知吗？大家很快把这些责备抛向蒙田。但是，就像随笔这个书名引起的那样，如果说蒙田对自己的缺点与无能条分缕析，这是为了检验他对自己作出的判断。他是不是对自己的价值看得过高呢？他对别人不够重视吗？

他这样做的同时让人理会到这不是一篇议论智慧的论文。他提出一个人的调查与思考，这个人并不奢望得出具有普遍价值的结论，也不在于教育世人和沽名钓誉。他是不是担心这么一部远离世俗习惯的作品引起众人的耻笑？这恰是它的与众不同与新奇，使他抱着得到好评的希望。

为什么不是单纯描述他的意见与脾性，同时不掩饰他的缺点，又没有为人师表的意图呢？他是在把自画像给朋友看。别人用铅笔画，他为什么不用羽毛笔画呢？因而他可以肯定："我自己是这部书的素材。"

这就是第一卷"致读者"一文的意义，日期象征地标为一五八〇年三月一日，这是他四十七岁生日后的第一天。一五七一年二月二十八日是他退隐获得自由的第一天。作品标志他生命一个阶段的终结，其价值几乎只是留给后世而已。不是自传，不是回忆录，它只说是一幅自画像："我要画的是我自己。"没有预设什么目标，纯然是"居家的私语"，寄语亲朋好友"作为处世之道"而已，当他们失去我时——这也是不久的事了——还能在书中"看到我的音容笑貌"，以此"对我逐渐保持一个更完整、更生动的认识"。

这部真诚的书是以诚恳而有了价值。书中出现的是处于日常自然状态中的蒙田，朴实无华，不要心计。

要说蒙田从一五八〇年起希望面向一个更大的读者群，这是听了他的反讽才知道的：这部书的题材"如此浅薄无聊"，不值得你在余暇时一

195

读！这也是对《论自命不凡》中提出的问题（在一五八八年后）作出回应："你写给谁看呢？"他寄语的是聪颖的读者，知道超越那些"学者和平凡之辈"的一成不变的思想模式，而去赏识一种自由敏锐的思维的价值。

走在欧洲大路上——意大利旅行日记

　　国王骑士、宫廷侍从米歇尔·德·蒙田《随笔集》，一五八○年春天分两卷，在波尔多王室钦定西蒙·米朗杰出版社问世。这部书由作者自费出版。王室特权证明书日期是一五七九年五月九日，《致读者》日期是一五八○年三月一日。蒙田应该是在排版时期完成全部手稿的（五月九日，他不可能已经写成受居松伯爵夫人怀孕的启发而写的那篇重要章节，伯爵夫人在同年三月八日也就是两月前才结的婚！）一般来说第二卷第三十七章的写作时间确定在一五七九到一五八○年间。

　　蒙田对自己的计划掌握良好。他把自己的画像留给亲朋好友，这部书的素材就是他自己，开篇与结尾都是告别，他并不盼望"荣名"，但是将延续他的姓氏，他的家族的姓氏。他要给自己安排假期，安排休息。最好的休息对他来说是旅行。一五八○年六月十二日，他离开自己的城堡，先到亨利三世的宫廷，再前往拉昂北面的费尔，那里正在打围城战，然后计划骑马横穿法国东部，途经瑞士、德国和意大利，进行长达约十七个月的旅行。他最年幼的弟弟贝特朗·德·马特科隆，他的妹夫贝尔纳·德·卡扎利陪伴他，还跟着一名秘书、几名男仆和运送行李的赶骡夫。他还带了他的小箱子和《随笔集》。

　　一五七九年，那瓦尔国王又拿起武器对抗亨利三世，他身边都是年轻的领主，要在贵夫人面前炫耀他们的武功。从而给这场第七次内战命名为"情人之战"，直到一五八〇年十一月缔结弗莱克斯和约才告结束。和约在特朗侯爵城堡内签订，侯爵是当地联盟的煽动者（但是天主教徒继续为了夺回佩里格而在战斗）。那时两方好像取得了平衡，都在国境内占有一部分领土，天主教徒在北方，新教徒在南方。

佩里戈尔远远还没有平静下来，但是对抗的舞台在瓦罗亚和韦芒杜瓦。蒙田领主也就对自己的省、家和亲人放心不少。孔代亲王攻下了费尔，亨利三世决定实施围城战，召集"他所有的忠心领主"。蒙田尽管与亨利·德·那瓦尔私交不错，也忠心耿耿地响应法国国王的号召。

蒙田的舅兄若弗鲁瓦·德·拉·夏塞尼把塞涅卡讽刺诗译本，蒙田把《随笔集》同时呈献给亨利三世，据拉克鲁瓦·杜·曼恩说，王上大加赞赏。

蒙田追上国王军队，参加费尔的"天鹅绒围城战"，那是由马蒂尼翁元帅指挥，他拖延战事，围而不攻，都平安无事。菲利贝尔·德·格拉蒙伯爵，美丽的科丽桑特的丈夫（蒙田不久前在《随笔集》里把拉博埃西的二十九首十四行诗献给了她），亨利三世的宠臣，在那里被杀。他的朋友伴送尸体直至苏瓦松，从那里又去瓦兹河上博蒙。那里有夏尔·德·埃斯蒂萨克参加进来，他是《论父子情》一章受赠夫人的儿子，拉伯雷的保护人的侄孙，并带来一名贵族、一名侍从、一头骡子、一名骡夫和两名脚夫。他出资一半。这是蒙田一伙中的贵客，国王与王后交给他几封给弗拉拉公爵的推荐信。洛林贵族奥托瓦也加入队伍。蒙田年已四十七岁，这样率领四位二十岁青年，但是兴致并不比他们低，体力也像他们同样耐劳。他遗憾在他多次旅行中就是缺少一个"诚恳的人，有主见，生活习惯相仿"，可与他平等地交换意见。

至于为什么不辞车马劳顿旅行呢，蒙田作过解释，甚至作过辩白，神情急躁不耐烦，无疑是在回答周围的人的批评，记在《论虚空》那一章和再版的《随笔集》中。他在比利牛斯山区温泉浴场进行的治疗，只给他的疾病带来一时的舒解。于是为了治疗他的痛苦的结石症，他决心到几家更著名的水疗站，如勃隆皮埃、巴登或者卢卡附近的拉维拉。这个药物在他眼中是天然的，——他还幽默地保证，对于医生来说，那也是最佳摆脱他们没法治愈的病人的方法。

对于十六世纪人文主义者来说，到意大利旅行是一次必要的朝圣。罗马是世界与古代文明的中心，蒙田从童年起就耳濡目染，又是基督教的首都，他早想一睹为快，再加上他父亲亲身参加的近年几场战争的描述，都敦促他要前去。但是旅行首先是脱身，是逃避。在这个病态时代，他要从一个处于内战水深火热中的外省与法国脱身，他要从无聊的日常家务与理财工作中脱身。幸而弗朗索瓦兹是位精明的主妇，她答应他遥控操持，就像他在现场一样。于是摆脱的只是杂务，只是每日的琐事。

"当我在旅途中，"他说，"我要想到的只是我自己。"摆脱了义务和束缚，他就可以满足自己强烈的自由愿望。还有他永不衰退的好奇心，他"贪恋新奇的脾性"，养成他爱好"走动和变化"。他喜欢自己旅行，他为散步而散步。他也喜欢其他五花八门的人生、观念和习俗。看到有其他生活习惯、讲陌生语言的人，就跟他们混在一起，一时间变成他们中间的一员，通过这些察访与发现去丰富自己人生。无疑是这种"有益锻炼"的主要目的，据他说是"培养人生"的最好学校。

有人无疑也曾对他提出过异议，他有家室，年岁已大，这样出门是荒唐的。在他看来，离家一段时间毫不损害夫妻温情生活的义务，日夜相处反而逐渐冷淡。还让他尝到"小别重逢"的快乐，对家人充满新的情意，更加感觉家庭的温馨。至于用他的年老作为推托，事实上老年的乐趣愈来愈少，愈需要人工补救，青年追求快乐可以原谅，老年寻找快乐却要禁止，这不是很不公平吗？

应不应该提到那笔"大得超过他的能力的花费"呢？ 这里说实在的，

是旅行使他"受伤"的地方。尤其他喜欢旅行装备不但齐全，还要宽余，十分仔细选择最清雅、最干净、最宽敞华丽的旅馆。蒙田在旅途中花钱毫不吝啬。他必须讲究自己的身份，他赠礼物，买书籍，接待客人，除了驿车、住宿、他本人与随从的粮食等必要支出以外，还有温泉浴场治疗费。但是他还是有些积蓄，十年来储存了一笔钱，为了健康破财还是应当的。

还有人反对说，他这个年纪"走这么长的路"，要是回不来了呢？ 他才不操这个心。他若死在路上，还求之不得！ 人死在哪里都一样。他宁可死在马背上而不是自己床上，远离家庭与亲人，独自孤零零死去，认为这仅"属于个人行为"，与社会无涉："让我们生活与欢笑在朋友中间，让死亡与厌恶上陌生地方去。"

《意大利之旅》对旅行路线标志得非常明确，这是一部沿途记录，蒙田没有打算出版。《随笔集》里也没有一笔提到它。那份手稿今天已经消失，是在他死后二个世纪偶然被普吕尼神父发现的，藏在蒙田城堡的一只箱子里。一七七四年由默尼埃·德·盖隆编辑出版，有三种不同的开本。手稿曾经有过四份副本，现在只存下一七七一年在莱代司铎手里的那一份，被弗朗索瓦·穆罗发现在法国国家图书馆佩里戈尔文档里，并公之于众。这份残缺的文稿只包含已知的《意大利之旅》三分之一内容，然而可以根据它纠正某些疑点，改善盖隆的版本。自从这次发现后，一九八三年福斯塔·加拉维尼提供的版本就纳入了莱代抄本的新内容。

在一七七〇年发现的手稿缺了最初几页，以致无法知道蒙田从佩里戈尔到巴黎直至瓦兹河上博蒙的路线。

从旅行开始到罗马住宿，这一路的叙述是由一位神秘的秘书用第三人称写的。他是谁呢？《意大利之旅》这部日记的第一部分（占全书不到二分之一）是由蒙田口授的吗？ 加拉维尼排除由盖隆提出、很长时间也认为如此的这个假设。里面的评论与插言都明显说明那位秘书的存在。他不是在口授下写的，因为如果说他详细转述"蒙田先生"的话，他把它们与他自己的看法相隔开的，比如说，"他在评论中总掺有对自己国家的些许嘲弄，还出于其他原因怀着憎恨与愤怒"。

蒙田在罗马把秘书辞退后（不知为什么？），看到"这项美好的工作已经做了不少"，"不论这对我有多么不便"，他说还是应该由他自己继续往下写。这说明他的兴致不高（这项决定确实有时好像使他感到压力）。他提起笔，起初用第一人称和法语写。后来到了拉维拉浴场，开始用意大利语写。

他所在的那个地方讲最纯正的托斯卡纳语。这是提高这门外国语的良好机会！也可以更好融入异乡，做一做当地人。差不多将近六个月时间，从一五八一年五月十二日到九月一日，他用意大利语写日常心得。据加拉维尼说，"不但正确，经常还高雅和清晰"，他待在讲这种语言的地方直至到诺瓦勒萨为止，用的都是这种意大利语。他一跨过塞尼山顶走上回家的道路时又用法语记日记。

这部日记里有两个声音，两种语言各占一半，先是秘书记下蒙田看到的东西、他的感想与言论，后是蒙田自己的叙述和描写。令人吃惊的是旅行者的形象与《随笔集》予人的作者形象竟是那么相像与符合。这两部分对地区习俗、服饰、城市、乡野、人的智巧，提出的看法又极其相似。难道那位见证人动身以前无疑知道作家的观点而凑合他？还是秘书是个好心理学家、好编写者，具有好观察力？他的那支笔把《随笔集》作者喜爱对世界与世人"高谈阔论"、永不衰退的好奇心、活跃随意的性格写得栩栩如生。

然而，蒙田自己动笔时，他的注意力主要集中在温泉治疗与效果方面。他的日记成了病历档案，如有人说的："肾结石症日记"。对他游历的地方、风俗习惯和遇见的人物的思考与评论要少得多了。视界狭窄了。肯定是这个原因《意大利旅行日记》往往让读者，尤其是最初的读者感到失望，他们在这里找不到《随笔集》的典型品质，洋洋洒洒谈文化，风格生动活泼。

蒙田在旅行途中只限于纪录他看到的东西。这部笔记本，部分由别人代书，他在里面又作为练习意大利语之用，自然与他操练自己思想的书籍在本质上是全然不同的。他没有想去修改它或者出版它。他对此表示那么不在乎，使他在一五八八年后悔从前没有学父亲的榜样留下一部日记。他的旅途记录当作备忘录那么使用，来充实《随笔集》中的某些章节的思考。在《论虚空》一章中，他爱好旅行也在说明他自己内心的空虚，印象与回忆也将零零星星用以丰富他的自画像。

这部日记很恰当地称为《随笔集》的后店，其主要价值——这也很重要——是更好地凸显作者的性格，更好地表现他在本身的经历中汲取材料，深化他所作的广泛探索，"通过我们一切能达到目的的方法"，去满足这个永不满足的好学欲望。他在《随笔集》里显然是隐身不露的。

他旅行的借口与目的之一，是前往意大利的途中到一座座温泉城里去治疗。马特科隆领主前去罗马学剑术。卡扎利先生到帕多瓦上大学继续学习和进修军事。《旅行日记》让人看到这些人的实际旅行路线。尼古拉还根据当时情境提出一份报告，这个旅行团（九月四日）从博蒙和莫城出发，穿越拉布里、香槟和洛林，在多尔芒、埃佩尔奈、沙隆、维特里·勒·弗朗索瓦、巴勒杜克、沃库勒尔、顿雷米、米尔库、埃皮纳尔稍作停留，九月十六日到达勃隆皮埃，蒙田在那里过了十一天，饮矿泉水，洗了五次澡。然后继续旅行，在勒米尔蒙、塔姆（第一座德国城镇），在瑞士米卢兹、巴塞尔（两天）、巴登温泉（五天）。巴塞尔、阿尔高、沙夫豪森的城镇就这样在十天内走完。

在德国则穿越了康斯坦茨（天主教城市）、林道、奥格斯堡"德国最美丽的城市，面积像奥尔良"（四天）。旅行团进入巴伐利亚，深入到慕尼黑（面积像波尔多），到了蒂罗尔地区，参观因斯布鲁克，通过布伦内罗关隘，朝着意大利方向走。十月八日从康斯坦茨出发，二十八日到了博尔扎诺，他们旅途上最后一个讲德语的城市。

在意大利逗留的日子要长得多，从一五八〇年十月二十八日到一五八一年十一月三日。一路上名城绵延不断。在特兰托和加尔达湖之后就是维罗纳、维琴察、帕多瓦、威尼斯（一周）、弗拉拉、博洛尼亚（三天）、佛罗伦萨和锡耶纳，和罗马，它把蒙田留住了将近五个月（一五八〇年十一月三十日到一五八一年四月十九日）。后来他去了洛雷托（三天）。从那里经过安科纳和乌尔比诺，到了佛罗伦萨、卢卡，在拉维拉著名温泉浴场进行第一次水疗（五月七日到六月二十一日）。然后他在托斯卡纳地区漫游，在佛罗伦萨过了十来天，七月份一大部分时间（二十四天）在比萨，十七天在卢克，又回拉维拉进行第二次水疗（八月九日到九月十四日）。在那里他听说自己被选为波尔多市长。蒙田并不因而急于回家。在卢克拖延了八天，在锡耶纳三天，在维泰博三天，从从容容回到罗马。十月一日，他收到波尔多市政官员的正式函件，向他宣布他们已选上他当市长。他原来有意到意大利南方，于是放弃。蒙田只是在十五天后料理好事务才离开永恒的城市，经过锡耶纳、卢卡、皮亚琴察、帕维亚、米兰、都灵。十一月一日，他越过盖满白雪的塞尼山顶，一半骑马，一半由四人担了轿子走。他到了里昂，停留一周（他生病卧床一天），经过梯也尔、克莱蒙费朗、利摩日（两天）、佩里格和莫里亚克。他在一五八一年十一月三十日到达蒙田，他又说：从那里"我在一五八〇年六月二十二日动身到费尔。从而开始了我历时十七个月又八日的旅行"。

有人说蒙田开创了旅游事业。十六世纪在欧洲旅行当然是常有的事，但是那跟蒙田的旅行完全相反。那些都是商人、大学教师、外交官、人文主义者、香客，他们抱有明确的目的，尽量走最直接的路线。旅行是很花钱的，不同国家有时不同城市，货币五花八门，必须熟悉汇率，提防中间人、旅店主人和主人舞弊。因而我们看到蒙田也像十年后同样出外旅游玩乐的布列塔尼贵族、维拉蒙领主一样，定时记账，所有旅舍的房价，师傅、仆从、马匹、骡子的价格，把德国或意大利货币换成法国里弗尔、苏和德尼埃，与蛮横的商人或临时雇用的仆人争吵。幸而蒙田戒掉他有一时爱计较的吝啬习惯，不得不在欧洲旅途上花掉一小笔财产。

旅行不会没有风险和困难。路上不安全（《日记》里两次提到有盗贼出没，一次在斯波莱托附近，一次在米兰与热那亚之间，他们在乡间进行勒索），行路困难，没有里程碑，在十字路口不设标牌。在法国、瑞士、德国或意大利都一样，路况保养很差，标志也不清楚，经常到了谷底泥淖地找不到了方向。让蒙田赞扬的唯有教皇命人从罗马修到洛雷托的那条公路。

事实上旅客在一五八〇年前后可用的公路交通图，只是夏尔·艾蒂安的《法国公路与旅行指南》（一五五二——五五三年）。这书标出巴黎到边境的公路，城市之间的距离和可以下榻的住所。维拉蒙认为他在《旅行》（一五九五年）中描述意大利境内漫游的方便路线是有用的，这书后来也成了权威作品。但是对意大利或法兰西的城市或纪念物都缺乏介绍，——虽然不是一点没有——因为太多了。

蒙田存心不看这些指南书。可是在林道，他后悔启程前没有读一读某些书，可以给他介绍"每个地方的名胜奇观"，没有在箱子里放一部孟斯特的《环球胜景》，没有带一名德国厨师或找当地的一名贵族作伴。他是这样提出了旅行的一个新概念。看到了别人看到的东西，证实别人说的事物的真实性，这都不重要；而是像后来司汤达注意的，不是说出事物是怎么样的，而是说出事物引起你什么样的感想。

对他来说，旅行本身是一种乐趣。乐趣之一首先是白天长时间骑马，"尽管有腹泻，八到十个小时不下马背，也不厌倦"。船、马车、轿子都叫他不舒服，但是骑马让他精神抖擞。早晨晚起后出发，口袋里放些面包皮。一旦上了路，不思改变，要走多远就多远，一口气，"像西班牙人那样"，直到太阳下山才停下吃中饭。他在行动中忧思稍少。不知疲劳的骑士，即使膀胱有痛感（他在马鞍上还比停下休息更少吃苦），却把他的青年旅伴累坏了。他说，"我知道，旅行之乐也包含不安与三心二意。……是的，我承认，即使在梦中和心里，我也看不到使我留恋不舍的东西。对我来说景物不同就值得一看，要是说至少有一件事值，那是我见到了多姿多彩"。这些发现引起他兴奋，始终保持乐观的精神状态，脾气经常会遇到考验，也变得好了。一年四季他都适合。他怕的只是"烈日骄阳"，但是看不起意大利人用的遮阳伞，自己"像鸭子一样喜欢雨水和泥泞"。空气与气候的变化对他毫无影响，因为只有内心的风云变幻才会使他垂头丧气，他在旅途中这事很少发生。他即使睡眠不足，远远看到一座新城市又会精神焕发，心情好了起来。

这支旅行队的目的地原则上是到意大利。但是他乐于随意漫游。秘书说事实上他要是独自一人，他会前往克拉科夫或朝希腊的方向走去，而不是到意大利去绕上一圈。他高兴去访问这些陌生的国家，这让他忘记自己年龄和健康上的弱点，可是他不会把这件事跟队里的任何人说。当他们向他抱怨这样无目的漫游时，"他回答说他本人除了现在待的地方以外哪儿都去，他不能错过和绕过他的路线，他的意图无非是到陌生的地方溜达"。他属于这些真正的旅行者，为了离开而离开。他说，"右边风景不佳，就去左边；不宜骑马，就不赶路……我若错过什么东西没看见呢，那就回头走；这总是在我的路线上。"

此外，他人少不赶路。他讨厌"摆阔炫耀"，然而他喜欢舒服、旅舍干净、设备好、空气流通。秘书对主人真是忠心，走在前面打听客栈情况，监管马匹行李，关心他的健康。蒙田讲究自己的身份得到应有的重视，这也是必要的，因为他应该接近他要遇见的大人物。但是他对万物皆感兴趣的好奇心，诱使他到什么地方都去，跟谁都来往。

《随笔集》，其宗旨是认识人，也让人猜想到旅行家的注意力放在被访问国家的风土人情、风俗习惯上。他的观察能力不是任意发挥的。因为蒙田制订了一种旅行艺术，又在自己的书中定下原则，而《意大利之旅》则显示其在实际中的运用。这个艺术是最大程度利用游历的效能，直接了解外国人的"特性"，"让我们的思想与他们的思想发生冲撞和相互磨砺"，使个人得到最大的受惠。

他首先希望跟他访问国家的人过一样的生活，为了更深刻理解他们的内心。他很乐意采用他的主人的生活习惯，也因为他的体质毫无困难去适应，据他说各种习惯都有各的道理。他对一切都能凑合，锡盘、木盘或陶盘，煮的或烤的，果仁油或橄榄油，蜜饯随着羊肉还是放在水果后面上，对他怎么样都可以，就是不要吃法国菜。夜里，他睡在一条被子之下或者两条床单之间都一样，眉头也不皱喝下人家敬他的葡萄酒，耐着性子听完欢迎辞。他还跟着别人一起尽量避免有违礼仪而引人注意。因而在奥格斯堡时天气特别寒冷，鼻子蒙了一块手帕走进一座教堂，人家都觉得他这身打扮奇怪，他也为此责备自己。

他的同胞出了法国，只是想跟自己人在一起，对不同于自己的风俗习惯大惊小怪，"憎恨一切外来的东西"。他尽量躲开他们。可惜他们在意大利人数众多，蒙田在帕多瓦、威尼斯、博洛尼亚、罗马到处遇到他们，他哀叹几乎没有人不是"用他的语言向他致意"。他恰巧相反，就是一心要深入当地，不抱偏见、不带成见去作出判断，冲向"外国人最集中的餐桌"。他出外漫游不是"到西西里岛上寻找加斯科涅人的"，更多要找的是希腊人和波斯人。在别人身上找到奇异与不同的东西，这是认识自己的一种方法。

与人交往，这在他看来是"最佳的学校之一"，为了通过与别人交流学到东西，他说，必须"学习各人之所长"。他在旅行中遵守这种实用学习方法，总是引导对话者去谈他最擅长的东西。

一切都叫他高兴，叫他感兴趣。在《随笔集》里声称自己不会辨别莴苣和白菜，不知道人家怎样做面包和葡萄酒，分不清最普通的事物，这么一个人，居然经过农家对一切产物都感兴趣。他爱吃朝鲜蓟，勒米尔蒙的修女献上的一个新品种。从瑞士的巴登到意大利的罗韦雷托，每餐不缺少虾。在林道，卷心菜切成小块，放在罐子里加盐封存。

菜肴花色品种众多，都与法国吃的不一样（木瓜汤里面还放烤土豆，鱼与肉一起烧，甜食也配咸肉），丰富入味。他饮纯酒，不像在蒙田庄园勾兑白水，吃茴香面包。这些餐饮叫他那么满意，还让他们给他留下烹饪方法，后悔没有带上一名厨师来学习厨艺，日后在府上做给他吃。

在意大利，他应邀到一位红衣主教家里做客，对他的餐桌礼仪很惊讶。在盘子旁边放上一只大银盘和一只盐瓶，上面一块折成四折的餐巾，放面包、刀叉、勺子。在所有这些上面还盖一块餐巾，这是可以使用的。他对仕女的服饰也感兴趣——要不秘书这么说——详细观察，在巴登很惊讶从服饰上看不出等级差别。

他在德语国家的发现使他感到强烈的兴趣，于是从博尔扎诺给法学家霍特曼写信，他舍不得离开他们去意大利。那里一切使他高兴：菜肴、餐桌摆设、生活方式、形形色色的窗户铁栅栏，房屋外墙画面显得安逸雅致，"美得法国不能比拟"，街道宽敞，到处是水井。他还欣赏炉子（用陶瓷缸升火取热），在法国闻所未闻。

他的注意力集中在人类智巧的一切表现上：在巴塞尔有钟，在沙夫豪森有水磨坊，在奥格斯堡有一口水钟、一条暗道、一条吊桥，晚间有人过桥付了进城费，就有一只巧妙安置的秘密机械控制桥门开启与关闭，谁都看不见谁。在布雷萨诺内有一根转动烤肉铁扦。在弗西那有用于运送船只的绞车。他好像看到喷泉就好玩，在奥格斯堡，有个喷泉一摁开关把路人浇湿。在佛罗伦萨附近普拉托里诺，他欣赏公爵宫殿花园里让·德·博洛尼亚设计的喷泉，流水移动雕像的奇境。在卡斯特洛，遥控喷泉把水浇在游客身上。外国人一般对于水力机械和水流控制很为赞赏，这是十六世纪意大利先进技术文明的象征。蒙田热爱由人工规范的田野，欣赏塔姆和卢卡四周的梯田作物，在沙夫豪森看到一棵大树，把枝条巧妙修剪，笼罩下面一个园廊，他到哪儿都对花园感兴趣。

他这人那么渴望交流，在他眼里旅行最大乐趣之一是相遇。蒙田看重那些新结交的人，对旅途中选择的新朋友要比住在邻近和沾亲带故的泛泛之交更谈得来。他不论走到哪里，他上门拜谒权贵，得到隆重接待虚荣心也大为满足。经常，比如在巴塞尔，他到达时有酒接风。在奥格斯堡，他一行被人当作男爵，隆重送上来十四桶葡萄酒。在下榻的旅店留下族徽也是当地风俗。蒙田也很乐意在勃隆皮埃、奥格斯堡、后来又在比萨、卢卡照做如仪。

他喜欢跟"有知识的人"对话。在巴塞尔，他上门拜访费利克斯·普拉特鲁斯医生（这是一种荣耀，因为这位名医在时间和语言上都很吝啬）。看到他展现的一部药草书，把药草原物粘贴在纸本上。医生还让他看到竖立的完整人体骨骼。蒙田后来又参观了对一个男孩做脐疝手术。

他也高兴跟神学家和新教牧师交谈，因为旅行的一大主题是对信仰问题进行一次广泛的调查。蒙田这样列举了他途经的三十四座城市的宗教归属。在巴塞尔，他邀请费利克斯·普拉特鲁斯、神学家格里努斯、人文主义者医生泰奥多尔、茨温利、弗朗索瓦·霍特曼，后者是加尔文派法学家、炼金术士、《自愿奴役》的热心读者。他在那时看到茨温利派、加尔文派、路德派新教徒，都是天主教义的敌人，但是相互之间也远远不是一致的。他参观了新教教堂，打听他们的仪式，在肯普滕参加一次路德派的礼拜，然后跟一位牧师长谈，像他在伊斯尼做的一样，然后再请他吃饭。对一切宗教和一切礼拜场所都感到好奇，后来在维罗纳和罗马遇到几位拉比，参观犹太会堂。

他在天主教的意大利跟形形色色的宗教人物见面，包括修士和红衣主教。他又在罗马遇见耶稣会马尔多那，《耶稣会学院进修计划》的作者，他们在埃佩尔奈交换过学术意见。耶稣会及其权力迅速发展，引起人文主义

208

者和法国本地天主教捍卫者最高法院派的普遍不信任。马尔多那曾经帮助亨利四世在一五七二年改宗。一位同时代人皮埃尔·德·朗克勒在一六一二年，只是独自说起他是蒙田的精神导师。蒙田对耶稣会会士不抱成见（他在奥格斯堡和洛雷托请教过他们）。在奥格斯堡附近兰茨贝格和因河上的哈尔，看到了他们为自己盖的教堂与学校，他预言他们"不久将掌控全球基督教会；这是一个培养各大部门大人物的苗圃"，把他们看做是"我们这时代异教徒的最大威胁"。

意大利人在教堂里的随意态度令他惊讶：在维罗纳，那些人在教堂唱诗时照常说话，不脱帽站着，背朝祭坛，只有举扬圣体时才像在做礼拜。同样在罗马，圣诞那天在圣彼得大教堂，教皇、红衣主教和其他高级神职人员，做弥撒时间都坐在座位上，不脱帽子，一起闲谈说话。从许多宗教团体的礼拜仪式来看，他觉得不及法国的大城市虔诚，但是"礼节很多"。马尔多那后来也对他私下说，他的看法跟他相同，小百姓比法国人虔诚，但是有钱人家和朝廷大臣则稍差。

他一路上遇到的官员和权贵人物，多数猜测他或许负有外交使命；或者希望获得一个大使职位。这看来是说错了。在弗拉拉，蒙田和埃斯蒂萨克都受到阿方斯·德·埃斯特公爵的接见。在那里他去探望作为疯子关着的塔索，他在《随笔集》提到很难过。在威尼斯，是法国大使费里埃先生带了他去望弥撒，接连两天留他吃中饭。在罗马，桑斯红衣主教在一场隆重的午餐会后要他坐在他身边，用他的马车带他去参加教会议会会议。他跟法国驻罗马大使达班常见面。梵蒂冈图书馆馆长西尔勒托红衣主教让他在馆内通行无阻，这是大使也没得到的无上荣耀。

蒙田在意大利就像在瑞士和德国，旅途遇到许多有识之士。他在罗马又见到人文主义者，他的老师缪莱和盖朗特、保尔·维亚拉尔，还有有学问的外交官，如两位法国大使，弗瓦伯爵，是达班领主的继任者，有医生，如纪尧姆·费利克斯，他们两人谈了很久有关医学的事，还有那些人在卢卡问他对塞西斯红衣主教侄子一事的看法，这使他哑然失笑。但是这样的怪事他遇上已不止一次！在佛罗伦萨，他受邀到西尔维奥·毕科洛米尼领主家用餐，他是武器专家，蒙田向他讨教意大利剑术和炮兵部队的前途。

蒙田一到意大利，立即要参观威尼斯，模范共和国，人文主义者眼中的自由祖国。这次访问在《意大利之旅日记》中没有多提。他承认看到这座城市跟他想象的不一样，"没有那么出色"。这是跟大使的一席话使他冷了心吗？费里埃确实跟他说过他跟城里人都"没有往来"。这个共和国疑心病重，哪位威尼斯贵族如果被人看到跟一位外国大使交谈，就会变成可疑分子。

查理八世、路易十二和弗朗索瓦一世在位时的远征军故事中，说到法国人赞扬意大利女人的美貌与雅致，妓女更是誉满全欧。蒙田"没有在威尼斯女人身上见到大家竭力推崇的绝世美貌；但是却见识了以美色为职业的最高贵名妓"。韦罗尼卡·弗朗哥就是这种身份的"名妓"，遣人给他送来她写的一部出版不久的诗文集。她在威尼斯见到从波兰回来的亨利三世，把其中两首十四行诗献给了他。蒙田赏了来人两埃居，有人说从前她的度夜资也就是这个价。她是否给过他服务呢？不大可能，因为那时她已过了打情骂俏的年纪。

一个外国人能够仔细观看的意大利女人，也就是这些妓女了。她们巧妙地躲在窗后，让人看上一眼仿佛个个都是美女。在罗马的少女是不可接近的，在密涅瓦教堂里面孔遮得严严密密，只有"眼睛部位"露在外面。

至于贵夫人，丈夫吃醋不让人家接近。蒙田在罗马狂欢节那几天还是有机会一睹某些人的芳容。他没看到比法国的更美，但是认为丑的较少。这些女人也不像外界所说的那么出色，像在巴黎一样，绝世美人都在"把她们出卖的女子手里"。据意大利人的意见佛罗伦萨是美人窝，他第一次去很失望，也没有迷上。十年后，维拉蒙也感到同样的失望。是不是美女的标准在法国与意大利不一样？蒙田认为，"法国女人身材更好，因为这里的女人腰带太松，这部分像个怀孕女子"。但是他承认意大利女人有一定的风度，"仪态更加端庄、柔和和甜蜜"，称赞她们的服饰，穿着讲究让法国女子无法相比。他是否为她们倾倒吗？他一五八一年五月在卢卡举办了一场舞会，他承认托斯卡纳的农妇叫他入迷，"那么温顺，穿得像夫人一样"，舞跳得好，可与最好的法国舞蹈家争高低，"只是她们的舞蹈不一样"。

司汤达后来说，旅行者注意不同之处。蒙田则寻找不同之处，他不断地比较城市、景物、气候、习俗，有时强调它们的相似处，更多是它们的多样性，然而不作评论或指责，随时准备改正初步的印象：他打算再去威尼斯。在第三次重游时，他承认佛罗伦萨起初令他失望，的确可称为"美丽之城"。他逐日记录，看到什么都作为证据记下，他说他一辈子都不相信人家对外国衣食住行发表的评论，"因为每个人都只会按照自己村子里的风俗习惯来作评论"。这态度是与他背道而驰的。因而他对旅行者给他的叮嘱往往不以为然。

蒙田急于要看罗马。第一次接触叫他扫兴，旅行队遇到了一些麻烦。他们必须出示"健康证书"（热那亚那里有瘟疫流行），还遭到比别处更吹毛求疵的海关检查，扣下所有携带的书上报给教廷审查是否正统。有人还警告来访者，入夜以后路上不安全，为了小心起见把钱袋交给银行保管。蒙田还不高兴在街上遇到那么多法国人。教会人士、有钱人、马匹、马车熙熙攘攘，叫他想起巴黎。旅行者投宿在狗熊旅馆，时尚的客店，后来又转入一家更合适、更舒服的租房。蒙田生了病，既要医治，又要去发现城市。罗马，"这座城里都是达官贵人，个个都沾宗教的光过着无所事事的日子"。从早到晚演出不断，宗教仪式辉煌隆盛，工作日与休假日成群结队到处是人。

圣诞节那天，蒙田参加了由教皇主持的弥撒，随同教皇的有法纳斯、美第奇、卡拉法和贡萨加等红衣主教。十二月二十九日，法国大使带他乘上自己的马车去吻教皇的脚。《意大利之旅》对接见与仪式的所有细节，祝福与跪礼，都记得详详细细。埃斯蒂萨克先生爵位最高，第一个进去，蒙田跟随其后，发觉教皇稍稍抬起他的脚，以免他吻他的软鞋时身子弯得太低。在最后祝福前，格列高利十三世勉励他继续对教会保持忠诚，为最信奉基督教的国王效力。

这位老人年届八十（他公开赞扬圣巴托罗缪屠杀），《意大利之旅》对他的描述还是亲切与称颂的。他的前任们都生活在文艺复兴霸主时期，野心勃勃，好战，经常生活腐化。他性格温和，对世界大事并不热衷，他爱自己的儿子"爱得发狂"，"晋升"他的亲戚，但不损害教会利益。他是大建筑师，大施舍者，"虽则他一生中，还有在世风改善方面没有惊人的业绩，但是在做好事上倾注许多心力"。

蒙田爱看热闹，对一切都好奇，仔细观看壮丽隆重的圣周游行仪式，那是当然的，还有教皇出巡，朗诵一份历时一个半小时的遭绝罚者名单。他难以相信复活节那几天竟有那么多人涌向各个教堂。一支苦修者队伍经过时他困惑地停了下来，他们用绳索抽打自己的背，不露出痛苦的样子。他听一位"被否认的拉比"、改宗的犹太人的布道，他每逢星期六在三位一体教堂对着六十个犹太人说教，还听托莱多神父在教皇和红衣主教面前讲课。他观看一次驱魔，也在犹太会堂观看了一次割礼的全过程，"人类最古老的宗教仪式"，他把各阶段都明确记下。还在嘉年华时观看青年、老年和犹太人的传统赛跑。他还挤在人群中推推搡搡去看卡泰纳的死刑。

犯人被控犯了五十四条人命案。群众看到这名盗贼吊死无动于衷，当他吊死后身子卸成四块时开始发出呻吟。蒙田去了圣马可浴场，出入的都是高等社会人士，按习俗可以带女友前往，她们跟男客一起都由男侍者擦背。他看到那些贵族在大庭广众前对"正牌妓女"彬彬有礼感到很有趣，还注意到这些街头神女就是陪着聊聊要价也跟"全过程"同样高

（他说他寻找的无非是这个，听她们聊自己的偏门子生活）。他离开时还是遗憾，尽管周密细心，看到的罗马还只是呈现在任何外国人面前"那张公众的脸"。

从一五八一年一月开始，蒙田探索那个古罗马。他从小接受拉丁文化教育，幼年时在知道卢浮宫和塞纳河以前就知道卡皮托利山和台伯河。把一名法国导游辞退后，他决心自个儿研究。晚上，他查看地图、图片和书籍（吕西奥·莫罗的《罗马古代史》）；第二天到现场去"印证自己的学习心得"。可惜，他的知识只是"抽象的和静观的"。但是这座被拉伯雷称为"天下之都"的城市，留下的"只是一片天空和它的地理位置"。勉强看到的都是它的废墟而已，一半埋在地下，因而地面已经增高；古罗马不是别的，只是自己的墓碑而已，即使墓碑本身也都埋在土里了。怎么能够想象这么大量的建筑物竟能够排列在那时罗马城外七座山这么小的空间里呢？一位古罗马人认不出这座城市曾经是全世界的主宰，好像全世界要摧毁"这个美妙躯体上的所有部位"来泄恨报复。

人类伟大文明的衰落引起他这些缅怀的思索，然而还不至于让他像杜·贝莱在《古代》和《遗恨》中那样感到幻灭。如果说当年罗马整个城市只图享受豪华，声色犬马游手好闲，没有真正的敬神之心，这点引起他跟杜·贝莱同样轻视，他最后还是承认现代罗马令他折服。他到奥斯蒂亚、蒂沃利游历，使他同时欣赏到古代辉煌的遗迹和文艺复兴文化的灿烂，埃斯特宫及其花园、喷泉、一组华丽的雕像，哈德良宫和公共浴场的废墟，一座神庙的遗址。在城里他还看到了教皇的美丽的长廊，美景园的雕像。他更青睐的是古代作品，但是也欣赏米盖朗基罗的《摩西》、朱利亚二世教皇陵墓上的奴隶，圣彼得大教堂内的司法神雕像。杜·贝莱在罗马觉得自己是流放者、外国人，蒙田在这座城市里感到自由自在，"这座万民认同的世界城市"从其本质来说"是外来人组成的城市"，每个人在这里都像在自己家里，没有人对别人，不论土耳其人或西班牙人穿的衣饰

213

会大惊小怪。对他来说最伤害他健康的是厌烦和无所事事，在罗马他总有事干而不用去想它，因而也摆脱了这份忧郁。他说，"忧郁才要他的命"。

他过得那么愉悦，运用"大自然所赐的天然五官功能"，最后获得了罗马公民的资格。这也是得来不易的。幸亏教皇的总管对他"特别友好"。他承认领受的仅是个虚衔，一五八一年四月五日那天还是感到十分喜悦（那份证书日期是三月十三日）。在《论虚空》一章末尾，是的，他又提到最能叫他这颗痴愚的心感到欢乐的，是颁发给他的那张正式罗马公民资格证书，证书上金字紫玺非常豪华。尤其令他得意的是他说不上是任何哪个城市的人，而今却成为"空前绝后的高贵城市"的市民。

一五八一年三月二十日，到达罗马后三个半月，他放在箱子里的书都归还给了他。圣廷学师对这些书籍进行了审查。这位神学家后来当上了多明我会会长，不识法语。他只是根据一位法国教长对此作出下述批评：在《随笔集》里不该使用"命运"一词，而要用"上帝"或"主"；提到和赞扬异教徒诗人（布坎南、泰奥多尔·德·贝兹，二卷十七章）；为背教者朱利安皇帝辩解（二卷十九章）；声称祈祷时应该没有丝毫邪念；认为施刑超过简单一死的做法都是残忍的（二卷十一章）；说应该培养孩子什么都做（一卷二十五章）。那位学师显得较为随和，他由作者自己凭良心去删除他认为"趣味低下"的东西。但是他扣下了一部法语译著：西姆勒的《瑞士历史故事》，只因作者是异教徒，虽然他的名字没有提到。他没收《圣母的时刻》一书，因为这书不是罗马而是巴黎出版的，还有某些反对异教徒的德国学师的书，因为"他们在批判异教徒时也提到异教徒的错误观点"。事实上审查不算严厉。蒙田对此也满意。他此前受到过教廷一位高级权威的接见与好评。《雷蒙·塞邦赞》里的信仰论没有冒犯到他们。一个月后他启程前向学师告别，学师态度更加和善，说了不少好话。《随笔集》在一六七六年六月十二日由波舒哀提出后才被列为禁书。

一五八一年四月十九日，蒙田离开罗马前往卢卡附近的温泉浴场。那

214

支旅行队人员减少了。德·卡扎利留在了帕多瓦。蒙田已经辞退了那个给他写日记的人，从二月十六日起已经自己执笔。他的弟弟是来学习意大利剑术的，蒙田给了他四十三金埃居，就让他留在了罗马。贝特朗·德·马特科隆不久把他的课程用到了实践上。《随笔集》告诉我们，他给一位不熟识的贵族在决斗中当副手，首先杀死了他自己的对手，然后又是受辱方的对手。他被关进了牢房，后来在"我们的国王迅速而郑重要求下"获释——他的哥哥这么说。大家知道蒙田严厉谴责决斗，纠合众多副手打群架。不是一对一单挑就是胆小。至于所谓证人，要是在一旁观看不动手，就要被人指责缺乏勇气。

但是，目前来说，蒙田无愁无虑，借弗拉米尼古道，朝着斯波莱托和亚得里亚海岸而去，穿过亚平宁山，在那个著名的朝圣地洛雷托停留三天。他在那里做复活节圣礼，领圣体，买了五十埃居的祭品。四月二十五日，他在狭小的祭室里放上一块许愿牌，是一块银牌，上面有许愿者、他的妻子和女儿的跪像，受到圣母的祝福。下面铭刻拉丁语，是这些人的名字。

在洛雷托，他听说许多神迹：圣屋的故事，这是"耶稣基督在拿撒勒出生的那个房子"，最初搬移至伊利里亚，然后在洛雷托。米歇尔·马尔托的故事，他的一条病腿是在朝圣途中治愈的。蒙田静听记录，不作评论，不暴露个人看法，就像他在《意大利之旅》中凡是涉及宗教都是这样做的。他的保留态度不是完全出于慎小谨微，更可以说是"从学术与人种观点多于从宗教观点去关注"（里诺·佩蒂）。

五月四日，他在卢卡。这里地势叫他喜欢，感到城市很惬意，五月七日在拉维拉住了下来，在那里治疗了一个半月，直至六月二十一日。此后蒙田首先想到的是自己的健康。他到了能够水疗的地方都停下来，在拉维拉温泉城做过两次漫长的疗程，从八月十四日到九月十二日又去过一次。他有时严格按照医嘱（起初是催泻排毒），有时按照自己的脾气随心所欲。他有时一连串饮下七杯水，加大剂量或不停地喝，长时间沐浴，从头顶淋浴淋上一个半或两个小时。除了服药消耗体力引起疲劳以外，还有让他全身撕裂的肾绞痛、肾痛、偏头痛、头痛、令人无法忍受的昏晕和剧痛。旅行途中，痛苦变得更经常更难受。每次发病、时间长短都明确记录，还计算他拉出的结石，它们的形状、重量、颜色和排出时间。这样的病况记录令人吃惊。他还遇到过接连三四天不撒尿。一次结石堵塞六个小时。一五八一年九月在比萨，他头痛达到极点，整整一天一夜，"痛得死去活来"。

他观察精细，对疗法困惑不解，看待自己还是不乏幽默："给尿计量是一种愚蠢的做法。"但是对沐浴与淋浴的有效性，医生的意见从来都不是一致的。多纳蒂和弗朗西奥蒂给他开的药方截然不同。结果都令人失望，最好的法官还是病人自己。他得出结论说，对待人的病痛唯有一种药，那是下决心人性地忍受，勇敢与迅速地克服。

温泉浴场提供的种种游乐，他虽然在病中也不会不去享受：乡野景色秀丽，在瑞士旅馆舒适豪华，到处有人作伴。许多女人来玩乐更多于来治病。在阿尔巴诺，附近都是从威尼斯来的女客，也比浴场疗效更加吸引人。蒙田在卢卡得到热情接待，因而第二次来也就有回家的感觉。他在一五八一年五月十四日开了个舞会，他为了不致显得矜持自己也跳舞，几天后又开了第二个；他邀请浴场所有女士和贵族，还有当地人，舞会收场后原地接着摆一顿宴席，并颁发奖品（那是几块小牛肉和几对童子鸡便可以应付了，意大利宴请要比法国简单）。前来赴会的有教区的上校和迪维吉娅，她是贫穷的农妇，长得难看，患甲状腺囊肿，不识字，但是她听人朗诵阿里奥斯托，对诗歌很有悟性，即兴做出秀丽的小诗，其中几首送给了蒙田。

有人经常作出这样的指责，说这位旅行家对大自然之美表现冷淡。还奇怪他的景物描写干巴巴或着墨不多。高山峻岭没有引起他的惊叹，穿越阿尔卑斯山时他主要担心道路艰难。然而人们看到他欣赏柔和一片的耕地，层层叠叠的地势，温和的海岸线，集居的地区，巧夺天工的景物，站在意大利花园里对着远处看不见的美景悠然神往。

有人甚至还申斥他对艺术毫无兴趣，对文艺复兴时期的大艺术家不置一词（他提过一次米盖朗基罗，但是没说起达芬奇和拉斐尔）。是不是应该怪他对十六世纪的美学观念眼界狭窄？他有同时代人的通病，没有这方面的技术入门知识和特殊语汇吗？维拉蒙也受过同样的指责。他则是觉得既然在旅游指南中对这些艺术瑰宝都有描述，何必自己再说呢。如果说蒙田不是个艺术爱好者，从《意大利之旅》还是看出他对纪念物的美很敏感，如特兰托的管风琴、帕多瓦的雕像、佛罗伦萨的圣洛伦佐教堂的钟楼、马塞拉塔宫、帕维亚的夏特勒宫大门正立面、锡耶纳广场等等。至于雕像他更爱古代的，但也不否定新风潮的美丽作品。但是这位旅行家的目光确是专注于景物和建筑，过往城内居民的生活背景，当地沿袭的奇异庆祝、丰富仪式，以及日常生活。

这场旅行确实给蒙田留下深刻印象。对《随笔集》第三卷的影响是决定性的。各地风貌不一，风俗各异，使他认识到习俗与行为的不同是有其理由与用途的，通过它们更加强他原先对人性的相对与统一的意识。他不断叹息失去了拉博埃西而感到伤心，促成他跟新教徒、天主教徒、犹太人、瑞士人、德国人、意大利人很容易建立友谊。他到处受到良好款待，得到教皇、亲王、大使、红衣主教的接见，又跟普通百姓中的各阶层、手工艺者、佃户和农民打成一片。他对于自己作为个人有了更确切的认知，对自己的身体也有更好的认识，对自身也有了自信，那是他在孤独中得不到的。他摆脱了不少虚荣心，计较钱财和害怕失去的心理。《论学究式教育》里的话得到了证实："我们的心灵愈充实愈敞开。"就像弗莱姆说的，他这位罗马与世界公民，变成了一个"代表性人物"，有了这样的意识，也准备为所有人代言。

波尔多市市长

蒙田对水疗收效不大感到失望，想离开卢卡到其他地方完成秋季治疗。三天前病情发作，受尽煎熬后身体有点复原，牙齿与左眼依然感到剧痛，尿里排出大量沙，这时是一五八一年九月七日早晨，有人从罗马给他捎来托森先生八月二日从波尔多写的信。他私下告诉蒙田，已在前一天他被大家一致推选为波尔多市市长，请他为了对祖国的爱接受这个位子。他于是——也不格外急忙——打道回府。他到罗马那天是十月七日，有人交给他波尔多市市政官员的公函，里面说到他的当选，恳切要求他前去他们那里。

十月十五日，他离开罗马。他让弟弟留在那里打算再学上五个月的剑术。十五天后，蒙田走出了意大利。旅途中在里昂过了一周，这是他给自己安排的唯一一次休息。随着他离家愈来愈近，他愈感到路途遥远而无聊，日记的记录也非常简短。他说他一心只想到回家。

他回到蒙田城堡，收到国王在十一月二十五日写的信。亨利三世庆贺他当选，这事得到他确认，尤为高兴的是这场选举毫无欺诈作弊，还是蒙田"远离家乡"的时候。他还特意敦促他不要找借口，赶快回国上任（他还以为他在意大利），"履行他的法定职责"。他还说："您要做让我高兴的事，否则会令我大大不悦。"

蒙田犹豫不定，起初还想到推辞的（《随笔集》中这样说，《意大利之旅》则一字不提）。如今他只有遵命了。

波尔多市市长是一位重要人物。他是在佩剑贵族中选择的，在一切行事中，他的地位在居耶纳和朝廷贵族之前。据一位波尔多编年史家说，这个职权享有极大声誉，以前曾是皇族血统亲王、国王在外省的摄政官和王国内最重要人物谋求的对象。

当蒙田受到召唤时，波尔多市已经恢复了它在一五四八年暴乱中失去的传统特权。市长是市政府和布尔乔亚的领袖，由六位行政官选举，任期两年。他可以连任，蒙田就是这样。他自古以来有专门的住地"市政府"，有城市发饷的专职警卫。行政官也是重要人物，包括两位贵族，两位法律人士，两名商界人士，他们像市长一样都称为波尔多的"长官"。市长职位"除了其职责的荣誉以外，没有薪俸也没有津贴"。（这使蒙田感到自豪）他像行政官一样，一年领两身长袍。

大家称他们为"民众官员"，其责任很大，权柄也比法国其他城市更广泛。他们负责城市管理，任命城市官员——公务员，对波尔多人有司法审判权，制订城市内部法规，批准各行各业规章制度。他们是城市特权的维护人（市长在接受职务时宣誓把波尔多市的所有权利由其掌握），在波尔多人和王权之间担任中间人。

行政官和二十四名社会贤达或普通顾问，在百人会协助下，使市长一职工作顺利，百人会则执行日常行政事务。他的工作也不妨碍他留在蒙田城堡办公。作家的一大部分信函（他生平这个时期的书信比哪个时期都丰富）差不多都是从蒙田庄园发出的。

遇上官方仪式，据《波尔多编年史》，"市长与行政官都走在声势浩大的队伍中，四十名弓箭手望风，穿华丽的紫红色上衣，还有城里的全体官员。市长大人穿一件红白色天鹅绒长袍，花缎镶边，走在行政官前面两三步，行政官两人一排往前走，检察官和教士也属于政府团体，都在最后一排，穿着他们的红白锦缎的官服和兜帽。然后是总督上场，穿红白软缎长袍；王爷上场，穿红白天鹅绒，镶红色塔夫绸，市长大人穿花缎"。

十六世纪时，在波尔多这样重要的城市当市长，更多的是一项荣誉和政治职务，而不是行政职务。他由行政官不经过市议院就可选出，得到国王同意，在外界的权威面前代表行政官和城市发言。在行政官和城市面前，他又是王国政府的代理人，必须掌控他们服从法国国王的命令。

这份责任，是由市长与国王的摄政官分担的。但是他同样也要在那瓦尔国王面前负责，作为市长万不得已时也会与他意见不合。蒙田的前任市长阿诺·德·贡托，庇隆男爵，法国元帅，同时也是居耶纳的摄政官。

庇隆元帅叫谁都不满意：波尔多市民不堪忍受他的严厉对待；那瓦尔国王被他疯狂攻击；那瓦尔王后在内拉克，他带领自己的军队经过城墙时下令向城里开炮，玛格丽特为此怀恨在心。也有人指责庇隆宠爱联盟中的天主教极端分子，这叫亨利三世很恼火。

蒙田也没想到自己会当选，把这件事归之于人家对他父亲的纪念（皮埃尔·埃康在一五五六年任职期满），据他说这决定了行政官的选择。他自己没有参加任何"欺诈"。但是那瓦尔国王看重他。他的妻子玛格丽特·德·瓦罗亚，法国国王的妹妹，欣赏塞邦的译者，委托他撰写《雷蒙·塞邦赞》一文。特朗侯爵应该推荐过他，也在行政官面前赞扬他。卡特琳看重他。亨利三世也知道他的宫廷侍从忠贞不渝。

弗莱姆假设，挑选蒙田的这个决定是在缔结弗莱克斯和约前的见面会上作出的，那份和约在特朗的住宅里签字的，亨利三世和卡特琳的代表安茹公爵与亨利·德·那瓦尔进行过谈判。

蒙田稳重、诚实、不偏不倚，这指定了他在波尔多这座关键城市里当个大家都乐意接受的谈判者。联盟在那里有死硬派分子。最高法院和行政官，一大部分波尔多人是天主教徒和国王派，但是那瓦尔和孔代的新教徒军队占领了居耶纳的南部和西南部。连续不断的骚乱威胁着从一五八〇年以来建立的和平。

当蒙田接替庇隆当市长时，马蒂尼翁元帅也换下庇隆担任那瓦尔国王的摄政官。他在一五八一年十月十六日抵达波尔多。蒙田在费尔围城战时，以前无疑在朝廷上见过他。他了解他，欣赏他，同样痛苦的毛病使他们接近，相互提供他们结石症的病况。

马蒂尼翁是诺曼底人。他有长期的谈判与政治经验。他在弗朗索瓦一世宫廷抚养长大，曾在亨利二世军队中服役，赢得卡特琳·德·美第奇和国王的信任。他非常能干，做事精细入微，判断正确，静默耐心，必要时这位俊哲非常勇敢。他是个热忱的天主教徒，在宽容方面接近拉博埃西或蒙田更多于洛比塔尔，他在圣巴托罗缪屠杀时拯救了阿朗松和圣洛的不少加尔文信徒，那时他是诺曼底的摄政官。一五七九年晋升为法国元帅、圣灵会骑士，他陪同玛格丽特和卡特琳到波尔多，促成内拉克和约的签订。

蒙田和马蒂尼翁生来意气相投。他们好像生活中一直很和谐。元帅比新市长大八岁，是他的上级，蒙田对他始终保持毕恭毕敬的下属的态度，充满敬意，这从他在一五八二年到一五八八年给他写的十六封信可以看出。（马蒂尼翁给蒙田的信则已散失。）这些信开头都是讲究礼仪的"大人"，包含许多表示忠心与敬意的语式，显示他的真诚与友好的关注。在那个动乱时代，鉴于野心经常会在政治上改弦易辙，他们一直保持一成不变，效忠于合法的国王。马蒂尼翁后来在居耶纳地区积极实施绥靖工作，宽宏大度。

他们两人面对的政治环境是非常微妙的。那瓦尔国王是该省的总督，该省又归属法国王室。它的摄政官（他掌握实权）由法国国王指定。亨利·德·那瓦尔是胡格诺派首领，至少头衔上如此，既然在那瓦尔境内强制实行改革派祭礼。他经常嘲弄牧师，牧师又对他起疑，认为他不可靠，这点并没有错，因为他没有什么极端表现（某些人认为他倾向天主教）。他们还指责他艳遇多、情妇多和举止随便。亨利年届三十，热爱生活，追求女人，但是他是政治机智的人，性格冲动，会耐心等待他的计划成熟，然后又大胆实施令人猝不及防。他是法国国王的妹夫和远房亲戚，在安茹公爵之后的法国王储，他是亨利三世的藩臣，对他非常敬重，当时在他面前负责居耶纳境内的秩序。让那瓦尔成为一个独立的王国，那会是一场政治错误，他也从来不这样想。因为他觉得，也这么说，自己既是法国人也是贝亚恩人。蒙田对他表示热情和同情，向神父告解时也曾这样说。

马蒂尼翁与亨利相互尊重，彼此理解，但是政治环境往往引起他们争执。敌意公开会造成一场灾难。因而他们尽量耍花招。亨利装得急于要寻找对方竭力回避的见面机会，表面又为此遗憾。市长这个职责从尊严来说保证自己对双方都保持独立态度。但是在动乱时期，要担负充满风险的责任。如《编年史》说的，全城安危主要都落在他的肩上。他必须息事宁人，关注居民的安全。市政管理对蒙田可不是一份闲职。

《论意志的掌控》，是对公共生活中的义务的辩护状和反思。蒙田在文中转述了他在波尔多市市政官和读者面前的自我介绍："到任后，我认认真真如实介绍自己，我觉得我是这么一个人：没有记忆，没有警觉性，没有经验，没有魄力；也没有仇恨，没有野心，不吝啬，不粗暴。"当然这是别具一格的谦辞，但是这些欠缺让人看出其值得重视的优点。他很明白这是纪念他的父亲而把他选上了，他不愿意步他的后尘，他看到他"公务缠身心灵得不到片刻安宁"，不顾家务、健康，为公事进行长期艰苦的旅行。"把自己交给别人"（也即城市），蒙田不愿意丧失自己的精神自由，做另一个人。他想，一个人在接受公职以后，不应该拒绝"在工作时心勤、腿勤、口勤，需要时不付出血与汗；精神始终处于休息和健全的状态，这不是没有活动，而没有烦扰，没有激动，这是外界因素促成的，偶然的。"他后来——有目共睹——尽心尽责完成自己的职责，而这些职责不都是轻而易举可以办成的。

他第一次上任就遇上好兆头：《弗莱克斯和约》给各方带来了两年多的

222

休战。尽管偶尔引起极端行为和流血事件，风向还是有利于和解与缓和的。

一五八一年十二月三十日，他前往波尔多市政府履职。一五八二年一月二十六日，他在圣雅各修道院参加新司法院的庄严的成立典礼，由国王根据条约而建立在波尔多。法院有从王国其他最高法院和大行政法院挑选的十四位成员组成，代替原来的三方法庭（包括三分之一新教徒），最终审判有关于最后的和平诏书的一切官司、诉讼、纠纷和违例。市长主持调解政策。这个法院包括杰出人物：皮埃尔·塞吉耶（主席之一）、大律师安东尼·卢瓦泽尔，检察长皮埃尔·皮图。顾问中间有雅克-奥古斯特·德·图。

蒙田与最后三位关系尤其密切。卢瓦泽尔在开幕式上发表演说《论国王和司法的眼睛》，也在一五八二年十一月致闭幕词，蒙田也在。他把第一篇的续篇第二篇献给蒙田，他说他这样做再合适不过了，因为他题赠的"是市长，他是波尔多首席官员之一，同时也是居耶纳和全法国的主要风云人物之一"。蒙田后来作为还礼，送给卢瓦泽尔一部一五八八年版《随笔集》。他受人之惠不会忘记。德·图搜集了他一生的材料，承认"从米歇尔·德·蒙田受得很多教益，他是个坦诚的人，是一切专制的敌人，从不参加任何阴谋诡计，此外对于我们的事务非常熟悉，尤其是居耶纳的事务，这是他深深了解的故乡"。他们的友谊一辈子维持不衰。

这其间，蒙田已经准备好了米朗杰出版社索取的第二版手稿。这无疑是从旅行回来后不久的事。它与第一版不同地方不多，受到意大利之旅的影响，出版于一五八二年（最多增添部分在《雷蒙·塞邦赞》一章，他文内声称服从宗教权威，其实什么内容都没改动）。

二月八日，波尔多市长率领行政官代表团到卡迪亚克晋谒那瓦尔国王和王后。玛格丽特正离开她丈夫的王宫到法国王宫去。亨利·德·那瓦尔陪送她到普瓦图，王太后要来这里跟她的女儿汇合。同一天，蒙田参加典雅娜·德·弗瓦和居松伯爵的女儿的洗礼仪式，玛格丽特则是女儿的教母。国王夫妇第二天又上路朝着圣-让·安杰里而去。

一五八二年三月，市长和行政官要审判圣雅各隐修院一案，这是一家弃儿慈善院，属耶稣会。耶稣会以极低的费用交给代理人诺埃尔·勒菲弗管理，物价上涨严重入不敷出。孩子无人照顾挨饿，保姆劳动低廉，账本上都是假账。蒙田亲自处理，在隐修院收入中扣出维持费用，把慈善院的管理归在市政府的监督下。波尔多的保姆应该有合理的报酬；有孩子死亡时，市政府必须展开调查，如果死亡出于非自然原因，必须予以司法追究。在行政官和市长看来，公共慈善工作不由教会而由市政府负责，有这个思想的例子是很少的；当然市长还是用孩子得到的善款来为他们服务的。

一五八二年八月，蒙田"为了城市的事务，带着厚厚的陈情书和指示"出差到巴黎王宫。《记事录》记录了这件事，没有说明任务目的。但是最重要的是正式取消出入波尔多市的货物关税。一五八三年七月亨利三世签署波尔多市民享有特权的诏书，这无疑要归功于蒙田的申述。他是否像他父亲在这种情景下做的那样，带了几桶葡萄美酒进京呢？逗留巴黎时期，他与 P·夏隆结成友谊，终生牢固如初。

市政府很注意保护自己的利益，提防哈要塞和特隆佩特要塞的两位军事长官梅维尔和瓦亚克。这两人把要塞四周地区攫为己有，收租金，种花草等等。一五八二年底，市长和行政官向马蒂尼翁呈上一份陈情书，不满这些滥用职权。瓦亚克则控告蒙田在特隆佩特要塞附近占有一块地方，此举完全出于私利。国王站在军事长官一边，行政官不得不写第二份陈情书。蒙田在一五八三年四月，到国王面前去诉说，否认瓦亚克捏造的罪名。

一五八三年七月三十一日，上任两年后，蒙田完成他的第一届任期，效力尽职，叫部下都很满意。八月一日，他再度当选。这番荣誉不同寻常，他也没有忘记在《随笔集》里强调。在他以前只有两人获此殊荣，一是朗萨克先生，一是他的前任庇隆元帅。他的第二次任期远比第一次动荡，也比十二年以前更危急，把他置于内战的动乱中心。

首先是他的再度当选，其次是任命三位长期有争议的新行政官，一时吵得沸沸扬扬。旧恨新仇又借着机会闹了起来。天主教极端分子不能原谅蒙田的和解精神和他拥护司法院的政策。联盟得到了加强，军事长官和教会跟市政府作对，地方贵族敌视王权的扩张，最高法院意见分歧。

雅克·德·埃斯卡尔（弗朗索瓦的兄弟、拉杰巴斯东的敌人）、梅维尔领主、居耶纳司法总管、哈要塞的司令官，在朝廷内很有人气，在一批不满者的支持下，要夺取蒙田的位子。老市长的敌人则有波尔多大主教瓦亚克、普雷沃·德·桑萨克、司法总管的副官托马斯·德·拉姆和自己的三位亲戚，都是法官：他的妹夫理查·德·莱斯托那克，他的堂弟若弗鲁瓦·德·蒙田和他母亲的亲戚维尔纳夫的院长。他们坚称二次当选违背一五五〇年条例，在行政官任命过程中贵族出席人数不足，有人背后操纵捞取选票。蒙田在最高法院工作超过十二年，获得众口交誉，而今法院官员对他不满，很可能是《随笔集》对他们的习俗与偏见进行了嘲笑。

当蒙田被行政官和二十四位显要人物再度选上当市长，三位新行政官又从梅维尔的对手中选出，联盟一派向行政法院起诉，要求宣布选举无效。行政官的任命暂时中止，蒙田的当选在一五八四年二月四日由行政法院决定和国王诏书予以确认。可是一切新的拖延都在禁止之列。

在一五八二年到一五八四年之间，市政府要改革许多行业的旧章程：羊皮纸制造业（一五八二年）、屠宰业（一五八三年）、饮食业，批准一个新行业别针制造业的章程，一五八二年调解袜子业和女装业的争执。它不满足于处理日常行政性工作。它还在市长的领导下关心维护平民——波尔多穷困百姓——的利益。一五八三年八月三十一日，在这场争夺激烈的选举之后不久，市长和行政官给国王写了一份动人的上疏。他们诉说税收压得百姓抬不起头。根据国王从理智出发颁布的法令，"一切税收都必须公平合理地分摊在大众身上，有钱的人多付，钱少的人少付"。但是他们精确罗列的税项来说，"最富贵人家都是免缴的"：如司法官员、财政官员、掌玺大臣府、货币厅、法国国王和那瓦尔国王的家臣、甚至朝廷高官的全体子女都被宣布为贵族而免缴税收。这些税今后都由城里最穷困的居民来承担，"这是绝对不可能做到的"。

这份上疏还指斥司法工作："公义必须无条件实施，全力减少老百姓的负担"。税收分担不当，又加上卖官鬻爵，官员有增无减，造成沉重负担。记录员、书记官、书记官的助理，处处需要花钱，人人都要付薪资，以致穷苦人家不得不放弃维护他们的权利。穷人正义得不到伸张。天时不正，内乱苦难，使许多人沦为乞丐，"在城乡各地到处看到一群群气势汹汹的穷人"。查理九世的一份敕令要求每个教区都赈济穷人，不让他们到处流窜，责令济贫院向前往圣雅各·德·孔波斯特拉朝圣的香客提供食宿。但愿这份敕令得到贯彻！

市政府这样揭露卖官鬻爵，要求更加公正的税收平摊，人人皆有权利享受免费司法——这在十六世纪都是了不起的措施。

那份上疏顺便还提到其他要求：解决城市与要塞长官的冲突，葡萄酒销售权的严格规定，加龙河湾上的科尔杜安灯塔修建，波尔多的货物进出口皆赖于此。曾经要求国王派遣建筑师路易·德·弗瓦。必要的款项也都已筹集，但是任何修建工程的措施都不见下来。（事实上，在一五八四年三月开始工作。）

这次蒙田受命由波尔多行会理事加布里埃尔·德·吕贝陪同，在一五八三年十二月十日亲自去向那瓦尔国王呈递一份上疏。波尔多人抱怨的是胡格诺驻军拦截波尔多上游的河道交通，禁止城市与外省的贸易来往，理由是他们没有得到饷银。市长巧妙地强调，"没有贸易自由"，就会影响税收的上缴。十二月十四日，市长从蒙德马松给马蒂尼翁写信。他跟那瓦尔国王见了面，准备第二天再去看他，但是不大有希望：那瓦尔千方百计就是要得到钱。三天后，亨利给市长和行政官写了一封客气的信，给马蒂尼翁一封口气非常僵硬的信，敦促他给军队发饷。

那时，居耶纳的总督与摄政官关系非常紧张。弗莱克斯和约的条款给予——或者允准——胡格诺若干安全地盘。天主教徒与新教徒分占的城市里都有自己的驻军。但是双方的行动都拖拖沓沓。蒙德马松是那瓦尔族的家业，马蒂尼翁迟迟不交出，叫亨利·德·那瓦尔很愤怒，而他自己已经放弃巴萨，在一五八三年十一月二十一日又占领了该城。既没有战斗也没有抢劫。只有两个人遭到杀害。但是蒙德马松是军事重地，全法国对其占领反响很大。马蒂尼翁担心佩里格和其他城市。他在巴萨（蒙田对元帅说："我们耳朵里只听到谈巴萨"）、贡同和阿让驻兵：这威胁到那瓦尔的两个首都之一内拉克。那时候和平已经岌岌可危。

亨利三世和亨利·德·那瓦尔都不愿战争。法国国王很欣赏这个贝亚恩人的品质，后来也希望他成为继承人；依照撒利克法典，亨利·德·那瓦尔还是法国王位的第二王储。他聪明乖巧，这个希望不管如何渺茫，也决心向天主教抗争不让它落空。不论跟他的妻舅还是马蒂尼翁都有意思达成一致，当然让自己得到最大的好处。他的主要秘书和顾问菲列普·杜普莱西-莫尔奈，坚决支持他与亨利三世和解。

蒙田就是在这样的情境下变成了内拉克宫廷的中间人。大家希望他能够说服马蒂尼翁对新教徒采取宽容政策，对王国的和平带来好处。从十一月起，他跟杜普莱西-莫尔奈频繁通信。蒙田的那些信已经散失。杜普莱西的信则看出他对这位波尔多市长非常尊重和信任。大家说这些既是谈判函件，也是男人与男人之间的书信。那瓦尔国王的顾问向市长详细申述他的主人拥有的政治主张，同时又从他的个性向他解释他的勇武、自豪、偏激和盼望和平。

他们有关要塞城防争执的谈判，又加上另一种性质的谈判，不久就两者合并一起谈。这都跟维持和平有关。蒙田这下子跟双方都沾了边。

法国王宫和那瓦尔王宫的冲突，实际上它的复杂性在于牵涉到一桩家庭纠纷，跟政治局势纠缠在了一起。玛格丽特王后离开内拉克去探望她的母亲卡特琳和哥哥亨利三世。亨利三世在她消失三个月后拒绝见她。一五八三年八月五日，那瓦尔国王收到亨利三世一封信，告诉他发现杜拉斯夫人和贝蒂纳夫人生活荒唐后，把她们从王后身边赶走了。亨利感谢他的妻舅费心保护玛格丽特的荣誉。他正准备前去接她，这时他在内拉克得知亨利三世已经给她下了命令到加斯科涅去找丈夫，连个再见也不说。此外，在回程中，他派人检查王后的马车，还叫回自己的扈从由自己亲自问明白。亨利·德·那瓦尔派遣杜普莱西-莫尔奈要求对他的妻子的侮辱作出道歉，他若得不到满意的答复就拒绝见她。

亨利三世讨厌妹妹，妹妹也讨厌他。侮辱那瓦尔他没有不高兴（激进天主教徒指责他对待改革派太客气），要加尔文派国王无条件接回自己的妻子，他派遣贝利埃弗先生到居耶纳就是对他的妹夫说这件事。元帅这时已经在蒙德马松附近几个城镇部署军队，那瓦尔国王为此很愤怒。杜普莱西（十一月九日）给蒙田的一封信目的就是赶在国王使臣到达之前把事情告诉他。信的开头是他们函件交换的客套："如果说我的信您读了高兴，您的信更使我受益匪浅。"在对玛格丽特的被拒和马蒂尼翁的态度作了一番暗示后，他明确说亨利三世决不会在强力下做别人要他做的事。只要武器的谣传不平息，贝利埃弗必须中止他的使命。他与马蒂尼翁通过不同方式去达到同一个目的，国王对此是明白的。

亨利·德·那瓦尔占领蒙德马松后立即给蒙田写信，跟他说明他这样做的想法，要他在马蒂尼翁身边为自己辩护。这封信已遗失，杜普莱西十一月二十五日给市长一封长信，为国王的行为辩解，其中就提到这件事："由于他的臣民的极度傲慢和元帅大人的无限期拖延，逼迫他开进了城市。实施这项计划的是卡斯泰尔诺大人，天主教徒，但是做事公正。"（马蒂尼翁十二月二十六日给亨利三世的一封信中证实这件事。）蒙田与杜普莱西的书信往来一直持续到一五八五年中。语气一直友好。在这很可能是在国王口授下写的同一封信中，他勾勒了市长的肖像："您保持气闲神定，决不为小事惊诧或慌张；由于您的坦率或由于您的睿智，我们有什么意图对您从不隐瞒，……"结尾时向他表示他的信任，并请求他把他们的友谊看成既悠久又常新。

可是，十二月二日，在蒙德马松跟那瓦尔见面前几天，蒙田在卡迪亚克遇见玛格丽特王后。王后在等待她的丈夫同意接待她。因而她担心一切会恶化贝亚恩人与马蒂尼翁的关系的事；她遇见蒙田后，在十二月三日给马蒂尼翁写信，说出天主教徒占领巴萨一事引起她的不安。

十二月十八日，市长给那瓦尔国王的一份上疏后不久，国王对马蒂尼翁在当地驻军很愤怒，十二月三十一日他向他表示他的失望："我们的决定部分取决于您在哪里，因为我们只是防御而已。"他在信内承认蒙田的行动光明正大，其用意那瓦尔国王理解，是朝着和平的方向走的："我知道您已尽力而为了。"一月二十五日那封信也是最后一封，说明谈判即将完成。亨利·德·那瓦尔保留蒙德马松，如果马蒂尼翁这一边同意把驻军撤出原该移交给他的安全地带，他接受他的妻子。亨利三世心存怀疑。他提出一笔交易：他的部队将撤出阿让和贡同。亨利·德·那瓦尔这边也在怀疑亨利三世的诚意。但是在一月底，他向马蒂尼翁重申他接受向他提出的条件。二月十三日，他去内拉克迎接玛格丽特，还向法国国王通报。

一五八四年初，居耶纳局势大致太平。蒙田留在城堡，他从那里给马蒂尼翁写信，日期从一五八四年一月到一五八五年二月。这不是他对公务不关心。恰恰相反，波尔多市长在蒙田占据地理优势，了解贝亚恩人的来往经过。他离圣弗瓦和贝日拉克都只几里地，这两个地方都是胡格诺派的重要商业和行政中心，那瓦尔国王经常在那里逗留。特朗侯爵和他的家族亲信住在弗莱克斯城堡和居松城堡里，离蒙田城堡都不远。蒙田消息比马蒂尼翁灵通，也可提供他有用的情况。摄政官和那瓦尔之间的联系又接上了，而且更真诚。市长竭力保持他们在政治上意见一致。国王对他的信任一如既往，邻近的改革派的信任也是如此。他提供信息以外，遇到时际也充当协调人。五月最初日子，他到蒙德马松跟那瓦尔国王谈到局势。他在那里遇到美丽的科丽桑特，她从去年夏天起已当上国王名正言顺的情妇。五月十日，他在内拉克。国王在他动身时交给他一封给元帅的信。他重申他"诚心诚意要让王国休养生息"，尤其对他个人表示"他的好感；但是其余一切将由蒙田先生当面告知，"他说。

照理说，他跟迪普莱西-莫尔奈的通讯是连续不断的，然而没有留下痕迹。大家认为市长过于偏向那瓦尔吗？他给马蒂尼翁的信共有十六封，其中大部分（也即十一封）写于法国历史严酷时期，从一五八四年七月到一五八五年五月。

弗莱克斯和约建立的平衡非常短暂，一五八四年六月十日安茹公爵去世，又使局势危急。亨利三世没有子嗣。法国王位继承人是一位加尔文派亲王。王国大多数人还是虔诚的天主教徒。神圣联盟一派人数增多，行动更大胆，已经起来反对法定国王。领头的是吉兹三兄弟：刀面人亨利、兰斯红衣主教兼大主教和马延公爵，企图到时候不让亨利·德·那瓦尔接位，有意树立他的叔叔波旁红衣主教作为对手。吉兹一家是洛林人，亨利·德·吉兹公爵不像那瓦尔是个有王室血统的亲王。但是他敌视改革派，敢作敢为，相对一个因生活腐化和反对改革不力而声誉不佳的国王，受到民众更大的拥戴。神圣联盟得到西克斯特五世教皇的支持，跟西班牙结盟。

蒙田从他的城堡跟马蒂尼翁保持密切联络。七月十二日，他告诉他集结在圣弗瓦的新教徒从那里出发。埃佩农公爵已经在路上，准备跟那瓦尔见面（他受亨利三世的派遣，前来尝试劝他发誓弃绝）。八月十九日，他跟他说换个环境后他的健康有点起色。其他事不值一提，除了圣弗瓦的几个新教徒用剪刀猛刺，把一个可怜的天主教裁缝杀死，偷他的东西。但是市长到波尔多去的次数，比从城堡发出的书信中提到的要多。没有跟元帅或行政官写信的几个时期，显然是他待在城里的日子。

十二月，行政官召唤他们的市长，市长却缺席：原来那瓦尔国王和他的扈从都登门来访。他在家候客，当他不用"再接待圣弗瓦这个朝廷时即刻回来"。十九日，国王跟圣弗瓦的牧师开过会后，在居松的城堡用餐，饭后到蒙田城堡过夜。在那里住了两天。堡主对这次接驾很自豪，在《伯特尔》里提到，还写上所有客人的名字。国王约有四十位左右贵族陪同，都是贵族中的精英，有孔代亲王、罗昂亲王、蒂雷纳子爵、马克西米连·德·贝蒂纳（叙利）、吕西尼昂、埃斯特纳等等，还有王府的人、禁卫军、见习侍从、宫廷侍从。国王身边的亲王和领主住在城堡内，除了约十名到村子里借宿。接待非常豪华。有一百多人用餐。国王不要人家对菜肴与饮料试吃试喝。他要主人的下人来招待他，在蒙田的卧室里过夜。蒙田一开始就在森林"放了一头鹿，让他追猎了两天"。他那时跟那瓦尔的官员和近臣闲谈，根据他写给元帅的信中说，"什么情况都没"得到。

但是无疑在国王驻跸城堡之际，蒙田向他谈到贝亚恩民众代表向最高法院提出的六十条司法改革方案。方案文本也无疑由迪普莱西呈递给了他。亨利·德·那瓦尔要听听他的意见。蒙田在方案边白所写的注释，简单明白，签上他的名字，很可看出他对司法的不妥协的观点。首先："司法只有一种"，对大家都是一样的，"要让有德廉洁之士掌握司法大权"。司法的费用？"免费提供"。法官人数？"五个比一个好"。面对有利于富人的条款："决不可以"。

波尔多市长在他的第二任时期活动积极。他派出信使，也召唤过来，或者在家亲自接待。除了大家已经看到的给法国国王和那瓦尔国王的上疏以外，他还撰写了报告和大量信函。他维护波尔多人的商业自由和利益。他在十二月底或一月初，到城里去向国王递交一份波尔多葡萄酒进口违法的报告，向马蒂尼翁发出形形色色关于新教徒活动情况通报："圣弗瓦会议已经结束"，他在一月二十六日写道。迪普莱西向他保证国王和那瓦尔王后双方和解已是事实。但是"见到妻子颇得民心，丈夫感到无比厌恶"。但是费里埃先生，前驻威尼斯大使，已成了那瓦尔国王的枢机大臣，还留在圣弗瓦跟马西里埃了结余下事项。亨利·德·那瓦尔后来在贝亚恩停留的日子比预期要长。蒙田还说（二月二日）："其余地区都平静无事，毫无骚乱。"

麻烦不久就发生了。二月九日，在几股游兵散勇之间爆发了冲突死了人。谣言又说有一位费朗是玛格丽特王后的秘书，带了她的信前去法国王宫，那瓦尔国王下令在内拉克附近把他逮住了。他在信的附言上，警告马蒂尼翁，有一位叫拉莫特的行政官将要去找他，"有一些不能落笔书写的事"要告诉他。他说，"我已穿上靴子"准备前去弗莱克斯。他整装待发前去特朗侯爵家跟费里埃和马西里埃会合，第二天在蒙田庄园接待他们。十二日，他回到城堡，急忙把他听到的事告诉马蒂尼翁。国王怀疑费朗是一名密探。玛格丽特大光其火，要离开内拉克，看来两人的决裂近在眼前。他从费里埃那里知道亨利·德·那瓦尔要去蒙托邦。从波城来的一封信中，他知道亨利已经回程前往巴荣纳、内拉克、贝日拉克和圣东日。科丽桑特还在病中。

二月中旬，马蒂尼翁要蒙田速来波尔多（两封信迫切催促）。蒙田保证他第二天即去，最高法院院长埃马尔把他的马借了去，要到晚上才归还。道路都被水淹，他要走两天才到达。他给他画了他走的路线，避免两人途中交叉而过。在二月底或三月初，他回到了市政府。

波尔多市长密切注意贝亚恩那里发生的事，不会不担心科丽桑特和那瓦尔国王的恋情。两年以来，他们的热情依然炽烈如初。贝亚恩人的亲信说不清这位少妇对国王的这种出乎意外的影响，一位佛罗伦萨外交官在一五八四年十月把它描写为"对吉桑伯爵夫人无节制的热恋"。蒙田私下也把他的忧虑告诉元帅，元帅也害怕这位强硬、雄心勃勃、傲慢与嫉妒的女天主教徒（他一五八四年一月二十九日写信给亨利三世："吉桑伯爵夫人竭力拉他做坏事。"）。

她会不会逼迫那瓦尔采取极端解决办法？ 让他离开妻子再无挽回之余地？ 亨利常对他的情妇信誓旦旦结婚。一般只是说说罢了。但是科丽桑特这类女人，不会让他认为自己不配坐王位的，这次国王的热情可不是逢场作戏。蒙田一月十八日关照马蒂尼翁，他已经给吉桑伯爵夫人写了信。（后来还写了好几次。）他鼓励她说"趁大好时机让她的船只乘风破浪"，答应在马蒂尼翁面前竭力给她做好事。但是他也劝她"不要让热情损及（那瓦尔）王上的利益与财富"，"既然她愿意为他做一切"，"要更多看到他的好处，而不是他的怪脾气"。蒙田对年轻伯爵夫人的友情由来已久，可以这样说话。他知道她是个执拗勇敢的女人，会舍弃自己的感情而为国王情人的政治利益服务。

但是他怕国王的亲信对他的影响要超过国王对科丽桑特的热情。因而他敦促元帅到巴荣纳去，自己也准备陪同他去，乐于看到亨利邀请他去参观在波城的美丽园林。蒂雷纳给蒙田写了一封信，信中要求蒙田促成马蒂尼翁去看国王，这说明市长担任中间人这个角色。蒙田长期以来做工作，在贝亚恩人和元帅两人之间拉拢，他看出这是王国和平的一个关键。

不论跟马蒂尼翁还是跟玛格丽特，什么问题都没有解决。当丈夫骑马驰骋在贝亚恩和居耶纳，为科丽桑特神魂颠倒时，王后则在内拉克孤独屈辱过日子。三月十九日，她到了阿让（这座城市留给她是作为她的嫁妆年金收入的保证），为了在一座天主教城市里过复活节，这是得到丈夫同意的。她到那里后有几位她认为可靠的亲信来跟她会合。她害怕自己有性命之虞，她说她知道吉桑伯爵夫人对她丈夫的魔力。她在阿让安排几个连，在卫队中增加一个团，他们驻守在城市四周，可以抵御贝亚恩人的武力袭击。

可是，神圣联盟在法国日益强大。三月三十日佩罗纳宣言公布。这是针对那瓦尔的，"背离基督天主信仰的亲王"，不配继承亨利三世，波旁红衣主教被宣布第一王储。吉兹公爵已经拿起武器，联盟发动军队，试图夺下王国的主要城市。波尔多成为吉兹派的目标，因为它是外省第一重镇，而皈依异端的那瓦尔国王却是它的总督。亨利三世已与联盟结盟，可能是为了掌控它。他的一派在波尔多失去一些地盘，那里有人数众多的联盟派在大肆活动。他们的领袖瓦亚克男爵，是特隆佩特要塞的司令官（长期以来仇视蒙田），可以轻而易举占领城市，把它交给吉兹。

亨利·德·那瓦尔听说这场阴谋，告诉了马蒂尼翁。后者比扑灭一场叛乱做得更巧妙。他预防这事发生。元帅借口要向大家传达国王一封信，把最高法院的院长与国王的人、市长、行政官、城市主要军官，不会忘记的瓦亚克，都召集到府上。马蒂尼翁卫队长隆代尔·德·奥克托维尔守住府邸的全部出入口。元帅告诉全体人员，联盟借口宗教对全城造成的威胁：他们作乱犯上，破坏王国的安宁，把自己的命运看得比民众的命运还重要。他转过身朝向瓦亚克，对他说国王已经怀疑他的忠诚，命令他把特隆佩特要塞移交给他接管，要人解除他的武装。然后他要蒙田把国王的旨意与他的意图晓谕全城，要让全市居民，国王真正的忠心臣民，集结在他的部队中，万一对瓦亚克的惩罚不致让军营驻军投降的话，逼迫他们这样做。瓦亚克让步了。

四月二十二日，市长和行政官向国王递交一封表忠心的信："凡是我们知道一切是出于国王旨意的事，我们总是集中心力意志，诚恳地、关心地和警惕地去忠诚捍卫和执行。"马蒂尼翁把阴谋失败的消息告诉国王。第二天，蒙田前赴贝日拉克亲自向亨利·德·那瓦尔报告事已成功，亨利委托他向元帅转达他的友谊。亨利另有一封信，可能由蒙田转交，要求马蒂尼翁对市长的话犹如对他本人的话那么信任。

马蒂尼翁在市长和市政府团体支持下，坚定沉着，使阴谋落空，布朗托姆并不爱他，但称赞他"精明有手腕"，不然"波尔多会陷入多事之秋"。

　　局势依然危险。在布罗阿杰、鲁瓦扬、布莱和布尔，商船在河道里南来北往都遭到抢劫和勒索。胡格诺派领袖在亨利·德·那瓦尔鼓励下，加强贝日拉克的防御。联盟派一直动作很多，指责马蒂尼翁跟贝亚恩人勾结，要把波尔多交给他。玛格丽特在阿让加强防御，变得咄咄逼人，要把城市归在自己名下。亨利三世信任马蒂尼翁，命令他去走一趟。

　　摄政官不在，蒙田孤身一人看家，波尔多城内人心惶惶，他负有双重责任。有谣言说有人要暗杀马蒂尼翁和蒙田，从他的信（五月二十二日到二十七日）看出他们时刻保持警惕。他每天都去特隆佩特要塞大主教府，瓦亚克和他的部队已经撤出，但是他们只是退到附近地区，市长害怕从海上或从河上进攻，部署卫兵，完成防御工程，"天天夜里巡逻，穿过武装戒备的城里或者深入城外的港口"。他继续给马蒂尼翁发消息，来源可靠的事获悉后不加整理就发，对于不肯定的谣言就照原话传达。他打听一切，跟各处情报人员有接触，尤其是跟那瓦尔和他的顾问方面。他的报告提到那些大人物的行踪和部队的相应位置。他在信中对他说，"我把我听到的，还把我觉得不像可能的道听途说随同真相都告诉了您，这样为了让您听到一切。"

　　他在五月二十二日夜写的那封长信，透露他的焦虑，据圣伯夫说，"不安与警惕的危机"。他说，他不但为了"保卫这座城市，也为了保卫你们而担心"，害怕发生意外行动，"不声不响掐住他的脖子"。但是他最后要马蒂尼翁放心："我们会不遗余力，如果需要也会不顾生命，服从国王去保卫一切。"

　　就在这些警报声中，举行一年一度的大检阅，能够扛起武器的居民全体参加，那就是波尔多市民连。蒙田在一五八八年版《随笔集》中有过描述，篇名《相同建议产生不同结果》。大家害怕引起混乱。"这其实是秘密复仇的理想之地"，要干的话哪儿都没这里顺利。大家在会议上讨论此

235

事。行政官担心暴乱，蒙田记起国王摄政官莫南的遇害，他在三十六年前盐税暴乱，就是缺乏决心，掩饰不住惊慌失措，以致被老百姓分尸。他提出要对引人怀疑的军队装得信任，"要混在检阅队伍中昂首挺胸，不删除任何阅兵内容（其他人的意见主要针对这点），反而要军官们通知士兵不惜弹药，向观众致敬时把礼炮放得好听欢快。这对于那些受怀疑的部队是一种礼遇，自此推动双方有益的相互信任"。

蒙田避免了最坏事情发生，但是局势依然紧张。波尔多没有造反，但是依然受到胡格诺派和联盟派的威胁，后者危险更大。五月二十七日，他给元帅的消息令人不安："瓦亚克先生的周围地区警报频传。"（事实上瓦亚克非但没有像他保证的那样向国王投诚，而是继续在城市四周调兵遣将。）蒙田继续夜间巡逻，派行政官前往最高法院，调兵驻守港口，在城内屯兵看守。这封匆忙写成的信，令人猜想他担心自作主张，催着摄政官赶快回来，生怕他不在时期自己没有严格遵照他的命令和意思。马蒂尼翁不急着回来，他这是完全信任市长，还是认为他在别处比在波尔多更为有用？他在六月回到城里。因为这个月的六日，蒙田要去圣弗瓦朝见那瓦尔国王，他在他回来以前不离开波尔多。亨利托他向马蒂尼翁转交一封信，信中要求他管束他在阿让的军队的行为。他说，"我向蒙田先生专门谈及此事，从而我也不必在此信中多言"。

蒙田见到谈判有成效当然为此庆幸。他一直积极争取在马蒂尼翁和那瓦尔国王之间安排一次会见，元帅总是回避。六月十三日，元帅从马尔芒德给他写信，说前一天在克莱拉克他们两人见了面。要是蒙田不在，这封信应该交给行政官拉莫特，无疑那时蒙田已回到了城堡。

当波尔多爆发瘟疫时，蒙田离第二任市长职期满还有六星期。城市附近有一块沼泽地，从那里升起蒸气，像雾似的弥漫，又加上热浪肆虐，瘟疫迅速蔓延。这场流行病势如迅雷。《编年史》认为从六月到十二月，造成一万四千人死亡。行政官采取有力的卫生措施，但成效甚微。城市居民走空。一名行政官留在城内，他是拉莫特，在七月二十八日给蒙田发去最为惊人的消息：能走的人都已逃离城市，小民"像苍蝇似死亡"。马蒂尼翁在七月三十一日给国王的信中证实这点。元帅进入波尔多城。他担心那瓦尔国王趁民众逃难之际占领波尔多。到了七月份，情况更加严重。波尔多只留下两名最高法院官员和六名中两名行政官，城外的人禁止入境。

蒙田是什么时候离开居耶纳首府的呢？不确切知道。他整个夏天应该是在波尔多与佩里戈尔之间来来回回的。一五八五年七月三十日，他在利布恩跟元帅一起，元帅把行政官寄来的一封信交给他。他当天就回了信。他准备参加"下一次选举"，不惜"生命和其他一切"愿为他们效劳。但是不顾目前的糟糕局面冒险进城是否值得？他后来在波尔多对面的弗依亚停下，等待他们的指派。第二天就从弗依亚发了一封信。他收到行政官的答复，转交给了元帅看。他们觉得他没有必要出席。

在一五八五年七月三十一日他任市长的最后一封信中，他作出这样的指示："至于把妇女和儿童作为囚犯这种恶劣和不正义的做法，我绝对不因别人做了而主张我们自己也这样做。"

元帅继他之后担任波尔多市长，在选举之前两人肯定意见取得了一致。蒙田没有进城，回到了他的城堡。

《随笔集》没有谈到这件事，他的同时代人对此也无任何暗示，但是蒙田的态度后来引起一场大论战。三个世纪后，博学的审查官指责他疏于职守，没有深入瘟疫现场去安慰波尔多人。《随笔集》有关他的市长一职也对此不提一字，证明他觉得没有必要自我申辩。他不久前在充满危险的局势中有效地履行自己的职责，他的继任者就在他身旁（很可能劝说他不要前往波尔多）。他在给行政官的信中觉得为难地说他担心的是传染。然而拉博埃西在一五六三年八月也是得了瘟疫，他毫不迟疑侍候在他身边。为了一场任职和交付钥匙仪式回到波尔多去，这将是一个有目共睹的英勇然而无用的行为，这跟蒙田这样作为的人是不相符合的；他是矫揉造作的

237

敌人，他在《随笔集》中说，凡是他有责任去做的事不曾半途而废过，但是很容易忘记"以职责的名义来掩盖野心的事"。

当市长这一段经历，丰富了蒙田在人生和政治上的阅历，他在《论意志的掌控》中作出了总结。他的管理并没有叫每个人都满意。它自然会有"不肯定和不同的阐述"，有人批评市长。他于是感到有必要为自己的行为申辩，驳斥对他的种种指责。自我辩护类似一种交出账目的行为，像纳刚指出雅典官员即是这样做的。这同时也是个人对集体与他本人相关责任的一种沉思：怎样协调这两者呢？担当公职时，更广泛来说，实现一切形式的雄心时，怎样保持自己的独立性呢？

这篇随笔的篇名就引起正反两方面的解释。蒙田在文内指出怎样操纵、掌控天性，这牵涉到一个人的全身，它决定这个人做或不做，怎样平衡理智与热情和感情的压力。

第三卷第一章《论功利与诚实》，确认指导他行为的大原则：拒绝让自己的良心去屈从所谓的政治生活需要。最光荣的"天职是为公众服务"。这是当然的。但是"公众利益需要有人去背叛，去撒谎，去屠杀；我们不该叫那些较听话、较懦弱的人去担当如此重任"。马基雅弗利同样看到政治与道德两者不相融合。但是蒙田得出一个不同的结论：对于一个贤人来说，最好还是尽量退出一切公众事务，这里面有不可避免的连累，不会不腐化，即使对"天性善良的人"也复如此。

大家就像他以前那样，还是会陷入其中由不得自己。在原则表态后有事实表态：行动有它的需要。它逼着人躲避责任，不走正道，他对此始终拒绝不干："我宁愿为工作折断脖子，不愿改变信仰为他们服务。"

重要的是首先认识到，"我们的工作大部分是闹剧"。掌权的人扮演一个特定人物的角色，他必须善于辨别"人皮与外衣"。"米歇尔和市长以前总是两个人，泾渭分明"，米歇尔对于毕恭毕敬的敬礼觉得好笑，这只是因市长的职务而不得不做的事。

另一个须知事件：在工作中要保持足够的效应，必须避免用情太深。"我们受事物左右摆布时，永远做不好事情"。皇帝的看法应该超越自己的帝国。而蒙田受召唤执行外界事务，他答应接受，"但不会呕心沥血；他负责，但不会如同身受"。

毫无疑问，世上大多数规则与箴言，都是要我们忘记自己而为大众谋利益。皮埃尔·埃康就是这样做的。但是这些人生道德要我们做的比该做的多，因为它们知道我们或者假设我们从来倾向于少做的。据蒙田的说法，真正的贤人清楚知道在公共生活中完成自己的职责，不应该从而亏待自己，得不到他应有的"健康与有益于身心的友谊"。友谊细分有粗俗、自私自利的友谊，让我们追求光荣、知识或财富的"假"友谊，或者是满不在乎"软绵绵的"友谊。因为"我们最主要的职责，是各人管好自己的行为"。对社会尽责与对自己尽职是一致的。为了更好为别人服务，必须知道自己里外该怎么生活。因而蒙田可以庆幸自己克勤克俭处理公务，而又"不改变自己的本色"。

"为别人效劳，为自己献身"，这不是像一般人所说的那样是一个利己主义者的口号，而是一个人见多了别人都在充当一位领袖或一个派别的马前卒，见多了极端分子盲目追随一项事业，就像他认识的贵族朋友，为了给一位亲王效劳，差点把自己的头脑也弄糊涂了。

蒙田拒绝的不是义务也不是责任，而且剥离自己，尤其他知道自己"天性和为人太软弱"。他要在一个集体疯狂的时代保持头脑清醒与不上当。

市长一职给他带来一些批评之声，有人指责他在"工作上缺少魄力，做事慢条斯理"。认为他在职时没有留下痕迹。蒙田对此进行自辩，据理还击，其严肃与剧烈不同一般。

这些指责"离开表面现象倒也不远"。是的，他试图让自己的心灵与思想保持平静。不是出于无能和漠视。据他的意思，官员的任务不是凭权柄进行干预，把自己的意志强加于人，而是监督城市治理顺利进行。他不责怪有人闲着，"只要他手下人也跟着他闲着，法律也闲着"。他说，"我只求事物的维持与存在"：维持城市的和平，这大家看到是在多么困难的形势下达到的！ 城市的存在，那是对合法国王的毫不含糊的服从。"悠着做"有时跟"做"一样高尚，但是悠着做就不够轰轰烈烈。他没有这种希望"这座城市动荡不安、百业凋敝，来显示他施政高明"，这有什么可以责怪的呢？ 他竭力做到一切进展轻松容易。他的行为没有出彩的地方。他为此高兴，因为他做到让波尔多处于相对的和平状态中。

城市对此是否感激他呢？ 从随笔的最后一句来看是有疑问的："我要肯定自己没有留下冒犯和憎恨。至于对我留下遗憾和希望，我至少知道自己并不十分在乎。"

至于他曾参与一起谈判的亲王，他们确实对他赏识有加，这是显而易见的。但是他依然坚持自己的独立性，面对他们保持一贯的含蓄态度，对"大人物既不恨也不爱"。我们不去关心他们的争吵。对亲王表示服从而已，"这关于他们的职责"。至于对他们本人有无感情牵挂，这取决于他们的为人了。蒙田庆幸自己不受他们操纵。"亲王不剥夺我什么，已算是对我的重赏，不伤害我什么，已算是对我的开恩，这就是我对他们的全部要求了。"

他对国王忠诚，但是清醒，怀着"一种正统的老百姓的感情"看待他们。他竭力为公义大事本身服务，"态度节制，不会头脑发热"，认为愤怒与憎恨"越出了履行正义的义务"。不应该把"出于个人利益与情欲的产生的刻骨仇恨"称为责任。亲王们"心热的不是事业，而是他们的利益"。他本人不受剧烈情绪的支配。这就是为什么他能够"走到哪里都昂首阔步，心胸坦荡"。

在与大人物的谈判中，他拒绝"面具"，遮遮盖盖。他开诚布公，正是让他在不同派别中间顺利进行斡旋，对一方不能说的话，决不会变换一下腔调对另一方去说。但是他也知道那些亲王不接受"保留自己主见的人",看不起别人有限度、有条件地为他效力。他本人只愿当"理智"的奴才。在这个争权夺利、你死我活、集体疯狂的时代,这位"温和的谈判者"说的意见是不是总能有人听呢? 波尔多市长,没有个人野心,不由自主卷入他谴责的对抗中,本人乐意避开这些政治旋涡,只是努力保持城市的和平,逃过不堪设想的后果而已。

市长后的日子：蒙田处于动乱中心

市长任期一满，蒙田松了一口气，回到他的塔楼、书房、鹅毛笔，很高兴继续撰写他的"随笔集"，由着他在前两卷之外"缝"上第三卷增补部分，一五八〇年后的经历在他的随笔中留下深刻影响。

一五八五年六月和七月，肆虐波尔多的瘟疫立即传染到了佩里戈尔吗？ 大家很长时期相信是这样。格仑为了原谅蒙田没有到城里去，想他是急于要回去看看瘟疫期间全家是否平安。从特兰凯的研究报告来看，为这件事操心应该是在一年之后。蒙田一五八五年年底应该是在城堡过的，趁这个喘息时间重新开始工作。在三年中，尽管中间停歇了六个月，他写了第三卷的十三章，给《随笔集》重新编了一个版本。这段创作时期实在是这一世纪最糟糕的年代："兵荒马乱、民不聊生"，据帕基耶的说法。他在一五八八年写道："我担心，我相信，我现在看见我们共和国的灭亡。"这种全面崩溃近在眼前的启示录式预感，在他这一代各个阶层很普遍。不论属于哪个政治族群。"一切都在我们身边崩溃，"蒙田在《论虚空》一章里说。

形势突然变得恶化。蒙田任职期满前三星期，亨利三世签下奈《穆尔条约》，把它交给了联盟执行，取消宽容敕令，对新教徒再度进行迫害。新教徒领袖亨利·德·那瓦尔被剥夺一切权利（他后来对历史学家马蒂厄说，听到他的派别遭禁时，他那么激动，一半胡子都急白了）。

九月，西克斯特五世教皇"褫夺训谕"把亨利·德·那瓦尔和孔代逐出教门。

联盟在一五八四年重新组织，汇集了中产阶级所掀起的大众思潮，和由吉兹家族和西班牙同盟者指导的贵族思潮。它支持形形色色的宗教性的、社会的、王朝和封建的要求。老百姓生活于水深火热之中，要求少纳税多公正，起来反抗朝廷。亲王们要改换国王，对撒利克法典提出异议。那些天主教极端分子下定决心要剔除异端，这也是国王在奈穆尔条约里答应要做的事。

保皇党天主教徒毫不犹豫效忠亨利三世，跟着他的政策转变，如马蒂尼翁就是一例。他们从而变成了联盟的盟友，他们的部队随着他们向王储率领的新教徒部队进军。他们的联合掀起了第八场内战。

蒙田像以往那样处于两难境地。他是天主教，对现任国王忠心耿耿，却住在四周都是改革派的佩里戈尔。他有一个弟弟和一个妹妹都成了改革派，他的幼弟贝特朗是积极的天主教徒，却在那瓦尔军队里打仗。他有许多改革派朋友蒂雷纳、迪普莱西-莫尔奈。他自己又是那瓦尔国王宫廷侍从，大家都知道国王与他交谊很好，还曾驻跸在他的城堡里。蒙田因态度温和而遇到麻烦，他说："我受众人的虐待，吉布林党说我是盖尔夫党，盖尔夫党说我是吉布林党……我家的地位、我跟邻里的来往表现我的一个方面，我的生命与行动表现我的另一个方面。正式的指责倒也没有，因为到底也没有把柄……这是无声的怀疑，私下悄悄流传。"

相当一段时间，他的处境还可忍受。他的新教徒邻居感谢他仗义相助，知道他为人和善。但是依靠其他人的恩惠生活是要付出代价的。他也不喜欢不受法律的保护和接受不是自己的法律的保护。可是他在二月阅读的书目中有埃贝尔·德·菲斯坦《波兰君王的历史》，他写成了《论功利与诚实》。七月二日，皮埃尔·夏隆到城堡拜访他，临走时带走了贝尔纳多·奥希诺的《教理问答》，里面抨击罗马教廷，这部书是蒙田送给他的，他还签了名，注明：禁书。

尽管全省时局不太平，蒙田还是让他家的大门打开，像《随笔集》第三卷第十二章中那件事说的。他的一位邻居、还有点亲戚关系，到了他家惊魂不定，喘着大气，说：他的一个敌人（他也同样认识）对他紧追不舍，他要求在城堡里躲一躲，片刻以后，他手下四五个人，后来多至三十来人，都有武装，来找他。蒙田感到其中有诈，还是放他们进门。因为他天生很少猜疑，"更愿意宽容和温情地考虑动机"。此外，他习惯让命运安排，"不顾一切"投入它的怀抱，他就处于这样的境况。那些人待在院子里，他们的头领与堡主待在大厅里，局面已由他掌握。可是他离开了，并没有试图袭击蒙田人家。他原本策划这样做的。蒙田说，"是我满脸坦诚的神气使他不好意思干事不仗义。"这是那人事后亲口对他说的。但是还有更严酷的考验等着他。

战争上他家来找他了。一五八五年底居耶纳又开始有了军事行动。一五八六年七月初，针对胡格诺的战役已经持续了六个多月（派遣了六支军队去"清洗"王国），这时马蒂尼翁和马耶纳派了二万官兵去围困由蒂雷纳守卫的卡斯蒂荣。这次，战火烧到了他的家门口。

马蒂尼翁号召居耶纳贵族参加国王军队，他没有响应。他的弃权被双方阵营都不看好。他成了众人的怀疑对象。

当他写《论相貌》时，就在他的城堡附近四周展开了军事行动。他的门前有敌人，还有更坏的敌人——欺压老百姓的游兵散勇，抢劫、施刑、杀人。他忍受各种各样的战争折磨。蒂雷纳的部队蹂躏佩里戈尔，国王的部队也复如此。蒙田思考痛苦、死亡、贫苦百姓的状况，他看到他们在他周围大批受苦和干脆死亡，按照自然法则，不知道什么亚里士多德和加图。

奇怪的是他的健康反比平时能扛，"依靠精神的帮助，不但平静，而

244

且自豪地"忍受这一切。

八月底，降临到双方阵地的瘟疫战胜了困在城里的人。九月一日，卡斯蒂荣陷落；居民听任胜利者的摆布，受尽种种苦难。流行病传播至整个地区，病况变本加厉。他看到自己的房子不寒而栗。他让城堡自生自灭，自己忙着给一家子找个栖身之地。他把母亲、妻子、女儿跟几件行李装上车，带领他的骆驼队前去投奔人家。骆驼队真是投奔无门。

蒙田据他自己说非常好客，没有得到应有的报答。他从一五八六年九月到一五八七年三月，带着这个"令朋友与自己都害怕的流亡家庭"漂泊了六个月。只要这群人中有一人开始感到"手指头发痛"，就急忙要搬个地方，因为大家都怕传染；把什么病都当做是瘟疫，人人忧心如焚，因为必须等待四十天才知道自己是否已经传染。蒙田领主无疑要躲到他最接近的一家邻居的府上，那是特朗侯爵在弗莱克斯的城堡。从他后来对这位脾气暴躁的老人的描述来看，没有成功。他内心"早有准备"，以决心与耐性来克服不安与疲劳。他说，他在不幸中，"勇气没有丧失反而陡增"。但是他为自己这支可怜的骆驼队难过。带往哪儿去呢？那时大家害怕圣弗瓦别遭到围城。他们很可能是朝着北方走去的。

正当蒙田在大路上流亡时，卡特琳·德·美第奇朝着普瓦图而去，带着一项微妙的使命。她像她的儿子一样担心联盟在巴黎和北方大得人心，也像他一样急于摆脱吉兹家族的掣肘，也害怕三万名德籍雇佣骑兵有意参加贝亚恩人的阵营，大家传说他们就在洛林附近。所以她希望看到她的女婿宣誓改宗，回到朝廷中来。但是这两个阵营内都有人怀疑卡特琳。吉兹家族担心国王再度改变态度。改革派巴望外国军队前来驰援，不热心谈判。政界人士则支持王太后，因为他们主张和平。王太后离开前，他们向她致辞提出这一条，陈述这场战争造成多少废墟，带来多少痛苦，必须予以制止。

那瓦尔国王尽管心存疑虑，当前国王的母亲卡特琳负有正式使命，亲自前来要求会见也不能够加以拒绝。他们在干邑附近的圣布里斯城堡会见。没有结果，除了在十二月十六日签了一份短期停战协议。讨论后来继续进行，从一五八六年九月到一五八七年三月，中间还停顿了几次。卡特琳给亨利三世写信，要求准许她启用其他更能获得胡格诺派信任的谈判者。十二月三十一日，她要她的一位财务官拉乌尔·费隆，除了已经支付的一百埃居以外再给蒙田一百五十埃居，她已经请他带了他的夫人前去见她，"好让他换上一匹新马拉车，也满足其长途跋涉和买几件必要衣衫的特殊用途"。她提供的这笔款子是庞大的。（据特兰凯在一九六七年的估算，可折成一百五十万旧法郎。）

卡特琳的秘书之一叫弗朗索瓦·蒙田。这里指的是他吗？还是米歇尔·德·蒙田？特兰凯是这样肯定的：前波尔多市长在给王太后的第一封回信中，以他目前悲惨的处境为理由推辞不去。她坚持，又额外加了一笔钱，知道他带了全家在外面漂泊（不然怎么会把蒙田小姐也邀请在内呢？），随身行李没有几件，又没有多少钱：他必须要换一匹新马，穿上像样的服饰前去朝见。

第二封信写于一五八七年二月十八日，那是王太后从尼奥尔写给儿子的，弗莱姆在他的《蒙田传》里提到这封信，从一切迹象来看，指的就是米歇尔·德·蒙田；要是只是指手下的一名秘书，国王决不会对她提出那么明确的指示。

那么卡特琳为什么会选择前波尔多市长呢？这是她知道他与亨利·德·那瓦尔很有交情，也是吉桑伯爵夫人的知友，那就是科丽桑特，对那瓦尔国王的想法有举足轻重之势。蒙田非常可能参加了在圣布里斯举行的几次会议。在《随笔集》有两处对此作出暗示：一处描写一位勇敢的亲王，"敢作敢为"，他没提名字，显然是指那瓦尔，他不听顾问的傻主意，他们挑唆他拒绝跟宿敌有任何和解，"不管对方作出什么诺言，诺言对他如何有利"，不要相信他们。另一处在《论相貌》，他说到各式各样的倒霉

246

事"接踵而至"（他宁愿它们同时簇拥过来还更好过些）。他说他看到朋友都弃他而去，还是必须自己照顾自己。然而，他承认，他轻易受人家劝诱，"进入了商界"（被人利用，受人注目）。特兰凯很有理由认为这是指他接受了卡特琳要他扮演的政治角色。她是不是还向他提出更为诱人的建议呢？他说，他又那么"有气无力地"推托。然而不管怎样，他没有放弃自己的独立性。

那瓦尔国王与卡特琳的会谈中断，巴黎阴谋篡夺的谣言四起，亨利三世感到不安，要把卡特琳召回去。会谈没有达成协议。王太后在一五八七年三月初回到首都。这时蒙田也回到自己的城堡。

他看到领邑破坏严重：村庄、租地房屋都被火烧过，牲畜已牵走，葡萄园（这是他的主要收入来源）无人管理。那些可怜的百姓遭受瘟疫与兵燹之灾后，农村人口大减，生活极为困难，"不单是遭受目前的损失，以后还会如此"。因为这些灾难要影响他们好几年。蒙田说，他们把我抢劫得"连得希望也不剩"。这位领主失去了收入，就身无长物，几乎赤身裸体，还必须把那些废墟清理重建。他说，"野心家碰上了我身受的种种事，会悬梁自尽。"一个"贪婪者"也会如此。

然而城堡还是逃过了抢劫。特兰凯认为这无疑是得到两块盾形标牌的保护，蒙田既是法国国王也是那瓦尔国王册封的贵族。但是考验决没有压倒他，反而振奋他。在法国人三十年来所处的这个兵荒马乱年代，——他想——每个人都可以等待"命运随时随刻会来个大逆转"。"国运凋敝恰与我年老体弱凑在一起，对我也是大幸。"他在书籍中阅读到许多国家天翻地覆。他要探个究竟。为什么不怀着好奇去亲眼目睹"我们自身死亡的悲壮情景"，去观察它，去学习它，虽则不能够推迟它？战争继续进行。他又重新续写他在六个月前中辍的《论相貌》那篇随笔，生动描述了亨利三世统治末期内战中生灵涂炭的年代，一位身历其境者的感想。

维莱统计了蒙田在一五八六年到一五八八年间的阅读。非常丰富，古代与现代的历史学家著作兼收并蓄：阿庇安、亚历山大·阿里恩、科尼利厄斯·奈波斯、希罗多德，当然有他心爱的普鲁塔克，也有洛佩兹·德·戈马拉、埃贝尔·富格菲斯坦（一五八五年二月）、奥利维耶、德·拉·马尔什、拉丁诗人薄伽丘、邦波、塔索、伦理家和政治家如勃拉克伍德、博丹、朱斯特斯·利普修斯等等。一五八七年三天内读完的《亚历山大大帝传》（在书上标七月二日），买了一部《圣经》。

同一年，那篇《论交谈艺术》告诉我们他不久前"一口气读完了塔西佗的《历史》"，肯定是朱斯特斯·利普修斯的版本。他已经有二十多年没有一口气对同一个作者连续读上一小时。那是居松家的一个兄弟，可能是路易·德·弗瓦，推荐给他看的。蒙田大加赞赏，不知道还有哪位作者像他"在编年史中那么重视个人见解"。这恰是他对历史学家最感兴趣的地方。他爱这部书的文笔，紧凑有力，有血有肉，把争权夺利的宫廷阴谋分析得清清楚楚。这是"一部伦理与政治理念大全"，可以作为操纵世界大势者的案头书目，因为"这类历史描述其实是最有用的"。塔西佗写到的那个时代与蒙田生活的时代又何其相似！ 至于塔西佗这人本身，蒙田想象他"正直勇敢，他的德操不是基于迷信，而是基于哲学与旷达"。他认为他不足之处是出于"世俗礼仪"不敢谈论自己，这相反鼓励自己去这样做。因为应该突破这个保留态度，"有利于真理与自由"。所有这些阅读都给《随笔集》提供丰富的例子，启示与激发作者的思考。

这样密集的知识探讨并没有妨碍随笔作家密切注意时局动向。一五八六年到一五八七年冬季天寒地冻，一切军事活动都停止。到了春天在佩里戈尔战事又起。天主教徒攻打新教徒占据的要塞。杜雷纳在四月又夺回卡斯蒂荣。零零星星的战斗不断。七月二十九日，特朗侯爵的三个儿子在阿让的蒙克拉博同一场交战中阵亡。

蒙田与马蒂尼翁的关系逐渐疏远。元帅政务众多；他指挥军事行动，跟马延意见不合。前市长在一五八七年七月二日写信给他，为一位胡格诺派亲戚的女儿申请通行证。他希望这封信唤起他的昔日情谊。他已有好久没有荣幸这样做了。

亨利三世担心外国军队进入法国驰援新教徒，下决心派遣吉兹率领一支军队到洛林阻击。他同时调遣茹瓦约斯公爵到西南部，阻挡外国军队跟那瓦尔的军队汇合。十月二十日，茹瓦约斯没有等待马蒂尼翁的援军，就在库特拉进攻那瓦尔军队。亨利·德·那瓦尔一举轻易地打败了茹瓦约斯的军队。茹瓦约斯阵亡，同时死去的还有他的兄弟和一千五百多位贵族。据里特尔的说法，这一仗决定了一个朝代与一个国家的命运，也是那瓦尔国王的第一场重大胜利。他接着又表现出克制、礼让与慷慨，令人钦佩，他公开宣称自己对那么多勇士的死亡表示遗憾。他人道对待俘虏，把茹瓦约斯和他兄弟的尸体请马蒂尼翁转交给他们的家属，之前还让人举行天主教葬礼来悼念他们。

马蒂尼翁没有能够——或者不愿意——及时赶到参加战斗。他按照亨利三世的秘密意愿，有意让贝亚恩人放手去干。第二天，后者给马蒂尼翁写了一封非常客气的信。

十月二十三日，库特拉的凯旋者来到蒙田城堡。他在普依诺曼底吃了晚饭，在城堡里吃夜宵和过夜，二十四日吃了晚饭后又去了圣弗瓦。这是保留在波城的那瓦尔国支付日志（从一五七六年到一五八九年）中记载的。蒙田在《伯特尔》中没有提到这次逗留。他不提这件事有点奇怪，可也像他对自己的政治作用秘而不宣一样。其他富丽堂皇的城堡有的是，都可以接待贝亚恩人。他若宁可待在蒙田家里，这说明他希望听一听他的建议。这位未来法国国王与前波尔多市长之间有什么可以谈的呢？里特尔遗憾蒙田没有在《随笔集》里写上一章。大家可以猜测堡主建议他的客人跟亨利三世和解，回到天主教，巩固他的王冠继承人地位。这样的和解，也是他的夙愿，他也早就为此殚精竭虑。

那瓦尔国王对蒙田的立场一清二楚，知道他对法国国王忠心耿耿，他信奉天主教，他思想宽容和解，这使他最近还在国王军队面前遇上了麻烦。国王军队大部分是联盟派，不能原谅蒙田在卡斯蒂荣围城时对他的新教徒邻居表示同情。那瓦尔看重他，看到他在波尔多如何行事，他们的友谊是相互的。他估计他可以是一位高明的顾问，是他与他的舅兄谈判中有用的中间人。此外，蒙田又跟科丽桑特交情很深。她很受他的影响，我们也看到蒙田毫不犹豫关照她谨言慎行。从科丽桑特给她情人的书信，证明她知道如何遵照他的建议行事。因为她鼓励亨利不要忘记什么可以使他"成就伟业"。这无异于蒙田说的话。

那瓦尔国王有一年半没有跟科丽桑特见面了，对她极为不忠。他跟一个罗歇尔少女埃丝特·伊贝尔保持关系，科丽桑特已不太在他心上，但是他很清楚她聪明过人，对他忠心，说的也是金玉良言。蒙田与国王的谈话中提到科丽桑特了吗？这很可能。亨利离开城堡后，十一月九日到那瓦朗把茹瓦约斯军队的二十面仪仗旗和军旗放到吉桑伯爵夫人脚下。这是骑士的问候，对这位热情的情人的贡献作出补偿。然后他又带了她到波城，然后阿格特莫，后又回到波城，在贝亚恩住了一个多月。但是他们的关系也接近尾声。

新教派领袖们对他躲至贝亚恩很不满意。库特拉凯旋者应该乘胜追击，挥兵直至卢瓦尔。然而他却不见人影，神秘兮兮，让人不知道他在做什么，又在哪里。在巴黎大家惊讶不已。有谣言说他已经去世。《星报》就有这则报道。有一天晚上，吉兹公爵为了弄清事实，问亨利三世有没有他的妹夫的消息，但是国王听了笑笑，他明白刀面人这个问题里抱有的秘密希望，很高兴把它破坏，这样回答："我知道这里的谣传，您为什么还问我。他像您一样死吧。他身体好着呢，跟他的婊子在一起。"

贝亚恩人玩失踪不是没有用意的：这指出他不管怎样一直是个尊重国王的臣民。如果说他显示了他的实力，他还是要说明他的军队有天主教徒亲戚的参战，他的斗争是为国家而战。至于劝那瓦尔国王把他费尽心机请来的外国军队撂下不顾，而去寻找科丽桑特，某些传记作家把这个主意归之于蒙田，这好像完全不是事实。亨利·德·那瓦尔不知道它们处境危险，以致在年底传来德国雇佣军溃不成军叫他惊恐万状。吉兹公爵十月二十六日在维莫里，十一月二十四日在阿诺对他们打了几场胜仗，使他更受民众欢迎。联盟挽回了面子。阿诺与库特拉两下抵消。

　　一五八七年底，那瓦尔的处境又不妙。一心盼望的莱茵河彼岸援军没有到来，在本派内部也有人质疑他的权威。法国国王的权威也不很牢固；他越来越失去民众爱戴，又看到吉兹家族权势日隆，在一五八八年一月吉兹家族在南希作出一系列措施，要强加于国王身上。

　　蒙田密切注意事态发展。他跟马蒂尼翁又来往频繁。后者洞悉亨利三世的想法，"冷冰冰"进行战争。这是国王要他打得"再冷冰冰一点"，据迪普莱西-莫尔奈一五八八年一月二十四日对他的妻子说："蒙田先生上王宫去了。有人对我们说我们要通过中间立场的人寻求和平。"

　　如果说那瓦尔国王和前市长都考虑到跟法国国王和解，那么当他们在库特拉一仗后的谈话，是不是提到让他走一趟，去跟亨利三世进行可能的商谈呢？反正一月份蒙田跟马蒂尼翁都到了莫瓦萨克，他可能就在那天在蒙托邦跟亨利·德·那瓦尔对话后就出发前往法国王宫。马蒂尼翁肯定是为这项行动作担保，因为陪伴蒙田上京的是他的儿子托里尼伯爵。这一小队人无疑在蒙田城堡和波尔多停留一下，为旅行作准备。

　　蒙田在行李中放进了《随笔集》修订本和他不久前完成的第三卷手稿。对外宣称旅行的目的是去巴黎出版他的著作。他带了人数不多的随行人员骑马出发。旅途曲折艰难。在他带去印刷的新《随笔集》里，他提到一件险事，在旅行中差点丧命。有一次还是在停火令中，他出了门，约有二十个蒙面贵族的马队，后面还跟一群弓箭手，紧随其后追上了他。钱袋也掏了，箱子也搜查了，马匹派给了新主人，向他索取高额赎金，甚至还让他明白弄不好要送命。但是几小时后，他们把他释放，把一切都归还给他。稍后，这两个头目（其中一名后来已死）对他说，他获释全亏他"谈吐自在坚决"，平静自信，他们认为他不该遭受这样的对待。

他还在昂古莱姆附近维尔博瓦树林里遭到类似的噩运。他一五八八年二月十六日从奥尔良寄给马蒂尼翁的一封信里提到这件事。他的同伴与他被一群胡格诺分子逮住，钱遭抢劫，关了好几天，又在孔代亲王的干预下放了出来，他认为这样扣押不起作用，他们也看不见。蒙田说明这次拦路抢劫是对于巴罗和罗什富科被联盟派抓走一事的报复。他们把他的钱财、衣物和手稿拿走。托里尼伯爵损失五十埃居、一把银壶和几件衣物。

斯特罗夫斯基对这两桩不幸事件作出区分。弗莱姆认为这是一回事。纳刚强调《论相貌》的末尾，蒙田说他的面相好，还保护他"第二天逃过了那些人提醒过我的更凶险的埋伏"。这令人想到这支旅行队第二天遇上了另一起埋伏，这次是联盟派组织的（在给马蒂尼翁的信中提到"联盟派"）。蒙田后来又把这次袭击写进了随笔。不管怎样，他想的是两天后就到巴黎了。这批旅客是在二月十八日或十九日抵达那里的。

确实有人在那里恭候着蒙田。一五八八年二月一日，英国大使爱德华·斯坦福爵士从首都写信给一等秘书弗朗西斯·华辛汉姆，说马蒂尼翁的公子带了一位蒙蒂尼（原文如此）到了这里，那瓦尔国王的非常智慧的侍臣，他向法国国王转达了他的口信，这人他自己也从来没有听说过。

二月二十日，斯坦福对此向伯格莱作出有趣的详情介绍：来了一位叫蒙田的人，他受那瓦尔国王之托，跟马蒂尼翁的公子一起派了来。这位国王在这里的大臣都感到嫉妒，他完全可以托付他们来做，他们对这次旅行的目的毫不知情。更叫他们对他怀疑的是那人还是吉桑伯爵夫人的挚友，据说国王对这位夫人唯命是从。他们担心，我也是——他说——他前来别是跟国王处理特殊任务的。没有人知道原因，大家相信不论蒂雷纳子爵、迪普莱西、这个教派里的任何人都不知道其中一点内情。不过这位来客是天主教徒，非常能干。他曾当过波尔多市市长，不是那种会给国王添麻烦的人。他的任务必然会投国王所好；如果马蒂尼翁元帅对此不是很有把握，是不会让他的公子护送他来的。他还说他没有目标是不会写这封信的，只是担心那瓦尔国王不要万不得已去满足国王的要求。

西班牙也对蒙田感兴趣。二月二十五日，驻法大使唐贝尔那迪诺·德·门多萨写信给腓力二世："据人说，这里来了一位蒙田先生，他是天主教贵族，在马蒂尼翁的领导下跟随贝亚恩人；因为处理贝亚恩人事务的那些人不知道这人来访的原因，他们怀疑他是带着秘密使命来的。"

二月二十八日，他还是从巴黎再发一封信："蒙田先生据认为是个明白事理的人，虽然有点颠三倒四。有人对我说他操纵吉桑伯爵夫人，这是个非常美丽的夫人，寄住在贝亚恩人的姐姐家里，因为她是贝亚恩人的情妇，蒙田跟这位亲王有来往。大家据此推测他负有使命，法国国王要利用他在那位伯爵夫人面前说项，借此劝说贝亚恩人去迎合国王的心意。"

英国大使与西班牙大使的信件相似——据弗莱姆说——说明一件事实，斯坦福是门多萨的情报员。这个身份不明的人物，在英国受到怀疑，却是个优秀的外交人员，给西班牙工作，廉价向门多萨和亨利·德·吉兹提供消息。是叛徒还是双重间谍？不知道。但是他对蒙田的看法要胜过门多萨，更多赞词。如果说蒙田在西班牙人看来"颠三倒四"，这显然是他不像当时的外交家装出一本正经的派头，这点蒙田自己也在《随笔集》里解释过。斯坦福的两封信是弗莱姆发现的，门多萨的信是里特尔发现的，都说到蒙田抵达巴黎引起的好奇，以及他参加的谈判的重要性，而且只是在外国使节的信函里还保留着这件事的痕迹。

但是大家不知道的是他的使命的明确目标。他是不是受权跟法国国王讨论那瓦尔国王的改宗的可能性。这是弗莱姆提出的假设。亨利三世对联盟愈来愈敌视，这点贝亚恩人不会不知道，蒙田是不是带了一份建议书，缔结军事同盟反对联盟呢？这是特兰凯更能接受的假设。更符合情理的就像亨利·德·那瓦尔在信中说的，他还没有准备起誓背弃加尔文派。

巴黎的新教徒感到不安是可以理解的。那瓦尔国王在库特拉一役之后逗留在贝亚恩，可以归之于他爱女色。选择信天主教的蒙田作为谈判者，他与卡特琳和科丽桑特的友谊，可以让人认为亨利三世已经——又一次——成功获得他的妹夫的改宗誓言。

前波尔多市市长应该是一到那里就去晋谒王太后，跟她以及她的顾问商讨时局，了解吉兹家族在首都享有多少民望。亨利·德·吉兹在那里人的心目中是英雄，大家看不起国王，憎恨他的宠臣，反对他的小册子满天飞。

蒙田抵达巴黎时身体极差。大家不知道他住哪里，有没有见到国王。国王欣赏他的妹夫的为人品质，把他看得比吉兹家族更重。至于贝亚恩人，他若听到妻子与岳母的死讯会唱起西面赞美歌，在给科丽桑特的信中说，他不恨国王，希望与他达成协议。可是，蒙田的任务以失败告终。亨利三世害怕和憎恨吉兹家族。但是他异常虔诚（这点为巴黎人误解），在宗教上患得患失，无疑让他无法与妹夫取得任何谅解，要是后者不起誓改宗的话。他随后立即派了个人去见那瓦尔国王，不是蒙田，而是另一个加斯科涅人圣科隆布，请求他下决心回到天主教会的怀抱。那瓦尔国王作出有礼但是坚决的拒绝。

巴黎城市骚乱日益强烈，蒙田在那里住到五月份。他需要监督一五八八年版《随笔集》的印刷，书的特许证日期是六月，也在同一月由阿贝尔·朗格里埃出版社发行。这个时机不太有利！有人毫无真实的证据就假定，这是蒙田的朋友、加斯科涅诗人皮埃尔·德·勃拉赫帮他完成，或者甚至说代替他完成的。是不是也在那时，或者稍后在七月份，有人造谣说他已经死亡？皮埃尔·德·勃拉赫一五九三年二月四日给朱斯图斯·利普修斯的信中宣布蒙田的死讯，还跟他叙述《随笔集》作者在巴黎逗留时得病的情景。医生回天乏术而绝望，而蒙田自己只希望了结此生，他的"决心与勇气"叫朋友吃惊。他说他用信心来欺骗死神，死神则用康复来欺骗他。他肯定目睹了五月的骚乱。十二日，巴黎巷战那天让亨利·德·吉兹耀武扬威进入巴黎，占领了巴士底狱。国王潜逃。蒙田和皮埃尔·德·勃拉赫跟随国王到夏尔特尔，后来又到鲁昂。当然出于忠心。或许也可能他认为自己没有完成使命。

他七月份回到巴黎。十日，他在圣日耳曼郊区的住所里已经躺了三天（痛风病引起脚趾疼痛），这时他被"巴黎的军官和老百姓抓走当了囚犯"，在下午三四点钟之间骑在自己马上带到巴士底狱。这是艾勃夫公爵下令，把他逮住实施报复的权利，因为联盟有一位贵族在鲁昂被捕。他囚禁在暗室，"当晚八点钟"又从那里放了出来。

王太后在国王离京之后跟国务秘书皮纳尔一直留在巴黎，从他那里得到报告，立即出面跟吉兹公爵，又跟巴黎市长米歇尔·马尔托疏通；蒙田跟后者七年前在洛雷托见过面，还是他说起自己神奇治愈的故事。卡特琳派了另一位国务秘书，维勒鲁瓦领主，尼古拉·德·纳夫维尔去市长那里。纳夫维尔放下一切工作，在议会开会时提出这事。王太后的一位御厨总管拿着两份批条，一份有吉兹公爵签署，一份有巴黎市长签署，过去把蒙田救了出来，"一桩特殊的恩宠"。"这是我生平第一次坐牢"，蒙田在家庭纪事中这样写道，里面对这次历险有详细记载（把日期七月十日错写成七月二十日）。

蒙田说自己"那么酷爱自由，谁若禁止我前往西印度群岛的任何角落，我也会在生活中明显地开心不起来"，如今关过巴士底狱，身体难受，又有什么样的反应呢？他从来没有走进过监狱，即使去走走也不曾有过，他说，即使身在牢外，想象到这个情景也令人非常不愉快。

身居高位的人立即行动，为了他获得自由而不遗余力，这说明在那些大人物的心目中米歇尔·德·蒙田的重要性。他的情况必然上报到联盟的领导人那里，并把他作为嫌疑分子监视。然而他被囚禁不是因为他是那瓦尔国王的间谍，而是因为他执意追随国王和王太后。

大家有时设想蒙田跟刀面人有过几次会谈，提出目前的形势还是有利于三亨利的和解的。斯特洛夫斯基同意这个假定，引用蒙田提到维尔博瓦遇劫一事给马蒂尼翁的信中这句话："国王派了贝利埃弗先生和拉吉什先生去见吉兹先生，敦促他到朝廷来。"特兰凯则认为，蒙田"逗留巴黎期间态度变得摇摆不定，倾向于吉兹家族，祝愿他们与国王接近"。从而亨利·德·吉兹保护了他。纳刚则据理反驳他。政治上对立并不阻止彼此惺惺相惜。吉兹懂得做事宽宏大度。五月十二日，他阻止巴黎民众屠杀国王的瑞士禁卫军。当他想到在国王与联盟建立同盟之际，把一位众所周知对国王与王太后忠心耿耿的贵族扣押在巴士底狱，不是明智之举。还是让我们相信是蒙田开朗的面貌、可能还有他的自信、通天的朋友们的保护，才使他的命运有了转机。

　　他到了巴黎不久，接到玛丽·勒·雅尔·德·古内的信，这是一位二十二岁的青年女子，住在庇卡底的一座小城镇里。她在十八九岁时，偶然发现了初版《随笔集》，沉迷阅读，她正陪伴母亲待在巴黎，以前听说他已过世。一旦知道他还健在，"差人向他问候，跟他表示自己对他的人格与著作的倾慕之意。第二天他就看到她亲自前来道谢，向他表示如同父女一般的感情联系"。这是古内小姐在她的自传中提到他们初次见面的情景。她立即赞叹他与她前世注定意气相投。这个"慷慨与哲学友谊"自后一直持续到蒙田去世为止，甚至还继续保持，因为她积极投入了遗稿的出版工作。玛丽对《随笔集》作者的热忱直至她八十岁高龄谢世后才不存在。玛丽聪明，活泼，不丑也不美，精力充沛，在外省孤独生活，无师自通学习了文学、拉丁语，甚至一点希腊语。她后来写道，《随笔集》读了使我"震撼"，"让我洞悉世事"。事实上那时《随笔集》的名声并没有确立。这个年轻的崇拜者迫不及待要做她的大人物的"义女"，很高兴他提出这样做。蒙田与拉博埃西（他的义兄）尚未谋面以前一部书就使他们产生了友谊。也是一部书同样成为玛丽·德·古内与蒙田建立关系的契机，她后来说，这是唯一合适的关系，"从他们的年龄差别，从他们的灵魂与生活习俗各方面来看"。

玛丽感情炽烈，那是不用怀疑的。但是蒙田的感情究竟如何呢？五十五岁，垂垂老矣，还有病，这位青年外省女子对他无限崇拜和忠诚，他应该感动，被人那么了解而觉得幸福，还惊奇地发现她充满才气，那是他在更加杰出的女性中间也可能从没遇见过的。他对她很依恋，他在《论自命不凡》一章的边白上写道："我在世上注视的也只是她一人而已。若看少年时代可以预知将来，这个心灵有朝一日会大有作为，其中一件事是把我们非常神圣的情谊臻于完美，目前我们阅读时还有她囿于性别而未能达到的东西。"他同样称赞她"性格真诚坚强"，感情浑厚，对最初几篇《随笔》的评论，"当代一位女子，又那么年轻"。

这份赞词不见于波尔多版本，有时令人怀疑是古内小姐添加上去的。它应该写在一张活页上，而今已从手稿上消失。这些词句在不怀好意的人看来热情澎湃，玛丽相信在她一六三五年编辑的最后版本里应该加以改写。高内依同时代的青年嘲笑她，因为那时她是个破产的老小姐，女权主义者，一直热爱蒙田。稍后，大家又指责她僭用《随笔集》作者名声为自己谋利。弗莱姆仔细研究了各种版本中有关她的那几个段落，得出结论说很难弄清楚古内小姐在多少程度上改动（或没改动）蒙田的原话。他对她的热情爱戴很感激，这份情意给他的晚年增添了温暖，这看来是真实的。但是她是不是称心如意，成功代替了拉博埃西，这还不至于。

不管怎样，蒙田很乐意到她在庇卡底地区古内-阿隆特的家里拜访和休息。七月二十一日，在他从巴士底狱释放后不久，在巴黎签订和登录了亨利三世和联盟联合的敕令。政治局势缓和下来。他利用这个时机遵约到她家里小住。艾蒂安·帕基耶告诉我们，他在两三个月时间内去了好几次。

他们在阿隆特河边散步，交谈和议论他们的阅读。蒙田向她口授《随笔集》中的几个段落，写在已出版的大部头的边白上。当他回到佩里戈尔后，玛丽寄给他一篇浪漫故事的手稿，征求他的意见与批评。她给故事起名为《蒙田先生的散步场》，因为他们有一次散步，一起阅读了普鲁塔克的《爱情故事》时，她向他提到过这项计划。作者去世后留下的文书中发现了这份手稿：那时散失不见，是蒙田没有时间找，还是他宁可不谈这件事？没有人知道。

蒙田回到巴黎。从那里又去了布卢瓦，按照联合敕令的条款在该城举行三级会议。他在十月到达参加开幕会议，还是稍后在十一月？他在那里遇见许多朋友德·图院长、蓬蒂斯·德·蒂亚尔和帕基耶，他们都是代表。

九月初，亨利三世辞退了大部分部长，其中有贝利埃弗、维尔罗瓦和皮纳尔。王太后几乎处于失宠地位。他们都是蒙田的保护人，会议上的敌对气氛叫蒙田不安。他在那时想到离开法国吗？德·图说在布卢瓦，他"天天催他认真考虑给他安排好的驻威尼斯大使一职。他本人也有意去威尼斯，为了让他不必多虑，还答应他逗留威尼斯时期决不离开他"。蒙田在一五八八年前确实也曾想过住到威尼斯去。也是他们在布卢瓦谈话中提到混乱及其根源，他的朋友暗示当他们一起在王宫时，蒙田在吉兹和那瓦尔之间充当中间人，并预言他们两人只有死去一个对立才会消除。

德·图是他多年老友，关系非常密切。帕基耶是《法国研究》的作者，两人更多谈论文学。帕基耶欣赏《随笔集》，但还是有所批评。他觉得太多"加斯科涅腔"。蒙田不以为然，他早在第三卷第五章中已对这些他并不在乎的指责作出回答。他拒绝去改正一句"加斯科涅土话"，还一点不回避使用在法国街头听到的句子，因为他宁可自己符合的是习惯用法而不是语法。他不删除符合应用习惯的缺陷，达到了自己的目的："世人通过我的书了解我，又通过我了解我的书。"

当吉兹兄弟遭暗杀时他还在布卢瓦吗？ 一五八八年十二月二十三日，那天他在《伯特尔》中写道："亨利·德·吉兹公爵，实在是一代英豪，他在国王的私室里被杀。"这个赞词符合当时的社会风气，把人与政治敌手区别对待。那瓦尔国王在库特拉一役之后，还给天主教军队领袖茹瓦约斯举行葬礼。这么一件事应该让蒙田惊骇，他却写得完全不露声色。他不提起这是在布卢瓦发生的。是不是从中看出他还在那里的证据呢？或者他在三级会议结束以前已经离开？ 他有没有也提到对吉兹红衣主教的暗杀？《伯特尔》里缺了十二月二十四日这一页。他对这两人被谋杀一事有什么反应，大家不知道，但是很容易猜测。他在一五八八年写过："公众利益要求大家背叛，大家撒谎"；稍后又加了一句："大家屠杀"。他一直忠于而且依然忠于法兰西国王这位合法领袖，但是他不能赞同和看得起他的做法。此外他是不是在自尊心上也感到伤害，尽管他对人的判断一贯非常可靠，却还是没有能够看透人性中的"秘密部分"，把没有预见到布卢瓦事变看做是"自己一生的少数重大错误"之一？

在发生这样血腥事件的时刻，据说马蒂尼翁正要被召回。大家在说其居耶纳摄政官的职位将由吉兹红衣主教接任。在一五八八年底或一五八九年初，蒙田回到他的省份之时，他的地位又变得稳定了。前任市长又变成了在任市长的合作者，他跟他具有共同的政治观点；《随笔集》中对亨利三世的描述更多是负面的，然而蒙田即使不是对亨利三世，至少也是对法国国王表示坚决拥护。他们两人应该认为国王跟那瓦尔的和解是不可避免的。

亨利三世摆脱了吉兹两兄弟，急急忙忙结束三级会议。王太后在吉兹兄弟之后十天去世，据说是她儿子与王国陷入的局面把她吓坏了。玛丽·德·古内是唯一对她的义父当时行动提供一些消息的人，说他回到居耶纳，"联盟的战火在法国全境熊熊燃烧，他还是服务于国王麾下"。

吉兹兄弟遭到暗杀，使联盟失去了领袖，激起他们的怒火。《巴黎星报》全面报道了巴黎人反应的剧烈程度，"索邦神学院解除他们对国王忠心的誓言，国王肖像撕毁，在教堂祈祷中抹去国王的名字，奥马勒向教徒保证要再来一场圣巴托罗缪大屠杀。"联盟派的日常操练，……就是嘴上总是弥撒和宗教，心里无神论和抢劫，手里谋杀和血迹（《亨利三世日记》）。

巴黎受到"讲道者"的鼓动，发出暴动的信号，外省跟进。在波尔多，以多马斯·德·蓬塔克为首的联盟派群情汹涌。蒙田从法国王宫出来，可能直接到了波尔多，后来又常去那里逗留一阵子。一五八九年夏天，勋贝格和德·图到他的城堡作客，受到他的妻子良好接待时，他肯定是在那里。他们有弗朗索瓦兹的兄弟普雷萨克陪同前往德国，避免遇见联盟派。

德·图说得很明确，动乱时期，马蒂尼翁叫蒙田参加会议，讨论省内的重大事件。在市长作出波尔多效忠于国王的决定中，蒙田通过讨论起了不大不小的作用。

一五八九年四月一日，在平民区掀起一阵抗拒行动。联盟派在波尔多很有势力，最高法院没有把握。元帅采用他前任同样的政策。他走上街头，身后跟了贵族和卫队，阻止叛乱者拿起武器，夜间任何时刻都派兵巡逻，做到教会不向联盟派讲道。有一次他在省内最重要的贵族陪同下，前往最高法院召集全部厅局会议，我们可以跟格伦一样认为蒙田也在其中。

一五八九年四月三十日，吉兹遭暗杀后四个月，亨利召见贝亚恩人到都尔的普莱西。他们和解使马蒂尼翁的工作容易顺利。联盟派再也得不到法国国王时多时少的支持，它只是成了一个叛乱宗派。胡格诺也不再是一个需要监视与打压的敌对派别，蒙田可以对那瓦尔表示个人同情，又对合法王国献忠心。

但是联盟派得到耶稣会的支持，不解除武装。马蒂尼翁把耶稣会驱逐出境，由敦促人们向国王表忠心的斐扬派负责讲道工作。在复活节庆祝游行时，叛乱分子侮辱官员。马蒂尼翁走到街上，四面是卫队，他手里拿枪，朝着敌人走去，带几位骑马的贵族冲向叛乱者，后者纷纷四下逃跑。一五八九年四月二十四日，他参加最高法院的庄严大会，在一大群贵族中间（蒙田肯定也在其中），向他们传达国王对联盟派和一切反对他权威的人采取的措施。

一五八九年八月一日，亨利三世和那瓦尔走向巴黎时，在圣克卢被雅克·克莱芒刺杀。国王临死时，派人把他的妹夫召到床前，公开宣布他是他的继承者，并敦促他改宗。首都始终对他耿耿于怀，用绿色作为丧服讽刺他，这是象征疯子的颜色，他们并不急于承认一名异教徒为合法的一国之主。

亨利·德·那瓦尔变成法国国王，"根据王国的基本法，它把王位授予法国王宫血统中的长子，不论他与他所承继的人亲缘等级如何"，皮埃尔·德·莱斯图瓦勒在他的《日记》中这样写道。但是根据联盟派，以教皇加冕作为准则。亨利四世在一五九三年宣誓改宗，只是到了一五九四年七月才在夏尔特尔受教皇加冕，戴上王冠。对蒙田来说，国法给他"选择了政治派别和为之效力的主子"，不容再有半点犹豫。他立刻写信给亨利四世向他表示忠心。一五八九年二月十日他有没有参加卡特琳的葬礼呢？九月二十日有没有在圣安德烈教堂参加亨利三世的葬礼呢？这是可能的，因为他跟居耶纳首府的生活还是保持密切接触。

波尔多是法国第一座承认新国王的城市。亨利四世自亨利三世一死，便给马蒂尼翁写信说自己遇事会有求于他。元帅忠实执行跟蒙田以前相同的政策，必须一方面让周围的部队不敢轻举妄动，另一方面维持波尔多市内的秩序，不让自己的权威遭到挑战。尤其使他不安的是最高法院，那里大多数成员倾向于联盟派。在最后那位瓦罗亚人被谋杀后，在八月十七日到十九日召开的那次庄严的会议上，马蒂尼翁坚定地重申必须遵照继承法规则服从合法的继承者。

他的毅力，同样还有他的机智，促成居耶纳留在亨利四世的管辖之下。教会跟他作对（在伊夫里一役以后，波尔多红衣主教还拒绝举行感恩赞加以庆祝）。行政官都团结一致，但是最高法院多数人拒绝承认新国王。马蒂尼翁试图说服不成，然后加以威胁。官员要保留亨利三世的印玺，从而表示他们不把贝亚恩人看作是真正的国王，马蒂尼翁于是换上另一枚有亨利四世的名字与头像的印玺。最高法院从那时起不能再回避，发表正式决议承认新国王，那是一五九〇年一月二日，亨利三世驾崩后五个月。

蒙田应该赞赏这个计谋。他一直有效地——虽然是悄悄地——协助马蒂尼翁，在会议上支持他，在向胆怯者或敌对派示威的大会和行列中总是见到他的身影。

亨利四世的政府选址在都尔（直至一五九四年四月迁出）。他从那里给蒙田写了一封回信，邀请他去见他。这封国王的信只是在一五九〇年一月才送到蒙田这里。蒙田一月十八日从城堡给他又写了一封信，用词可以证明他跟马蒂尼翁的密切合作。他很高兴看到他的国王赞赏马蒂尼翁元帅的"坦率热情与缜密心思，我还相信，您每天得到那么多良好与明显的服务，不会不记得我作出的保证与期盼"。

他跟法国国王说话的语调，不及他跟青年朋友那瓦尔国王那么自在，他庆贺他在迪埃普的可喜结果（阿尔克胜利），未能为出席国王给他安排的十一月三十日的接见而道歉，很高兴国王"重视"他的来信，还予以答复。他还提到他长期来对他的仰慕。他想亲王受人民爱戴，不单是他的事业的正义性，还要依靠他的战功。他多么乐意在亲王身边当一位真诚的顾问，以这个角色而言，他感到遗憾的是国王不得不允许军队在"这座主要城市"的四郊抢劫三天，他不要漠视"善意的劝谏"，对待"反叛的臣民"要比联盟派更加宽厚仁慈，出于一种父爱与"真正皇恩"的保护之心。在这样的环境中，必须"使用不同一般的方法"，用"宽宏慷慨去妥善完成，那才是引导人们走向仁义正统这一边的高明策略"。他祝愿亲王受民众爱戴，不是对他诚惶诚恐，"必须把自己的利益与他们的利益相结合"。至于国王要他另定一次接见，他问：或许不久可在巴黎？"那时不会有事务或健康问题阻止我前往了。"

那时大家期望巴黎不久就可收复。在一五八九年十一月二十日，贝亚恩人写信给科丽桑特说他在一月底可以在那里。

一五九〇年七月二十日，巴黎围城时，国王还从圣德尼军营写信给蒙田，嘱咐他不得延误前往马蒂尼翁那里。一五九〇年九月二日，他就在收到国王的信当天早晨，在城堡里口授回信（不是出自他的手写）。他患上"来势凶险的间日疟"，这病一个月来在当地相当流行。他还曾三次"急忙"写信给元帅，建议他去找他，还标出他打算走的路线。但是他没有收到答复。无疑是马蒂尼翁考虑到"路途太长而危险"。

给马蒂尼翁的这三封信均已散失，就像其他几封一样。况且，一五九〇年三月起，元帅已经离开波尔多，他只是在那里短期停留，镇压一场叛乱，到处巡视维持居耶纳的秩序。我们不能从中推算双方没有信息可能是有了什么误解。

国王在他的信中语气有点生硬，提出他会补偿他将花去的费用。蒙田自尊心感到受伤，带着贵族的尊严加以拒绝：

"陛下，万望您相信我在不惜生命的时际自然不会舍不得钱财。国王的慷慨赠予不论是什么，我历来接受的礼物不会超过我之所求与我之所值，为他们效力也从来不取报酬，这点陛下也应已有所闻。我能为陛下的前辈所做的事，今为陛下去做更是心甘情愿。陛下，我的富余于愿已足。当我在巴黎侍奉陛下用完我的钱袋时，我会大胆向他陈说，陛下若认为值得把我留在身边多待一阵子，我也会比他最低级的官员消耗更少的官饷。

"陛下，

"我祈祷上帝赐陛下国运昌顺，身体健康。

"您的非常谦卑与非常恭顺的仆人和臣民。自蒙田，九月二日"。

蒙田就是这样告别了公众生活。此后他活了两年。他没有来得及看到亨利改宗，也没有看到王国和平。那时法国的局势是暗淡的。亨利四世尽管得到最初辉煌的成功，还是花了好几年工夫才建成他的王国。联盟派恢复实力，巴黎继续抗拒，外国敌人就在这么一个国家的边境，蒙田担心它"慢慢消蚀腐败，这叫我不寒而栗"。由亚历山大·法尔内塞率领的西班牙军队深入到了鲁昂和巴黎，解救被亨利四世围困的联盟派。至于国王，他失去过进入巴黎的机会，为了取悦他的新情妇加布丽埃勒·德·埃斯特雷，总是推迟改宗宣誓。蒙田肯定感到失望，可是像以往一样依然忠于合法国王，无疑还对他保留着昔日感情。但是他退隐到他的城堡，有病在身，不能够再充当中间人或顾问的角色。时机已经不再来。"等于餐后才送上了芥末"。他这样说不无苦涩吗？肯定有的。"我不采纳人家的建议，我给人家的建议也少。请教我的人不多，相信我的人更少，我也不知道哪件公务或私事是听了我的意见提出和通过的。"

然而他承认看到自己"不卷入其他人的事务"，证明"自己不受当今坏风气的影响"，也是一大快事，他可以对自己说他没有什么罪过，既没有让人痛苦和破产，也没有报复和嫉妒心理；"既没有公开触犯法律，也没有标新立异制造混乱，说话不足为凭。虽然糜烂的时代教唆人胡作非为，我可没有侵占别人财产，把手伸进哪个法国人的钱包，不论战时与平时都靠自力更生，也不曾无偿地利用别人的劳动。"他昂首阔步走出公众生活，前去享受私人生活，他在一五八七年说他喜欢私人生活，"因为这是出于我的选择我喜欢，不是不适合公众生活"，他承认，它可能也是同样适合他的天性的。

在一五八八年秋末，他从布卢瓦回来，直到一五九二年去世，在这四

264

年间，蒙田住在城堡里。他后来还去波尔多支持马蒂尼翁，帮助城市归顺法国新国王，但是从一五九〇年夏天起，他在家里几乎闭门不出。然而他的书斋工作未曾稍懈。他又"重亲审阅"他的《随笔集》，经常为之"气恼"，但是始终热忱地修改。

一五八八年版《随笔集》

　　一五八八年夏天，国家处于极度危机声中，米歇尔·德·蒙田领主的三卷本《随笔集》在著名的阿贝尔·朗格里埃出版社出版：国王特权证书日期是一五八八年六月四日。跟一五八〇和一五八二年的八开本、一五八七年的十二开本不同，一五八八年的是四开本。三卷的每章都不分段落，除了《论判断的不确定性》这章从一五八〇年起分为六个段落。蒙田在世时，《随笔集》不像后来那样分开的：只是给献词或诗体引语留下空白。

　　书名页上写这版是第五版，"增加第三卷，在第一、二卷上加六百条增补"（事实上六百四十一条增补，五百四十三句新引语）。据拉克鲁瓦·杜·曼恩，可能在鲁昂和其他地方也印了一版，现已跟蒙田其他文章同样散失。从蒙田手写的更正来说，这应该是第五版；蒙田在准备一五八八年到一五九二年的新版时，把样书书名页上的"第五版"划掉，在"他一边走一边获取力量"那句格言上面，写上"第六版"，是给印刷商看的。

　　《致读者》这篇没有修改。但是日期是一五八八年六月十二日。这一版没有前言，篇幅多了一倍。除了第一、二卷的增补以外，还增加了第三卷内未曾出版的十三篇文章，比第一卷五十七章和第二卷三十七章（除《雷蒙·塞邦赞》以外）加在一起还要长。

　　一般认为蒙田当市长时不大可能写《随笔》。根据有日期可查的引语和隐喻来看，这些篇章的撰写约在一五八五年八月到一五八六年七月，还有就是一五八七年三四月到一五八八年一月之间。蒙田一五八八年二月到达巴黎后可能又添加了几段。

他嘲笑"粗制滥造的书籍是乱世的一个症状"，像在他生活的动乱时期到处泛滥，他在《论虚空》一章中把自己的著作说成是"无事忙"的成果。第八次宗教战争的艰苦岁月，公务与祸灾还不致忙得无暇他顾时，他还是在写作。艰苦岁月在他的作品中留下深刻烙印，其历史丰富性超过最初两卷。时常谈到内战的悲愤喷涌而出，还把当前的苦难与他在喜爱的阅读中获知的古代苦难相比较。某些众所周知的事件如围城与战斗，都在书里提及，很易辨识。那些重要历史人物都是匿名出现在书中："我认识一个人……我认识另一个人……"有人试图考证，多少也有把握地认出那瓦尔、亨利三世或吉兹。玛丽·斯图亚特"死于屠夫之手"，连名字也提到了。但是也有许多隐喻我们则不得而知。蒙田提到这些事不管本身事实如何，而是要用于作为含义深长的例子。

他自己也在书中显身，或者在一个篇章里提到他的人生片断（《论虚空》）、他的旅行（《论意志的掌控》）、市长经历（《论相貌》）、居耶纳的武装冲突、瘟疫期间到处漂泊、一五八八年去巴黎途中的不幸遭遇和联盟派，或者是他在书里作为敌对各方中间的谈判者、永远的中间人。

与前两卷相比，第三卷有深刻的改变。作者在其中表现出一种自信、一种胆量，经常咄咄逼人，尤其令人惊叹的它们对前两卷的随笔赋予一种新的解读。拉博埃西的形象始终留在朋友的记忆中不可动摇。在第三卷第七章《论身居高位的难处》，居于书的中央突出地位，是不是应该认为这是对《自愿奴役》的致敬呢？这一章针对时局说明身居高位包含的威望与风险，尤其是那个"最棘手与困难的工作"——国王的工作。

第三卷第一章《论功利与诚实》，这是古代哲学的热门话题，被马基雅弗利赋予新意，病态的内战，又有了一份震撼人心的现实感。但是他坚决重申他拒绝屈从所谓的政治行动需要，用道德良心的需要来抵制它们，点明了后来篇章的精神实质。《论悔恨》是最典型、最大胆的一篇文章，纪德非常爱读，悔罪是改革派的关键问题之一，在特兰托公会议讨论，蒙田在此问题上采取了立场，起而反对对错误表示"油然而生的"悔恨，这只是"在重申我们的意愿"，反对神学家的"讲究功利的畏罪忏悔"。他谴责这种"浅薄的、中性的、形式上的忏悔"，出于害怕或者欲望衰退的原因，真正的悔恨只是取决于"理智的增强"和圣宠。在宗教领域，就像第一章的政治领域，要保护真诚，真诚在于对自己的忠实。《论维吉尔的几首诗》，嬉笑大胆，但是依然咄咄逼人，在爱情领域内揭露男性偏见，声称拒绝语言或行为上的审查，提出肉体愉悦的正当性，最后一章《论阅历》对此又一次重申。在《论马车》一章中，这次是义愤填膺地控告西班牙人和葡萄牙人在新大陆殖民时期的暴行。还有表面上没有那么愤慨，其实强度未见减少，谴责世纪末掀起的疯狂驱巫运动。第三卷还在功利与诚实这个主题提出一系列不同的看法，在学者自满的这个主题也是如此，他们自以为聪敏，看不起比他们更聪敏但是一直吃亏的普通大众。因为，如果说《随笔集》继续标志作者在人生各阶段对事物的看法更从容、更智慧，然而蒙田的态度与古代贤哲渐行渐远，后者则像《论退隐》中宣扬的是自身修养，远离尘世。

第三卷中出现的蒙田，已有了各方面丰富的阅历，看待世事的目光敏锐远大。第一、二卷表现出贤哲对俗人的一定轻视。从那以后这人心中怀有天下一家的新思想，他认为所有人都是他的同胞，拥抱一个波兰人就像拥抱一个法国人，"把世界各民族情谊置于民族情谊之上"。

在法国，社会的不平等使小百姓与贵族的差距，像一个法国人和一个斯基泰人或印度人那么大。皮埃尔·埃康在儿子一出生后设法让他养在老百姓中间。在最初几篇随笔里老百姓是没有位子的，十六世纪文学中一般都是这样，除了抽象地提出他们的纯朴，尤其是语言正确清晰，来反衬有学问人的装腔作势。在意大利旅行期间，蒙田的好奇心，对异国情调的爱好，都使他对底层社会，对工艺匠、小店主、农民、他们的风俗习惯、他们的饮食、他们的服装表示极大的关注。他觉得他们的生活要比法国的百姓更舒适更快活。

蒙田领主对于生活在自己土地上的佃农、杂工、牧人或葡萄农，要比城市的工艺匠更熟悉。战争的苦难也是最沉重地压在他们身上。波尔多市市长上疏国王，指出百姓遭受的不公平——"钱应该用来饱肚子的，却被人用来饱眼福了"，——在人头税的高压下，他们已经穷得沿途乞讨去了。《论相貌》一文中，对农民在贫困与疾病面前的坚贞隐忍，有一番激动人心的描述：他们"温和地称"痢疾为"肠胃道功能紊乱"，胸膜炎为感冒，也温和地忍受。"他们只有等死才躺到床上"。同一天，劳动与死亡先后进行。"在园子里给我翻地的那个人，今天早晨埋葬了他的父亲与儿子。"他们知道简简单单去死，关心不到在最后时刻还要保持体面，挖掘他们自己的坑，接着就躺了进去。也是他们这些人生活在恐惧中；兵痞的暴力、抢劫、强暴、苦刑。这些"可怜的人"，蒙田怀着怜悯瞧着他们，"遍布大地，牟拉着脑袋辛劳干活"。

他亲眼目睹的这些苦难，不是引起他同情的唯一苦难。从一五八〇年的随笔开始，他的思索转向了新世界的居民，这是一个生活在"温和的自然法则下"的社会的象征，我们看到在《论食人部落》（印第安人）里面，有口头证词作为依据。他称赞"善良的野人"，赞扬他们体现的打仗勇敢与友爱的理想，他们被我们称为"野蛮人"，事实上远比无知、自高自大的欧洲人和贪婪腐败的征服者优秀，他这样颠倒了文明与野蛮的概念。在一五八八年版的《论马车》是这篇文章的延续与补充。蒙田那时阅读了戈马拉的《印第安通史》、拉斯·卡萨斯的《关系》译本，或者让·德·莱里的著作，哀叹这一个民族被屠杀的悲惨命运，满腔义愤，对西班牙与葡萄牙的征服（"全面大屠杀"）提出诉讼。这个"少年世界"就在发现后不久即被粗暴摧残，一个文明被其他民族用令人发指和精心缜密的残酷手段灭亡，随笔对此表示无比的怜悯："那么多的城市夷为平地，那么多的民族濒临灭绝，那么多的平民百姓遭到杀戮！地球上最富饶美丽的部分竟为了买卖珍珠与胡椒搅得天翻地覆。"蒙田是那个时代强烈抗议"殖民主义"罪行的少数人之一，对受害者表现出真诚与深感痛心的同情。

还有其他受害者就在他身边。十六世纪下半叶到处接连出现巫案。内战、集体恐惧、不安全氛围促生了非理性的迷恋、迷信思想和相信神鬼灵媒。蒙田当官员时，肯定还没有机会主持这类审判，因为这还不归波尔多最高法院受理。但是形势已经起了变化。（蒙田明确）写于一五八五年的《论跛子》证明这点。

一五八〇年，蒙田敬重的哲学家司法官让·博丹出版《变魔妄想症》，说到《圣经》中已有巫师的存在，对他们、对过于放纵的法官予以同样的惩罚。法学家、魔鬼学学者、神学家都鼓励镇压，这加强了对巫师的憎恨，同时又到处出现巫师。然而首当其冲的是女巫而不是男巫，这是对性别与年龄的偏见造成的，因为她们几乎总是年老丑陋。法国法学家写出这部《变魔妄想症》，是为了反驳让·维尔的那部《魔鬼的骗局》（一五六七年法语版），他在男巫与女巫供认的事实里看到的是对魔鬼的幻觉。至于安布鲁瓦兹·帕雷，他的意见是处死"魔鬼的奴隶"。

蒙田有胆量与勇气去点明法官的狂热，他们转移审判的方式，把巫师作为罪犯惩罚。在向自己提问"他们的神迹"是怎么搞的以前，应先问"是这么一回事吗？"他本人认为这些神迹是些精神病人自己也弄不清的谎言与症状。他不相信那些涉及物理规律的现象，如骑在扫把上飞！他怀疑这是想象或提示的力量，即使巫师的供词也不足为凭，因为大家看到他们自责杀了几个人，事实上这几个人都好好的活着。那么，如果说神迹被认为是可能的——他一度也曾相信——不论是恶魔的还是天神的——都还是属于假设范围内的事。法官不能作为不可驳斥的事实遽下结论："讲到杀人，必须有一个明白清楚的理由"。

蒙田亲自进行过几次调查，他这人不会被几条偏见就束缚了判断力。一位当权的亲王，在蒙田经过他的领地时，要打消他的怀疑，陪了他去看十～十二个被控行巫的囚犯，其中一个享有盛名的老巫婆，长相奇丑，他跟她谈得"非常痛快"，深切关注。他亲眼看到了证据和她的自供词，还有这个可怜老婆子身上不会疼痛的鬼印（这在法官看来都成了铁证）。他凭良心说，"我更会给他们服藜芦治疯病，而不是用毒芹"。但是"司法机关对这类病自有它的治疗方法"！

至于"他家邻村的女巫"，"每次她们有陌生人来要求详梦，都要冒生命的危险"，也就是取决于向她提问题的巫学家的说法如何。疯狂、幻象、大妈的闲言闲语、诈骗，这些都可作为巫案入罪，那些可怜的人、卑微的老姬，在那么自信的大人物和博学之士面前孤立无援，就被送上了火刑架："总之，把一个活人放在火上烤，这对于他的猜疑索价也太高了。"

这篇随笔经常带有揶揄和幽默的语气，既是一篇勇敢的为无辜、低微、无文化的受害者鸣冤叫屈的辩护书，又是一篇反对他们有学问的法官的诉状。《论跛子》这个题目把身体的残疾（根据民间迷信，跛子行为令人起疑）和有残疾的司法，连接到巫术这个主题上，而巫术又跟女性淫荡的主题相连——从身体的淫荡连接到精神的淫荡：因为男巫与女巫焚烧的比例是一比五十。

从第三卷全书可以看出作者观察更加专注，对人的生命的同情更加全面，这点尤其表现在《论维吉尔的几首诗》。这个题目无伤大雅，掩盖着抱定决心的挑战和追求非正统的乐趣，还有《随笔集》里到处都可读到的对虚伪的憎恶。蒙田年过五十，到达老年的"边缘"，努力排除自己种种厌世思想，老年带来的"灾难"，还有一种自暴自弃的失望情绪：他回忆"过去的青春年代"作为乐事，决心抓住哪怕最微小的欢乐机会。但是说起来他始终渴望世人理解，这不是要人家赞扬他，而是要人家实事求是地认识他，拒绝在谈话时谨慎小心，敢于做的事情也要敢于说。他不掩饰自己的错误。他瞧不起那样的人，"把良心送进了窑子里，表面上却道貌岸然"。

他在这一章里要获得的是女士的同感（从她们的私室得到响应），是对妇女、爱情、婚姻的真正沉思，这些主题引人注目，经常在各种类型的论文与文学作品中展示讨论。沉思中也包含了怀旧与苦涩，因为这也是在向"人世间百事"告别，既然年龄、精力衰退、健康不佳使他不得不抽身离去。

说实在的，在他以前几篇随笔里，即使是《论三种交往》，还是有潜在与传统的轻视女性观点，而今在《论继吉尔的几首诗》中对男性心态的嘲讽，这中间的道路是很长的。蒙田一开场，就提出两性的生存冲突这个原则："她们与我们之间自然会有摩擦和口角。"最密切的协定也是"是非不断，充满暴风骤雨"。

社会法则更使这个冲突加剧和延续下去：女人拒绝这些强加于她们身上的生活规则并没有错，尤其是男人制订时"并没有和她们商量过"。对女性条件的藐视，一五八〇年的随笔里已有不少例子。大家不是看到最平常的政策都是把女人当作孩子对待，她们全由男人作主？

蒙田并不质疑女性的低下，这来自她们体能上的弱点，这也引起她们智力与道德的脆弱。他在这方面跟他那个时代的神学和医学观念是一致的。但是这一章与众不同之处，是对女性的性行为与它在爱情生活和婚姻生活中的交织，作出精深的分析。

据他说没有比性欲更为迫切的欲念了，他认为女人"在爱情上的能耐与奔放"是无法比拟的。大自然赋予她们一种长久的能力，"常备不懈，可以随时随刻适应我们"。男性"雄起表示自己的欲望"，女性按照社会守则要隐蔽内敛，不宜于张扬，欲望则并不减少。作者于是风趣地提到善良的"亚拉冈王后"的法令，她关心婚姻关系中要节制、谦恭，制定"合法与必要的限额是一天六次"，这样——据她说——减少"许多对性的需要与欲望"。（蒙田没有指出这件事的来源！）。

有关婚姻制度的法律，其目的是规范性行为，但是其严酷性在于强制妻子保持贞洁的义务。男人的虚伪与暴政给女人带上了矛盾的桎梏："我们要她们健康、保养好、飒爽英姿，但又要保持贞洁，这就是说血要热，心要冷。"

男人的法律像一切人为地违背自然的法律，就这样毫无情由地限制女人的天性，引起混乱，尤其是引起不公正。因为社会在婚姻道德方面执行双重标准。它像《七日谈》中的一个丈夫，认为"一个女人的荣誉与一个男人的荣誉不是相同的"：对丈夫的背叛非常宽容，对妻子的不忠则斥为无耻。作者说，我们要女人"独自去抗拒的，不仅是一桩不容轻视的罪恶，还十恶不赦，该受诅咒，比不信教与弑父之罪更加要不得"，我们做了则不会受到自责和咒骂。他还承认，"让我们真情自白：我们中间哪个不是怕妻子的罪恶带来的耻辱，更甚于怕自己的罪恶带来的耻辱……他宁可自己当小偷，亵渎神圣，妻子做杀人犯，信邪教，也不愿她没有丈夫那样贞洁！"

不应该对男性中"我们"的提法抱有幻想：作者是站在女人一边谴责男人的无意识、恶意和自私，从而得出结论说婚姻的职能是"防止她们欲火中烧，而按照我们的习俗很难让她们解渴"。他爱挑衅，兴奋之下还说离婚自有其好处，可以治疗丈夫的冷淡态度：如果像罗马时代的男人一样，知道妻子可能会失去，那时女人在男人的眼里不是更有价值了吗？

女儿的教育也是同样不合逻辑：有人教她们"深闺私密"、"稳重端庄"的艺术，又从童年起叫她们熟悉爱情。既煽动她们也要她们对此厌恶。大家事实上在哄骗女人，又用各种方法刺激她们。

蒙田敌视欺骗和假正经，他认为更合乎理性的是让少女认识"要点"，而不是让她们凭自己的胡思乱想去猜测。回忆起他自己的阅读，而

273

表扬斯巴达女人的美德，"她们结了婚也比我们的少女还纯洁"，习惯于看到男子一丝不挂地操练，也不在乎"自己走在路上露出大腿，有了贞德也就不用衣衫遮羞"。为了避免误解，是不是主张男女老幼按照某些制度健全的共和国做体操时都一丝不挂，互不回避？ 或者像柏拉图的法官实行婚前体格检查，男孩全裸，女孩裸至腰部呢？

十六世纪对女性不忠的惩罚是很严酷的，蒙田则表示宽容态度。《七日谈》甚至主张对丈夫的背叛要若无其事，但是有不同的理由：首先考虑的是尊严，也是悄悄让不忠的人回心转意。蒙田不是这样看待妻子的奸情。为什么女人的变心比男人的变心更受责备呢？ 他说她们也可以像我们那样申辩——他说——"喜新厌旧是人之常情，其次她们可以声辩（我们则不能），就是她们买的猫总是打着闷包①（不知道买来的是什么）"。不是还有"千百种坏事更有害更反常"吗？ 这是男人的尊严"根据他们的利益"才把这些缺陷看得那么重。

通篇随笔写得妙趣横生，不排斥它所谈的问题的严肃性，观察明晰，态度诚恳，其精神与那个时代的男性作家大不相同。其结论是一清二楚的，要认识到男人与女人在欲望面前是平等的，在一个男权社会里女人是遭遇不公的受害者。蒙田说："我承认这是事实，不管它对我有利还是有害。"这两种性别的人能不能相互了解呢？ 他表示怀疑："我们都是女人行为的不公正的法官，女人对我们也是。"但是他对他们不作评论："我要说男人与女人都出自一个模子"，"对异性指责比为同性开脱要容易得多"。

蒙田在后来一五八八年的版本里走得更远。书后他援引柏拉图和安提西尼的权威，承认女人有权利参加"一切学习、操练、职责、战争与和平事宜"。他的义女是后来出版的《男人与女人的平等》的作者，蒙田的这

---

① "打闷包"就是出售的货物放在包里不让顾客看。指婚前女方不知男方行不行。——译者注

种转变应该是受了她的影响吗？　不管怎样，上面的论调出现在他遇见古内小姐之前，采取这么毫不含糊的立场标志他对两性关系有过深刻的思考。

为了说明第三卷毫无顾忌的勇气，必须回顾他这样写作时的历史背景。他在一个顽固偏执的世纪里传播宽容；强调实质上为大人物谋利的宗派集团以宗教名义进行的战争的荒谬性；在气势不可一世的联盟得到西班牙和从新世界运来的黄金资助时，揭露征服西印度群岛的野蛮行径；当火刑架在各省内尤其在巴斯克地区的拉布德点燃时，抨击驱巫运动的残酷性；当反改革运动高奏凯歌、法国国王加强礼拜活动、苦修士队伍在巴黎不停游行时，他谴责"讲究功利的忏悔"。联盟派的意识形态几乎在每一篇中都受到指责。他这一代人都受到动乱的冲击，蒙田那时既成了这些动乱的法官，也成了它们的证人：他亲身经历的具体事实引起他的思索，他一生的情境跟他提出的问题密切交织在一起。

当他退隐到书房后不久，那时他关注的是政治、外交或军事生活。第三卷则相反，有了旅行、战争和市府任职的这些阅历，转向内心生活。他作为作家的大胆与独创之处，是愈来愈自由愈深刻显示自己的方式。如果说他像每个人一样都是"人类处境的完整形态，他对之感兴趣的主要还是米歇尔·德·蒙田。这不仅仅是坦露和探索他本人的灵魂与肉体，尽可能维妙维肖描绘他，还要在行为中，在行动中——像斯塔罗宾斯基说的——不停地寻求、操练和试验。

最初几篇随笔获得公众的好评，还有年龄增长，都给了他信心："我说的真实，不是一切直言不讳，而是我敢于说的一切；随着年事增长，敢说的话也增多。"《随笔集》事实上篇幅愈占愈多的是个人印象与经历、私密生活的情境。《论阅历》满篇都是五花八门的私房话，如他睡觉或如厕方式，他的兴趣，他的无趣，他的习惯（生病或者受伤，连得说话对他也有困难和有害，他对讨厌的药物比对疾病还痛恨，等等），他的阅读。《论

275

维吉尔的几首诗》不但告诉我们他对爱情、对婚姻、对性关系的想法，还有它们在他本人的生活中和他这方面经验中的重要性和作用。他人生中的插曲还用于作为主题：如《论虚空》中他的旅行，《论意志的掌控》中他的市长任期。他评论他对自己的一个看法，或者在《论悔恨》中评论自己的一种做人方式。

在《论揭穿谎言》，蒙田开门见山，就说到自己受某一位批评家的这条指责：他的计划是不理智的，只有恺撒或亚历山大那些勋劳卓著的人，才允许把自己作为描述对象。他于是作出这样的回答："我在这里塑像，不是要竖立在城市的十字路口，或一座教堂里，或公共广场上。"他的肖像也是他给"一位邻居、亲戚、朋友"看的；那个人认识我，高兴再次见到我的形象。在一五八〇年，他只对几位知友画出自己，要说到他把这部对大众无用的书付印，这是免得辛辛苦苦用手抄写，他声称显然不愿意人家把这当回事！

但是到了一五八八年，他面对反对声浪作出的答复完全不同。他说："我提出的是一种平淡无奇的人生，如此而已。丰富多彩的人生中含有哲学伦理，平凡家居的人生中也含有哲学伦理。"他那时已经意识到他这个计划的意义：研究自己是为了让人认识自己，同时他又叫他的读者去认识他们自己。他同意人的天性可以通过教育得到加强，但是不会完全改变与消除。"谁若愿意审视自己的话，没有一个不会发现自己的内心有一种固有的占主导地位的脾性"，抗拒外界的教育和一切相反的情欲引起的风暴。蒙田以前认为我们彼此不同，而我们表现的形象比此更不同，有些人与其他人的差别甚至要超过与某些动物的差别。现在他的新普世理念与他对人类多样性的理念是平衡的。因而，在对精神问题的推理中，他的人生跟任何一个人生是相等的。

为了了解人，最普通的人生与最独特的人生同样富有教诲。可能一个人生愈是普通愈是值得研究：它愈像我们的一生，愈使我们看清楚。蒙田的那个"我"，不论它是多么"特殊"，可以让读者感兴趣，因为他们在他身上找到自己、聚焦自己。

于是，蒙田说他自己在这个题材上"比谁都有学问"。没有人在这个问题上钻研更深，细枝末节解析更细致，更能全面确切地达到预期的工作目标。因为他在这项研究中做到最纯正、最直率的"忠实"。

这样他对这个让人认识自己的计划及其实用性作出了良好的辩解。这个东扯西拉的大杂烩，这份他一生试验的记录，对于精神的健康还是有告诫作用的，也就是说读者若有需要，可以把它倒过来看作是反面教材。它让他通过与作者的不同之处来认识自己。

这种对自身的审视从今以后排斥一切虚荣、一切谦逊、甚至一切羞耻心。蒙田在这第三卷内，唯有自己是唯一的研究题材："这是我的形而上学，我的物理学。"只要不有违于礼仪准则，他愿意让人感到他的倾向与爱好，不再期望什么猜疑什么。他的书让人读懂了吗？ 他说"人家可以发现我已什么都说到了或暗示了"，并明确一点，"若有人对我的看法不符合我本人实际，即使在表扬我"——他说——他也乐意从另一个世界回来驳斥他。

年老在他也是一个借口，可以这样放肆议论自己。在事后一个补文里他甚至加上这句："我不但敢于说自己，还敢于只说自己。我在写其他事时会离题跑辙。"这是因为他能够脱离自己看自己，"像看一个邻居，像看一棵树"。

作者的这种分身术允许他看出"自己的一切天然习惯"，于是一边在注视自己，一边在询问自己、在思想、在评判、在书写。这说明为什么他的书与他"亦步亦趋"，"一致前进"。作品不能"撇开作者不谈"，作者在塑造它时不停地在思索自己。这是《随笔集》的最伟大的创新和与众不同之处。

在描绘这么一个复杂流动的人物时，作者自己也说面貌一直变化不定。他说："我不描绘实质，我描绘过程。"因为他专注于陈述不确定、游移与矛盾的想法。这些矛盾他不去有意掩饰，反而背道而驰。这些矛盾是说明他真诚的保证："不论我有时会自我违背，但是实际上像狄马德斯说的，我决不会违背真情。"这些矛盾显露出他内心的不稳定，对此他非常明白。他神经质，感情用事，易冲动，会从他憎恶的忧郁、不满足和自卑，变得讨人喜欢，语言幽默，承认自己的不足之处；还对自己判断的根据沉着自信；这依然没法不叫他偏爱异数。

描绘"过程"，这就是在撰写《随笔集》二十年间处在永久的变异之中。蒙田知道生命在消失，当他注视自己二十五岁或三十五岁的肖像画时，看见变化那么惊人连自己也吓着了，他叫道，"这哪儿还是我啊！"他知道自己脆弱，承受不了怒火、"恐惧的冲击"，乐意逃避使他感情震动太强烈的冲突，承认看到别人焦虑也会引起我"实实在在的焦虑"。

一个平衡与从容的典范。这是一般人给蒙田树立的形象。这是他要达到、也是他的书试图完成的理想人格，但是它不完全反映那个真正的人，他摆脱不开天生的不安性格，遇事优柔寡断。

尽管他对自己内心竭力探索，好像还是有许多方面有待发现。他愈认识自己，愈对自己的"怪异"感到吃惊，也愈看不透自己。但是他的"生活轶事"发表以后，至少有这个好处，作为他的"处世准则"，同时又责成他不要背叛他给自己提出的形象。他这种不同凡俗的做法给诽谤提供了可乘之机。可是他"这些直言不讳和众所周知的缺点"不正是他自己暴露的吗？

判断徒然在他心中占据了"宝座"，至少它战战兢兢坐了上去，有时还是让他犹豫不定，至少对于《随笔集》的价值上，"看得时而低，时而高，既不稳定，也狐疑重重"。这一切都显示他的情绪不稳定，在《论虚空》中对人的天性与条件感到幻灭，而在《论阅历》中对人和人的极限高兴地接受，两者形成不同的对照。但是这两章是相辅相成的，标志一个始终在流动的思想的各个阶级。

《随笔集》中的蒙田是有多副面孔的一个人,有时爱好独处与独立,有时渴求交往与友谊,有时为英雄主义、为古典时代的灵魂慷慨激昂,有时承认他本人害怕死亡和吃苦,即使要"藏在一张牛皮下"躲过袭击,也会这样去做的。我们看到他对残酷,苦刑,自称文明人的野蛮无知,法律的不公义,社会等级的不公正,为血腥罪恶和战争杀戮辩护的知识界或宗教界教条主义者的荒谬,命若游丝的人的虚荣与野心等等表示愤慨,但是对人的精神源泉或者人世俊彦在各方面的杰出行为则赞赏不已。

加深对自身的认识,不是专注于自己。他长期仔细观察自己,训练得对别人也可更好认识,更好判断。从童年起就把别人的生活结合自己的生活来看,善于观察"举止、脾气、谈吐"——他说,"我研究一切"——经常对朋友的理解比他们本人对自己的理解还深。以致其中有一人听了他说得头头是道大为惊奇,还要他多加指教。但是他不愿摆出教育人,培育人的样子。他"叙述",只是竭力证明、指出,"厌恶一切的控制,不论对人控制还是被人控制"。

他担任过公职,证明他的脾性是不适合做这类事的。他这段履历尽管短暂,已使他对此厌恶。如果说他还是有过几次实现抱负的闪念,他又急忙把它们压了回去,"自由与悠闲,这是我的主要品质,这些品质跟这个行当的要求是根本对立的"。

因而他选择闲居的生活;在闲居中我们不用戴上面具,我们只出现在我们自己面前。我们那时不用去获取别人的同意,但是要在内心树立一套行为准则,以此自律。不是唯有自己才知道自己真正的价值吗? 他说,"我有自己的法律和法庭审判自己,有事就在这里而不去别处告状"。

因为他关心和高兴的是自我认识,渴求自由,获取独立性,并不是对世事采取一种随随便便的玩家姿态。帕斯卡眼中的蒙田,满足于"优哉游哉过着闲散日子"进行道德说教,认为"无知与无好奇心是为一颗聪明脑

279

袋定制的两只软枕头"，这种说法显出是完全错了。从一五八〇年起，蒙田说他尽其全部努力"锤炼"自己的人生。一五八八年后他还在重复他的意愿是磨砺他的头脑，而不是"装满"他的头脑，寻求一种方法可以根据一个正确的规则有条不紊指导他的人生。

他从最初几篇随笔起，就提出"身体力行"的必要性，这是一种训练，让心灵得到考验"去面对生活的历程"。他能够从不同角度去判断达到目标的方法，首先主张要对死亡与吃苦有所准备，现在选择分心移情的方法，可以不置可否时努力不置可否，不得不做的时候努力忍受，要实行这个艰难的美德节制，他的目的永远是全部由自己掌握："我要在各种意义上做自己的主人"。蒙田的道德是讲究努力的道德。他相信通过理智人可能改善自己，他责备"在奔跑中慢了下来的人"。因年迈或因疾病才使体力与情欲减弱，这是一种虚假的明智，只是对"鞭挞后才清醒的人"有效。

他在身心健全时运用判断最为得当。健康要比疾病更轻松，也更有效地"提醒他"。他决不会像帕斯卡那么为治病写一份什么祈祷。但是他满怀豪情地宣称："我还有健康可以享受时，就已尽量清心寡欲，讲究养生之道。"为什么从那时起否定头脑清晰、身体健壮的"美好年代"呢？为什么要认为年老力衰的可怜相更为睿智而抹杀美好人生呢？他在最后一篇谈话中对一生作出的总结还是积极正面的："我若可重生，会照样再活一遍。我不难舍过去，也不畏惧未来。"

蒙田在选择退隐生活时，意识到这种生活要比公众生活完成的义务更为艰巨，然而却很少荣耀。"让人按照自然状态过日子"，在他看来这里面的学问要比征服世界更艰巨。他阅读的书籍给这个富于想象力的人提供了人生的楷模，努力要追摹的人物。他首先景仰的是亚历山大，"天下第一人"；朱利安皇帝，君王典范；伊巴密浓达，"杰出人物中的杰出人物"；小加图，他欣赏他的勇武中充满"青春朝气"。

但是第三卷主要提到的是苏格拉底的人品。这位古代贤哲的生活细节，正如在《雷蒙·塞邦赞》和《宴席》一段所显露的那样，在蒙田眼中是"无知哲学"（这才是唯一肯定的学问）领域内"大师中的大师"。他提出的苏格拉底的形象说实在的是有选择性的。他无法"接受他的出神与灵迹"，一字不提苏格拉底神话中魔鬼及其使命的认识，这位圣贤竟被他要使之进步的那些人判处死刑的悲剧，他的辩证法。这位人物吸引他的，正是他发现自己与他意气相投的地方：拒绝高高在上的权威，以致说出"只知道一件事，那就是什么都不知道"这样的怀疑主义，注意力不是放在去认识不认识的东西，而是认识自己。

一五八一年在意大利，他在接受罗马公民证书的同时，也被认为是"法国苏格拉底"，他在一五八〇年版的《随笔集》里承认有这份奢望，《论自命不凡》这一章内他的自画像非常突出苏格拉底形象。但是只是到了晚年，这位雅典贤哲变成他对照与追摹的楷模与同伴。苏格拉底在最初的随笔里提到十六次，在一五八八年文本里提到三十二次，在后期的增补中提到六十六次。他已经在鼓励蒙田探索自己，这比探索什么更能"认识自我"，要打掉教条主义哲学家的傲气，要赞赏无知的智慧，要认识自己和贬低自己，使用嘲讽，也就是装疯卖傻，作为一种方法，更加巩固"做自己"的自由。

在第三卷中，苏格拉底是个"自然质朴的表述者"，体现日常生活中的真正智慧，"人间一个神圣形象"。他意识到我们处境的局限性，同时在这些局限之间的丰富性，他对人性作出的大好事，就是指出人性本身可以做出什么。使蒙田赞赏的是他崇拜的这位英雄通权达变，张弛有度，随遇而安。像作家祝愿自己那样"心思有几层"，苏格拉底知道阵前英勇作战，对待同伴讲究礼节，尽管平时饮食节俭，也会应酬喝酒，不拒绝跟孩子玩榛子戏，骑在木马背上与他们追逐。他在晚年也欣然去学习跳舞和玩一门乐器，甚至还会恋爱，并对此开个玩笑。

这个理想的相貌发出"神秘的光",阐明了最后两章的意义,而蒙田又在前几章的结论中说出他对贤哲的幸福的看法。他对智慧作出种种思考,追求过程中最明白的表现是"恒常的愉悦"。从最初几章起,从带有斯多葛论调的《探讨哲学就是学习死亡》起,蒙田就不停地强调他的目的是达到幸福:"说实在的,理智不是在冷嘲热讽,就是把目标定在我们的满足上",还有"即使在道德上,我们最终目标是快乐"。但是追求幸福与加强美德是不可分割的,加强美德意味行为上要健康节制。

享受生活也有方法,也就是安排的艺术。放在最后部分的十三篇随笔,以这样的宣言结束:"知道光明正大地享受自己的存在,就是神圣一般的绝对完美。"《随笔集》全书都只是在寻求方法,以保证这个光明正大的享受。

从一五八〇年,《随笔集》强调心灵与肉体的密切结合,如同婚礼联姻。一五八八年,《随笔集》又强烈重申我们的存在不是纯然肉体的和纯然精神的。把肉体与心灵分离,这是"把人活生生分裂"。"两心相悦、两情缱绻的好事"我们不可能拆散。有人只提心灵不朽,有人宣扬对肉体的轻视,他们都是要"逃出人体"。这是疯狂,"他们不但变不成天使,而会变成牲畜。不但不会升到天上,而会跌在地上"。把心灵与身体看作是平等的,尊敬两者各自的权利,也只是在服从自然规律而已。

在《雷蒙·塞邦赞》、《论儿童教育》、《论食人部落》的章节,已经出现这样的看法:我们要不懈地遵守自然法则。但是到了第三卷中,这个理念占一个根本的位子。"大自然是温和的引路人",智慧公正,蒙田"到处搜罗其踪迹",他高高兴兴接受自然之所赐。他"爱生活,上帝赐给我们怎样的生活就怎样过",不抱怨它加于我们要喝或要吃的需要,也不希望大家用手指和阳物笨手笨脚地生后代——这是他在一五八八年后明确写上的句子。

然而,如果说人可以名正言顺地把自己托付给大自然管理,大自然给我们最初制订的法律，"要比我们给自己制订的法律更叫人幸福"，那就必须知道承认它们，同意痛苦是坏的，欢乐是好的，服从"任何天性正常的人身上都有的这种普遍理性"。坏人是不幸福的。他的错误是不知道哪里是真正的幸福："罪恶在心灵中留下悔恨，就像在人体内留下溃疡，总是在糜烂出血。"因为理智抹去其他一切悲哀和痛苦，却使它从自身深处长出来。

如果我们明白自己是受限制的人，只能在内心得到幸福，如果我们懂得接受自己及自己的局限性，就会给自己建立一个生活艺术："你知道沉思与掌握自己的人生吗？ 那你已完成了一切事物中的最伟大的事物……我们伟大光辉的杰作，是生活和谐。"蒙田凭借他这部书积极实行，列举好几种方法能使他做到"开心的事与人共享"，"伤心的事尽量抹掉"。这是他个人专用的"词典"。

让我们毫不犹豫地去好好接受大自然赐予的"合乎人情与身体需要的乐趣"。学习尽情享受。蒙田很幸运，生来五官灵敏，感情非常充沛，对于每个事物的要旨善于吸收，享受各种感觉、口腹之欲、缠绵爱情，愿意把他的全部思想集中在当前时刻的温情上："我跳舞时跳舞……"他也训练自己要对高兴的事物有所意识，这在大多数人心里是意识不到的，有时还把自己弄醒，为了防止他不要睡了过去，为了更好体味。

他不让自己把时间虚度，讲究"咀嚼"而不是"抹掉"生活的欢乐，不错过当前的幸福，不像有的人永远在胡思乱想，空自计划着将来。

他也会使欢乐充实，通过心灵与肉体的合作，怀着感激与善意接受它们，这种合作也通过精神使感觉更精致、更雅逸、也更强烈。欢悦的程度或多或少取决于我们精神的投入。分析生活提供的乐趣，"掂量它、尊重它"，说服理智去接受，把它跟昨天的或其他人的乐趣相比较，这是让心灵去全意识地接受，直至引起肉体的快乐；因为，他用心灵去跟它联系，不是"承担责任，而是予以认可；不是迷失其中，而是寻找自我"。

283

精神在感官愉悦中还加上了特殊的愉悦，那主要是想象的愉悦。想象的愉悦对蒙田来说是不够的，但是他还是认为可以想望的。肉体与精神这样"相互效力"，一个建议，另一个控制和判断人生享受。认识到整个人类的和谐，享受人生，实现它的全部价值，这是在感谢上帝对人的恩赐。按照大自然所能接受的地球条件下做快乐的人，这不光是一个权利，还是一个义务。追求幸福，这才使人生有了它的全部意义，这是一场艰难的征服，然而"普通心灵"是能够做到的，作者也把自己算在其中之一。依他看来，最美丽的人生"是以平凡的人性作为楷模，有条有理，不求奇迹，不思荒诞"。

　　《随笔集》在这篇对大自然与创造主的好意、对生命的激动人心的歌颂声中结束，蒙田写的时候无疑是自己处在生命的最艰难阶段，肾结石疼痛难挡；劳心劳力阅读评议多年以后，历史向他说明人的疯狂；身处一个受内战阵阵抽搐而又四分五裂的社会，眼看人文主义的价值观分崩离析。然而那时令人意料不到的是他又找回了他最初几年时的氛围，那是人文主义的氛围，又使他生活在皮埃尔·埃康的热忱环境中，对人类保持乐观的信任，理所当然地向往精神与肉体的培育，高高兴兴做个"正正当当的人"，担当他作为人的完整品格。

　　他尊重天主教教义，遵守礼仪，也经常宣讲，然而他在思想时自由飞翔，好像无视《福音书》的教诲，我们看到他在这两者之间搭起一道密不透风的墙，不由得感到惊讶。他服从神的意志，是它创造了他这样的人。但是他不能希望自己是另一个样。他可以恳求上帝"给他来个脱胎换骨，并消除他天性懦弱"。但是这样的心愿他不能称之为悔恨，"也不是当不成天使或加图而不高兴"。有人怀疑过他的信仰。圣伯夫说他是不信基督的天主教徒，有人说他没有信仰，但是谨慎不表露。他自己不是说过会为"正义的一方赴汤蹈火，但是光是为此而尽我的力量"，还有"需要时把一支蜡烛献给圣米迦勒，另一支蜡烛献给他的对手苍龙"？他沉浸于"欢

284

乐"引起尼古拉和十七世纪的基督教道德家的非议。他的睿智可以跟伊壁鸠鲁的异教睿智相匹配，使他得到"法国贺拉斯"的绰号。他本人绝不卷入"神学"的谈论。他要保持在纯然的人文与哲学领域，在《随笔集》里只涉及人间生活，这不让人怀疑他的正统思想宣言。他不信仰神秘，自己也知道这点。他由着别人费心从世俗转移到神圣，自己想到的只是从人的高度出发，不凭空假设，而可纳入基督教教义内保持一致的自然伦理。

　　《随笔集》在第三卷增补中，对蒙田本人谈了许多。随着这部书的撰写蒙田的意图也更加清晰。他已经意识到他要做什么，同时又以什么方式去做。一五八〇年《随笔集》产生在他阅读的书籍边白上，思想来源有迹可寻。他借用别人的思想，依靠他爱读的作者塞涅卡、普鲁塔克或西塞罗来作出自己的评论。他让别人通过自己讲话，就像第一卷第二十章内，据马克·富马罗里说的，真正的"死者对话"。从那以后，他写书时，再不依赖书的"陪伴与回忆"，他说只怕书会"破坏我的状态"。然后"优秀作家"让他自叹不如，挫伤他的勇气。他高兴在"偏僻的家乡"写作，那里没有人帮助他，指正他。在别处写他的书或许会写得更好。他不在乎："这样的作品就不完全是我写的了，我的主要目的和理想是做一番我自己"。从而他同意改正"应用不当的错误，但是不改正符合应用习惯的错误"。他做事与说话一样，都愿意追求"自然"形态。由于他说话比写作精彩，他试图写得跟说得一样。他是不是叫人看来是这样呢？ 他达到了自己的目的："世人通过我的书了解我，又通过我了解我的书。"

　　蒙田观察别人锐利，观察自己同样锐利。他听着自己说话。他已经在好几处说明他本人固有的口头语言，这一种语言反映了"法国人的快乐与自由"。他带佩里戈尔口音；他的词汇也受当地土话的影响，虽则在巴黎不像在蒙田庄园那样说话。他说话的形式，乐意模仿年轻人在衣着上有意随随便便的样子，这种目空一切的自豪感，认为乡绅贵族就要装得天真一点，傲慢一点。

他在书里写文章就像他在生活中说话一样，重现他热爱的"朴实无华的语言，满含激情，简短有力，不要四平八稳，也不要亢奋急促"，不怕冒犯纯洁派，说得像个士兵，像个加斯科涅人，何况他本来就是么——总之一句话，"口头怎么说，纸上怎么写"。

使用怪句子与生僻字，他认为这是"一种幼稚迂腐的奢望"。他只求使用巴黎中央菜市场里说的话！他思考使用老百姓的词汇、"民间的精彩句子与隐喻"，灵活操纵语言的艺术，这证明他对文笔是非常注意的。

在《论维吉尔的几首诗》中，可以看出他在不停琢磨自己使用的工具。"熟悉自己的语言和邻居的语言"，对他永远是第一位的。他觉得法语"包容很大，但是表达方式不多"：足够丰富，但是不够灵活有力，需要培育和充实。然而他谴责他这个世纪的作家，他们放弃经常更有力与更激情的常用词，想创造新词来美化。他也同样拒绝使用技术词汇、狩猎、战争、科学方面的行话，更愿意采用民间用语，甚至方言："法语若表达不清，就让加斯特涅语去表达！"他在一五八〇年就这样说了。

但是他意识到语言永远是在变幻不定的。他使用的语言五十年后还会在使用吗？他看到它每天都在变换形式。所以他觉得自己的书是"写给少数人看的，也没几年可写了"，就像他在《论虚空》中所说的。他在编辑稿子时依然像艺术家那么细心。他对自己永不满足，苦于不能够把《随笔集》写得可跟古代名宿宗师的作品媲美，他们的作品让他读了肃然起敬。他常读拉丁诗人的作品，如卢克莱修、维吉尔、贺拉斯，羡慕他们"想象活泼"，聪明善辩。对蒙田来说，风格就是本人，就是本人的思想，他不把思想跟使之具体化的语言分离，"当我读到这些精彩文章，表述得那么生动深刻，我不说这话说得好，而说这是思想得好。"

说得好，是说得有条有理。《论交谈艺术》给我们说到，在任何平心静气的讨论中，在他作为作家模拟会话的实践中，有条有理是不可或缺的；这种条理在"牧羊人、小店员天天吵架中都可以看到，就是在我们之间从

286

不存在"，他明确说。他受不了任何装腔作势，要求大家说话简单明了，讨厌"语法学家钻牛角尖，逻辑学家与亚里士多德式的严谨死板"。总之，拒绝使用修辞学与逻辑学的现成框架，拒绝一切旨在远离思想、自然和真实的表述。"我若是干这一行的，我要尽可能做到自然而不做作"，这句话他在一五八八年版改成为："我若是干这一行的，会尽量让做作恢复自然，犹如他们尽量把自然变成做作。"西塞罗的演说叫他昏昏欲睡，因为转弯抹角，令人生厌。他欣赏柏拉图对话录和苏格拉底日常谈话，形式自由活泼，让各人讲他们自己的语言，音乐家谈音乐，皮革工谈皮革整理。他崇拜他们，但是不愿意让谁影响他去做"学样与摹仿"的楷模。当他写诗时（当然指拉丁诗，因为他不会写别的），让人读了就像是来自他最近读的诗人的作品。

某些篇章的题目像谜语似的，叫读者不知所云。作者对此进行过解释："我每篇文章的内容并不总很切题。经常它们也只沾点儿边。"倘若他开始写篇幅较长的篇章，需要更专心和投入更多时间，在最初几篇随笔里就有"太多的删节"，他觉得这会在注意力尚未集中以前就被打断和分散。他还是愿意放慢节奏，使文章更加紧凑，但是在三卷书里都没有改变次序。现在他要求读者同意多花些心思，他还承认他"有时也迫于个人义务说话只能说一半，吞吞吐吐，前言不搭后语"。

文章内容次序颠倒，前后不连贯，他是有意强调而为之，不会为此道歉。从一五八〇年的随笔起，他承认"安排自己的论点也随心所欲没有章法。随着联翩浮想堆砌而成"。一五八八年，他喜欢"诗的跌宕有姿"而得意，"急于求变，过于唐突鲁莽"，风格与想法也飘忽无定。但是这样的插话使他离题，也总是拉得回来。他信马由缰，更多的"是放任，不是疏忽"。他的思绪绵绵不断，但是偶尔离远了两处相望，但是角度是斜的。柏拉图和普鲁塔克都不怕这些"笔意纵横"，"天马行空的气势"，这使他们脱离了主题，这看来好像是没有定法的即兴之作，然而蒙田欣赏这样的文采。还有什么比费德拉的奇思逸想更迷人的呢？ 他自己停笔沉思又自问自答，写书就像与人交谈。他要让自己想到各方面，深入到自己灵魂的每个褶皱。这说明为什么他放弃卖弄、做作与平凡的层次分明，而是随着思想前赴后继，自发相连，曲曲折折书写。这样的次序可能令人迷失方向，但是这不是偷懒、疏忽、任性而造成的，而是他寻求真理的方法。

他要做到"内容脉络分明"，清楚指出在哪里变化，哪里终结，哪里开始，哪里又转合。他不喜欢在料子上看出缝头。不用在中间插入连接缀合的词句去迁就"耳朵不灵或不在听、心思不专或匆忙的人"。抓不住主题是这位不勤奋的读者，不是他。谁不是宁可自己的书没人读，也不愿别人读的时候"打瞌睡或一翻而过"？ 假若这位虚拟的合作者有心读到了蒙田准备议论而又文不对题的论点，他或许会在他觉得最无章法的那几章里找到。

作者由于不能以作品的分量得到读者的注意，能以他的"糊涂"来达到目的。至少他的读者会分心，尽管会后悔。他还毫不犹豫地嘲笑那样的读者，说有不少人对于说得明明白白的事情才瞧不起，愈是晦涩难懂就认定意义深奥，只会愈加钦佩！ 此外，他脑子里闪过什么想法就说了出来，全由各人各取所需。他若有儿子的话，也会让他听了讨厌！ 如果他说话非要人家相信，他也就不会那么大胆直白。他谈一切只是"进行闲聊"，"不是提出高见"。

真诚确切描绘自己的宗旨，不允许他对自己过去的言辞与经历有任何否定。有话一旦说了出去，他只是"违心"才重新审察，虽然他担心记忆出错和害怕重复自己："我会增添，但不修改。"他的增补只是增加一点特殊价值，丝毫不否定最初的形式。随着此书的发展他显身愈来愈多，怀疑他当时与过去的胡思乱想。自从初版发行以后，他老了，但是他没有把握因而变得更聪明。过去的他与现在的他实在是不同的两个人。哪个更好呢？ 他不知道。他的理解力有时在"往后退"。但是他的"书始终如一"，若随着重版他添加了"这块刺眼的贴片"，这是为了不致让读者空手而归。

在蒙田原本只限于私人和小圈子阅读的《随笔集》里，购书者、读者、对话者看到有个身影愈来愈频繁出现，其小圈子自一五八〇年以后扩大了许多。原始计划只是自我对谈，拒绝授课讲道（"这里谈的不是我的学说，而是我的研究"），而今作者频频打招呼，吆喝，抓个读者来作证，显然要努力说服他，进行积极和心领神会的合作，是不是把原先的看法都置之脑后了呢？

不是这样，他只是建议，通过他自己的思想锤炼，带来一连串证据和警告，引起人们思考，促进自己和他人追求真理。玛丽·德·古内说得好："他的同道教授接受智慧，他教授摆脱愚蠢。"愚蠢被蒙田斥之为最坏的缺点，"因为跟蠢人是无法推诚相见的。"《随笔集》不是面向温顺的读者，而是面向真诚的读者，他努力要做真诚的人，转而"试验自己"，做到认识自己，找回自己。

走在老年的道路上

　　蒙田在他的城堡里度过人生的最后几年，很少出外。一五九〇年也是在那里给亨利四世写了两封信。他享受"闭门深居的生活"，还尽可能利用"生活之赐"。他进行他喜爱的"三种交往"：交谈、访友、阅读。他的家对谁都敞开，不设防御，像平时一样。他接待邻居、夫人与贵族、老朋友、弗洛里蒙·德·雷蒙、皮埃尔·德·勃拉赫，他是波尔多最高法院律师，时而写诗（他曾得图卢兹花卉赛中犬蔷薇花金奖，把《波尔多颂》题赠给龙沙，一五八四年翻译了塔索《阿敏塔》韵文诗）。也有新交的朋友：安东尼·培根，未来的枢机大臣，随笔作家弗兰西斯·培根的哥哥；皮埃尔·夏隆，博学的神职人员，《圣经》传教士，评论家，曾一时当联盟派捍卫者。他回到波尔多后就住了下来，有时穿俗家服装，有时穿神父法衣。蒙田后来把族徽遗赠给他。他那里想到夏隆自认为是他的弟子，在编写本人的论文集《论智慧》时歪曲和窜改他的《随笔集》，把其中的篇章掺在当代思想家的作品选里，还竭力要让它们与伪托为原作者的意图保持一致性。

　　蒙田喜欢谈话，还喜欢书信交往。跟玛丽·德·古内，那不用说，还跟阿诺·德·奥萨，那是未来的红衣主教，后来又帮助亨利四世改宗。他还跟朱斯特斯·利普修斯通信；后者是语文学家，哲学家，信天主教，却在耶拿新教大学教书，后来又转到加尔文派莱顿大学，并在那里当了三任校长。在朱斯特斯·利普修斯发表的书信集里，可惜不收他的通信者的书信。他在信里对蒙田充满敬意，已经被他称为"法国泰勒斯"。还在一五八八年四月把这个头衔赠给他。在八月，他向他承认，他对他的判断的正确性所以如此钦佩，是与他的看法不谋而合。而蒙田也读到了这位弗拉芒德人文主义者在一五八九年出版的《政治》，他在自己的增补中也有所借用。

《随笔集》获得了成功。朱斯特斯·利普修斯祝贺他的肯定还是一五八〇年版本，因为一五八八年版还很少有人知道。一五八八年版在上市时好像令人困惑，据玛丽·德·古内的说法，受到"冷遇"。蒙田在生命的最后四年毫不厌倦地对他的《随笔集》反复审阅。

他一回到城堡重新执笔，浏览一五八八年版的清样。他不断地复读、修改、丰富他这辈子的唯一著作。《随笔集》一出版，他就带了去庇卡底到玛丽·德·古内的家作客，那时已经开始审阅。他没有增加新的篇章，也不改动作品的总体排列和精神。他的思想，那些他特别重视的想法，在作品的篇章之间变动很少。他在《论阅历》以后也不再开拓新思路。在他只是把《随笔集》的寓意表达得更加生动精彩。他的书写从前因过于仓促，几乎不能分辨，也变得更加规矩清楚（也有他的下手秘书的笔迹）。他在一五八八年版的边白，有时在字行之间，添加了一千来个增补。当边白不够用时，他在一页的旁边或底下添加纸页（至今还能看出浆糊或封信面团的痕迹）。

这个版本没有硬封面装订，蒙田原来要用作于第六版，在他去世后还放在他的写字桌上。这一版称为"波尔多版"，因为最初属于斐扬修道院，直到一七八九年大革命以前，一直保存在波尔多市立图书馆，故有此名。斯特罗夫斯基、杰伯兰和维莱在一九〇六年根据这个版本出版了波尔多市版《随笔集》，成为二十世纪各种版本的主要依据本。每页的边白都被一个笨拙的装订工切掉。这样缺少了几个字或它们的结尾。

蒙田自称做事疏忽大意。样书证明他并非如此。修改清清楚楚，没有无用的涂改，大家知道他容易激动。他对每个细节、标点（他的标点自成一派）都反复斟酌。他改变一个逗号，一个句号，又加上大写，操心拼写（他虽不这么说），抹去一个词，又改正，再换另一个或恢复原词，小心不要重复，避免无用的、意义不明或抽象的词（"形式""条件"，要换成"面目"、"形态"）。在边白上的增补像付印的文本那样对待，同样细致，同样严格。什么都不遗漏，他在新版的扉页上写出排字工人的注意事项，精确标志增补应该放在《随笔集》文本的部位，自有其一整套符号。

"我添加，我不改动，"他这样说。其实不然，波尔多版的不同修改稿可以否定这个说法，这涉及到风格或词汇：它务求更加生动或更加精确。减改不多，相反增添的地方则多得令人吃惊。

蒙田回到书房，又有了悠闲的时光，也养成耐性，把大部头作品从头至尾看上一遍，如斐奇诺译的全本柏拉图。诗人的作品他读得多吗？他再也不直接借用他们的句子。他爱读的普鲁塔克给他带来十五、六条回忆。他首先偏爱的是历史学家，他对他们一直保持同样的好奇。现在他转向哲学著作，尤其是西塞罗的作品（他引用了一百十条引语，八十多条拉丁与法语引录），亚里士多德的《给尼可玛可斯的伦理学》。他阅读第欧根尼·拉尔修，圣奥古斯丁的《上帝之城》，又回到塞涅卡（《致卢西里乌斯的书信》）。

他经常引用别人的话，使最终的定本篇幅膨胀，连自己也承认"一天比一天多"，这当然应该归之于他博览群书。但是这些"赃物"他改头换面，给它们一个新形式，适应他需要的用途，使它们不像是"纯然外来的"，宁可赢得自然学派的"原创的荣誉"而不是"引用的荣誉"。

他还重新审阅最近几个篇章的文本。《论虚空》多了一百十处增补，篇幅增加四分之一。《论阅历》增加二十七条引语，都是拉丁语的，跟第三卷第四章相同，散文作家的要比诗人的多。在引语以外还提及他的重新阅读。他在一五八八年版中更多引录历史学家。后来则是引录哲学家的话。

引语、重温阅读、改正，在他总是通过对比或摹仿来更充分掌握自己的思想，或者完成自己的表述。

自我描绘，一心要让自己最深层次的思想袒露在读者面前，一直是他头等重要的考虑。他的自信随着成功而加强，有时发展至挑衅的程度。从一五八〇年起，他说自己希望"赤裸裸地"描绘自己，只要不触犯"公共礼仪"。在一五八八年，他的生活与阅历大量出现在他的新随笔里，在最初篇章的字里行间都掺有他的私密话。在波尔多版里增加将近二百五十条。从此以后，他深信应该"突破世俗的礼仪规则"，在一五八八年后他宣布："我不但敢于说自己、还敢于只说自己。"写其他事，那是在回避主题。他甚至还说这样会出错，犹如"看不到自己有多少分量，不亚于说的总比人家看到的多"。他怎样对待他作主，很高兴自己有自知之明，要胜过其他作家对他们自己的认识。当他在《论自命不凡》中描绘自己时，他不再犹豫去强调对自己的缺点或笨拙的认识。也不提"人家在他耳边聒噪的"埋怨声："无所事事，对亲友冷漠无情，对公共事务漠不关心；私心太重"。而仅仅说他若是个把自己的行动"巧言花语的人"，早就轻易"把这些责难挡了回去"。

但是，平时他都幽默地看待自己：他好睡觉，晚年更爱睡。没治！"写贤人埃比米尼德传记的几个人，都说他连续睡了五十七年。"他自己不也是说过："宁可睡觉也胜过看着我们醒着"？

他嘲笑那样的作家，他们"向自己的作品频频回顾，说明他们内心为它们爱得打颤"；瞧着它们目光中怀着一种母爱。然而他自己在书中谈到自己何尝不是这样。还装得轻描淡写的说笑话："我的书页或可当作包装纸不让黄油在市场上溶化。"

他也大胆试用愈来愈奔放的语言，尤其在《论维吉尔的几首诗》中，出于主题的推动，他采用轻松愉快的笔调来处理棘手的性趣问题：提到他的"重大创伤"，"不听话与专横的器官"，这是大自然给男人的，也像大自然给了女人一头"贪嘴好吃的动物"，"它发情时不给它食物就会发狂……直至它吮吸到共同饥渴的果汁，才感到浑身舒泰，子宫深处滋润滑溜"；列举那些罗马名女人的所作所为，古代著名哲学家关于"爱情练习"，还有亚马孙女王向亚历山大毫不掩饰提出同床共枕的建议等等。

跟情妇结婚？错误之至！"这是在篮子里拉了屎，又把它扣在自己头上。"蒙田后来有没有后悔说出这样"令人反感的话"？当然没有。他说："这是大自然为我选择的。"

就是在《论阅历》这一章的结尾，他那么热忱地谈到要热爱生活，知道享受自己的存在是"神圣的"喜悦，他又知道调转话头嘲笑另一些人，他们轻视和误解逸乐的价值，他们"趴在自己老婆身上做白日梦"，对他们来说性趣不是别的，只是"像骑马疾驰就要穿上马靴子"。往后他又用同样的幽默语调嘲弄人的愚蠢的自负："即使世上最高的宝座，我们也是只坐在自己的屁股上。"

蒙田疾病缠身，来日无多，但《随笔集》带给人们的决不是一个奈何命运的老头形象。而是一个安于自己身体实际情况，又有决心要使老年过得"快活和顺潮流"的人，既会嘲人也会自嘲："能做'试验'的人未必会产生效果。"

并不是所有的增补都是这么嘻哈幽默。有一些严肃正经。他对自己已说过的战争艺术、外交或政治生活再也不添加什么，然而明确说出他对国王们的看法以及与他们的关系。他"只是以正统的老百姓的感情"爱他们，摆脱一切私利，因为他很久以来已不存奢望。

他最近几年闭门深居。但是并不因而不去关注时局的黑暗。在受围困的巴黎已发生饥荒，十六人团穷凶极恶让人人自危。联盟的军队穿越全城，蹂躏城郊。一五九一年，罗什富科，然后又是拉努，他们都是受蒙田和他同时代人称赞的一贯待人以善的人物，都在为国王一战中死去。在法国北方，围城与战斗连续不止，百姓继续深受兵祸之苦。佩里戈尔一直在打。一五九〇年，拉博埃西的城堡被联盟派夷为平地，因为他们害怕它会落入改革派手里。蒙田城堡四周的所有教堂都遭到改革派的洗劫，蒙田还可在自家的礼拜堂里望弥撒，四周乡野则不停遭到掠夺。马蒂尼翁现在跟改革派结盟，从联盟派手里攻下他以前跟亨利·德·那瓦尔为敌时与联合联盟派一起攻下的要津。

蒙田对两派的攻击都愈来愈激烈。首先是对改革派：他们是不是真的深信"非得通过极端的破坏来走向改良"？柏拉图不同意为了拯救一个国家，用暴力破坏国家的安定，不主张"造成公民流血和倾家荡产"的改良。蒙田觉得自己"在这方面是柏拉图派"。但是联盟派并不更好，他们利用"正义与虔诚"的借口。跟着他们做坏事也是合法的，还披了道德的外衣。他们把不公正作为公正，这是"极端的不公正"。

《雷蒙·塞邦赞》写得更苦涩、更犀利："我们创立宗教是为了剔除罪恶，而现在却在遮盖罪恶、培养罪恶、鼓动罪恶。"在双方阵营里，在右边或左边，黑的或白的，大家都利用宗教为野心服务。大家在玩赌博，借用神的道理，非常"不敬神地"根据机缘站在哪一边。我们只是利用虔诚来煽动情欲："没有一种仇恨像基督徒的仇恨那么深。我们在通向仇恨、残酷、野心、贪婪、诽谤、反叛的斜坡上劲头十足。"

神学家也有他们自己的账本：老百姓不知道许多真事，而相信许多假事，他们不是觉得这很有利吗？蒙田驳斥说，"苏格拉底有这个意思，我也有这个意思，那就是要对天发表议论，最理智的方法就是不议论。"

至于世上"选择性高位"，只是留给正要离去的人们，西克斯特五世逝世后，四位教皇先后继任，他们都已是老人，使他忧心忡忡看出其中无所作为："没有人关心他履职时能尽多少心力，能做多么长久：他一进门就要找边门出去了。"

他阅读的书目中总是有历史学家的著作，他对历史学的好奇心从不减退，还是古代的历史学家，如：西西里的狄奥多洛斯、希罗多德、色诺芬、李维、塔西佗，但也有不少现代的，这些人把他带往遥远的国土，《巴尔布东方游记》、《土耳其人历史》（卡空提尔）、《卡斯提尔王国与葡萄牙联盟史》（弗朗希）、《他这时代的历史》和《土耳其人的纪律》（保尔·若韦）、《中国史》（冈萨雷斯·德·门多萨）、《葡萄牙史》（奥佐里乌斯和卡斯塔尼达；古拉尔译）、《土耳其史》（波斯特尔）、《他这时代的历史》（帕拉丹）……

他在这些历史中追寻异域风光，并不阻止他回到现实。他对他的同时代人不止一次揭露宗教战争的荒谬，也是想到了他们才借用历史素材去充实他最后的增补，门多萨书中提到犹太人在葡萄牙遭受迫害和驱逐，卡空提尔和若韦提到土耳其人和匈牙利人遭受的折磨与苦刑，都使他联想到法国的现状，"穿越他那个时代世人的愚昧"。

蒙田直到最后都带着艺术家的苦心孤诣，不断地完美和完成他的《随笔集》，在他选择的这个开放形式中永远进行润饰与修改。他写道："谁不看到我走上了这一条道路，只要世界上尚有墨水与纸张，我会不停顿地、不辞劳苦地继续下去？"

但是主要的东西一点都没有变，不论在他内心，还是他的计划，依然是更好认识自己，达到"满足"，学会在自身上去寻找这个满足："既然哲学没有找到对大家都有用的通往安宁的共同道路，那各人就找各人自己的道路吧！"

从他最后的修饰中看出他正在修改"与作者同质同体的"这部书，始终符合他本人的思想，忠实于自己，也乐于这样去做。

他承认他的《随笔集》并不一直写得很顺手，因为他的要求经常令他难以满意。可是到了"他的暮年"还是很高兴达到了目的。

其实，一五八八年版在他看来已是一种超越。波尔多版原本用于第六版的，他没有能够自己操持，不是定本。

这份样稿非常难于辨识，无疑叫蒙田的未亡人和女儿不知所措，向皮埃尔·德·勃拉赫求援，要根据作者已经校好的文本出新版。作者本人是不是编写或者请人编写了另一个文本呢？勃拉赫审阅或者完全经他修改的这份稿子，就是由弗朗索瓦兹和莱奥诺交给玛丽·德·古内监督印刷的那份呢？她把这事做得很认真。后来一五九五年在朗格里埃和米歇尔·松尼乌斯出版社出版了这部"作者逝世后发现的新版，经过他重新审阅，并比从前几版增添三分之一的内容"。其中还附有玛丽·德·古内的一篇序言。古内小姐依据的稿子是出自蒙田之手吗？她没有说。

一五九五年版被认为是定本，直至十八世纪，那时被遗忘的波尔多版又引起人们的研究，这两个版本的不同之处不少。玛丽·德·古内可能拿这份遗稿又出了十来版。没有一版可以看作是有头无尾的《随笔集》的最终正式形态。可能这些随笔有意保持残缺不全，让每位新读者运用想象力去阅读，蒙田早就说："说话一半属于说的人，一半属于听的人。"

从一五八〇年后，蒙田的作品从来不缺少读者。他不是为自己个人写，即使他觉得他把自己的生活习惯"公布"出来，自己得到"意想不到的好处"。他想，这份记录让人只需花三天就比多年交往更好地了解他。而且现在他自己也不无惊讶地看到，他把许多不会跟谁说的东西告诉给了"大家"，把他最亲密的朋友带进了一家书店，让他们知道自己的"隐蔽的思想意识"。所以他还从他的书中期盼另一个好处：若有哪个正直的人，跟他的行为举止很投缘，有意来与他联系，蒙田宣称自己会不远千里去找他，"因为跟情投意合的人相聚的乐趣，在我从来不是很多的。哦，一位朋友！"

这声呼唤让人猜想他炽烈的友情没有得到满足。他是不是相信自从失去拉博埃西以后再也没有找到志同道合的人，给他那么多友谊，同样理解他的内心，对他可以交出内心的"自画像"？

在波尔多版中这段话是删除的。这是在一五八八年夏季起，他遇见了玛丽·德·古内——他那么盼望的志同道合的人。她是通过他的书认识他与爱慕他的。她听到了这声对友谊的呼唤。其他人可能也听到的。蒙田是针对这些未来的读者交出他的《随笔集》，这些朋友"享受友谊比享受水与火这些元素还更需要、更甜蜜"。

老年在他看来一直是衰退和一蹶不振的岁月，叫他害怕。他很早做好准备等待它开始。他三十九岁退隐到城堡时，已经说到"度过有生之年"，自己觉得那时已迈上老年的门槛。老年给心灵给肉体都带来破坏，"在我们精神上留下的皱纹比面孔上的还多"，"我们的才气随着年岁的增长艰涩和停滞"。还有少数人那时"变得尖酸刻薄"。他对老人的道德不存幻想，知道这来自他们内心的热情已经衰退。变老，并不一定变好。他不觉得自己有必要改正、悔改、努力弥补缺点。他执意要忠实于自己，不是出于怯懦，而是因为他想到自己行事付出的努力，就不能够谴责自己过去的行为。

但是，智慧是接受时间的进展，每样东西都有它的季节："我看到了人生的长苗、开花与结果"，他说的是自己的身体状况，他的一生不也是如此么，"这也是件幸事，因为这顺乎自然"。他较为平心静气地忍受着病痛，因为他知道它们是按时才来的。

衰老不就是死亡与诞生之间的一种串联吗？青春在我们身体内消逝时我们不觉得，"这种死亡，要比郁郁而死、要比寿终正寝更加严酷的死亡"。

《论维吉尔的几首诗》谈到人步入晚年的忧郁，这也并不好受；蒙田在文中转身缅怀青春时代的爱情乐趣，向它们告别——这是"最后的拥抱"——要自己恢复青春，因为老年人身上唯有留下精神还会返青，还会开花，要是能够就"像一株枯树上的槲寄生"，再度振作享受欢乐。当然这不会没有撕裂的，他承认说："大自然责成我去承受的种种苦难，理智

298

不让我去埋怨和抗拒，但并不阻止我去感受。"他的性能力减退使他很难受，但是唯一能够让他兴奋的还是唯有爱情，他很遗憾自己已不能享受，不过在他这个年纪谈这个有点可笑，还不是及早在"朝气蓬勃、热情洋溢的青年中间自惭形秽"，他们自身有"力量与理性"。年龄的特权是"谨慎"，它让人顺从地俯就现实，克服它造成的种种悲哀，同时认识到："坦然承认的丑与老，在我看来，就没有浓妆艳抹的那么老与丑。"

但是明智也有它"过分"的时候。蒙田现在必须防止自己"克制"，就像从前防止冶乐。过多的沉着与严肃使精神枯竭，让人发呆。所以他有意放纵自己，让心灵回忆昔日的嬉乐，停留在年轻时的虚无中想入非非，他会走遍天涯海角去寻找"平静愉悦的一年好日子，并无其他目的只求生活与欢乐"。

当他年轻时，与女人相伴和游戏中死亡的念头也会缠着他。他看待死亡问题如此重要，不是仅仅表现在最初几篇随笔的篇名上有"死亡"或"去世"这些字眼。暗示有时一掠而过，在第三卷中发挥较多，在他对风俗、旅行、孤独、疾病、老年问题思考时提起这件事，都证明死亡对他的思想具有的吸引力。

第一卷的随笔显示他已对死亡具有意识，要克服死亡引起的恐惧，因为人——还有作者——把它跟贫困与痛苦一样看成是最大的祸害之一。《探讨哲学就是学习死亡》指出凡人的药方是在"愚蠢蒙昧中"把它置之脑后。古代斯多葛或伊壁鸠鲁哲学，"好死的艺术"恰恰相反，教我们要对死亡考虑在先，如同一大自然需要来对待。

将近一五七二年，他写道："我们生涯的终点是死亡。"逆常规而生才会活得幸福，必须"不把死亡看成一件意外事"，"让它以各种各样的面目出现在我们的想象中"。在一五八六年《论相貌》里对这种说法又是反对的："对于大多数人来说，准备死亡肯定比感受死亡更折磨"（那是遭遇死亡的事实）。对于哲学家的信念，他在一五八八年后又提出自己原有的意

299

见："死亡是生命的终结，不是目的。这是它的结局，它的极点，不是它的目标。"

是不是应该断定进入老年接近死亡，使作者改变了看法呢？但是《随笔集》第一卷的增补，跟第三卷的写作是同时的，一点也没有改变他思想的走向，其他增补也反映出他恬然接受让死神来临时见到他"正在园子里种菜，毫不在乎"；一五七二年的结论已经让人去模仿男仆或女佣的例子，他们对死亡"无所畏惧"，就像普通农民和第三卷第十二章内的苏格拉底，服从"我们大自然母亲的召唤"。依然是大自然，它告诉我们一生都在慢慢死去："每天都走向死亡，最后一天走到了。"

在一五七二年与一五八六年之间，蒙田跌下马背陷入昏迷，有过一次个人具体接近死亡的经验。这次经验使他有所"体会"，给他一种舒适愉快的感觉，就像"一个人慢慢坠入梦乡"。战争与瘟疫的祸害使他看到普通百姓的天生的明智，他们离开生命不会大惊小怪，不落眼泪。此后再也不轻视小老百姓在死亡面前好似"牲畜般的不在乎"。可是，他不是以这些贫苦的人做榜样。他钦佩的是苏格拉底，直到最后毫无畏惧，"并不是因为他的灵魂是不朽的，而因为他是个会死的凡人"，他"这种不事粉饰，天真大胆，表现了天性率直和浑然无知"，他认为"死是存在的一部分，在本质上不亚于生"。

在《论分心移情》中，把这位雅典圣贤作为例子，他视死如归，"面不改色"。他提到可怜的死刑犯来作对比，他们全神贯注虔诚祷告；这据他说是"让自己分心移情"。我们应该表扬他们的宗教狂，不是他们的勇气："他们在逃避斗争；他们不敢正视死亡，就像我们给孩子扎针时逗他们玩"。"我们总想到其外的事情上去，"他稍后这样说：希望有一个美好的人生，我们的孩子有出息，我们身后留名……据弗里德里克说，那是"自由思想人"的言论吗？大家经常奇怪，这位天主教徒从来不提基督教的安慰、灵魂得救，也不提彼世。这是些超出人们理解的东西。蒙田根据在人世的存在面对死亡，完全从世俗人的前景来谈的。他不从宗教上，而是从人性上去准备去接受。他从第二卷起开始明白，害怕死亡会归结为害怕死亡的时刻、害怕最后的分分秒秒、害怕"死"。这个"死"，人应该对此有意识，通过内在的经验，把它整个儿接受下来。"分心移情"使我们心思他用，这是人性的表现，我们"总是俗世里的人"。但是他嘱咐要"自然而然的"，不是"人为勉强的"。我们追随自然天性，可以结合个人实际，按照各人不同情况接受死亡。他愿意这样死去。

蒙田通过对死亡的沉思，是不是像大家经常说的，在思想上也有一个演变？晚年期间，他老是觉得死亡"不断在刺激他的咽喉和两腰"，但是他把它作为他的生命的一部分接受下来。死与生相互照应。第三卷对他已经形成的死亡理念并无多大改变，除了前面两卷内对死亡的沉思，转成对"他本人"的死亡的沉思。他的接受或许显得更坦然，他感谢疾病使他对生命不再留恋，引导他渐渐走向死亡，因为"至少每月一次可用手心接触它"。也感谢老年，"使他的生命点点滴滴消逝"：我这人的许多部分"已经死亡，其他的半死亡"。他要做到失去生命而不遗憾，"不是因为它带来烦恼和麻烦，而是它原本是要失去的。所以这样说来只有乐于生活的人才不惮于死亡"。

在生命的前半部，蒙田转身朝向死亡。在最后几年岁月，他坚决转身朝向人生。他觉得人生正在离他而去，也就更加渴望过日子；"时间流逝快，他也要抓得快"，活得充实来弥补活得短促。

《随笔集》结束时——我们还可以相信——作者生命结束时，在邀请大家去幸福地生活。

他习惯了带着病体生活，懂得让感冒、痛风、腹痛、偏头痛和其他意外事"衰老，自然死亡"。疾病也有它们自己的生命、自己的死亡："不管医药如何，我们还是要衰老，要体弱，要生病。"但是结石一直折磨他。隔一阵子给他警告，中间隔有长时间的休息，让他有机会从容"思考和复习他的功课"。当病要发作时，他翻阅这些活页小册子，这是他给自己建立的病案，在过去这些经验中，"不愁找不到令他欣慰的有效诊断"。他享受病痛停顿的时刻，还有"结石排出后"剧痛顿时消失，这样突然的改变无比美妙，"犹如借闪电的美丽光芒恢复了健康"。当他痛时，当结石使他的肾脏渗血，他试图麻痹和逗引他的想象力给它讲道理，决不害怕病而去延长病。最好是捱过它。他像以前那样打猎，"怀着年轻冒失的劲头追着他的狗群狂奔"。欢乐与痛苦是密切相连的，同样都是必需的，让我们轮流接受它们，"大自然让我们痛苦，是为了珍惜行乐与无病无痛的时光"。

《伯特尔》还记载了几件家庭大事。一五九〇年五月二十七日星期日，他仅存的女儿莱奥诺在城堡与弗朗索瓦·德·拉图尔成亲。男方是三十岁贵族，出席的有女方的父母和青年的父亲。莱奥诺十八岁。六月二十三日，因为天气酷热，天一亮，她离开城堡到圣东日，在那里成立新家。一五九一年三月三十一日，莱奥诺生下一个女儿，取名弗朗索瓦兹，跟她的外祖母和教母弗朗索瓦兹·德·拉·夏塞尼同名。她的教父是叔祖圣米迦勒领主。这是蒙田在《伯特尔》书写的最后手笔。小弗朗索瓦兹没有活多久。莱奥诺的第二个女儿玛丽·德·加马什独自延续作家的香烟。

一五九一年三月二十六日，蒙田和他的堂弟、天主教徒若弗鲁瓦·德·布萨盖与胡格诺派科蒙·拉·福斯给特朗老侯爵立遗嘱。侯爵年已八十多岁，他的儿子加斯东·德·弗瓦又在夏尔特尔围城战中丧命。他嘱咐他的后代忠心耿耿为军队服务，"不要参加任何派别，不要打听他们的亲王的宗教与政见，只给他提供良好忠诚的服务"。这是把正统原则置于宗教信仰原则前面。是不是应该像特兰凯那么想，是蒙田才会让人接受这样的政治条款？ 无论如何，这条意思完全符合作家历来坚持的立场。

蒙田是不是料到死亡会那么快来袭击他呢？ 可能没有。当他跨过三十九岁时，他打算至少"再活上那么多年"。从一五八〇年起，他想到应该时刻"穿上靴子准备动身"。在稍后几行的最后增补中，他说："我现在——感谢上帝——处于这样的状态下，可以应召离开，对什么事都毫无牵挂，虽然对人生尚有依恋，失去它会感到哀伤。我正在给自己松绑，已跟大家告别了一半，除了对自己以外。没有人对离开世界作了那么干脆与充分的准备，那么彻底摆脱一切，如同我正在做的一样。"

在《论虚空》中，他在策划如何"死得从容"。他希望把"死亡看作是个人行为"。可能的话不要伤心，独自静静地，不要号啕大哭，也不要葬礼排场。他说："完全属于自己的"死亡。他是不是死得符合自己心愿呢？

一五九二年九月十三日，蒙田五十九岁，在城堡里死于喉水肿，最后三天已经不能说话。他死亡的详情，我们主要来自他的两位朋友的书信，艾蒂安·帕基耶和皮埃尔·德·勃拉赫。他们两人在他最后时刻谁都没有在场。帕基耶那时在都尔，很晚（在一六一九年给佩尔杰顾问的一封信内）这样说，蒙田已不能书写跟人联系，叫他的妻子召唤邻近几位贵族过来向他们告别。当时在他的卧室里响起弥撒声，他在大家面前行举扬圣体礼时，仿佛奋不顾身要坐起来坏了事，咽气倒在床上。他无疑是躺在塔楼的小室内，俯下身可以随着一层礼拜堂的乐声望弥撒。皮埃尔·德·勃拉赫不在。他已经离开波尔多到拉穆特-蒙杜桑。他在一五九二年十月十日写给安东尼·培根的信，是证实蒙田逝世的第一封信。他说到自己哀伤的词句很平淡，也没提供任何确切的情况。他失去了"最好的朋友，法国失去了它拥有的最完美与最机智的才子，世界失去了纯粹哲学的真正导师与表率，无论他逝世的行为与生前的著作都可作为明证，就我所知他的嘉言懿行无愧于他的名声。"一五九三年二月四日，他又把蒙田的死讯告诉了朱斯特斯·利普修斯。他说，"这是他温和地体验和接受的一种死亡"，后又加上说："在幸福地生活与幸福地死亡之后。"

勃拉赫还说死者在最后的遗言中提到他，还埋怨当时身边没有人可以把他"心灵的最后理念"托付给他。这叫他的老友更为自己不在现场而遗憾。他已经"公开提到"他一生中对蒙田的友谊。他要求他的通信者也对死者作这样的表示，可把内容铭刻在他的墓碑上，但是没有得到回音。

朱斯特斯·利普修斯在一五九三年五月二十三日写信告诉玛丽·德·古内说她的义父已经过世，没有其他详情。蒙田去世前不久委托弟弟皮埃尔·德·拉·勃鲁斯向玛丽传达问候，也可能是告别，写在一封信里，信丢失在途中。玛丽悲痛万分，希望对作家的最后时刻获得更多详情，她前往夏尔特尔去找雷蒙·德·布萨盖，她知道他出差晋谒国王，但是布萨盖什么也说不出，因为他也没有给他的堂兄送终。

达纳尔在他的《编年史》中给蒙田的逝世提供了一份证词，后又由贝尔纳·奥托纳转载在《波尔多市与波尔多地区日常习俗评说》（一六二一年）："故人蒙田感觉自己大限已至，身穿衬衣起床；拿了他的晨袍，打开房门，叫人召全体仆人和其他受遗赠人，把他在遗嘱中留给他们的赠金都付给他们，因为他预见到他的继承者未必会轻易这样做。"这则轶闻很晚才传出，是真是假呢？反正在精神上是符合蒙田的朋友对他的看法的，他们一致赞扬在痛苦面前如同在死亡面前都表示沉静的勇气。他作为规规矩矩的天主教徒那样死去，符合《随笔集》中的主张。

蒙田的心放在（蒙田的）圣米迦勒圣堂，他的遗孀弗朗索瓦兹·德·拉·夏塞尼把他的遗体运往波尔多，葬在波尔多斐扬派教堂，她给他造了个"高耸的陵墓"，为此购买了教堂的墓地。

这是《伯特尔》九月十三日家庭纪事中这样告诉我们的。一六二三年一月十六日，莱奥诺逝世。她留下一个外孙和第二次婚姻生下的一个女儿。她要求把她的心送往斐扬派教堂，与她的父亲蒙田同葬一墓。一六二七年蒙田老夫人在八十三岁时过世，她的遗体也送进斐扬派教堂，与丈夫的遗体和女儿的心葬在一起。

蒙田遗体经历一场真正的奥德赛历险记。起初大家想到把他葬在波尔多主教座堂，但是最后蒙田小姐在这家斐扬派教堂获准安葬。但是斐扬派那时正在建造一座新教堂，蒙田遗孀后来在这里面建造一座礼拜堂，挖了一个墓穴，遗体是在一五九三年五月一日入殓的。

一六一四年，跟弗洛里蒙·德·雷蒙一家发生争执（斐扬派竟然糊里糊涂把同一座圣堂内的埋葬权让给了两个家庭）；但是在一六一九年，蒙田的遗孀获准把丈夫的遗骸安置在圣伯尔纳新教堂里（教堂已经扩建）。她本人也安葬在那里。一七九三年恐怖时期，坟墓遭到破坏。但是爱国者第八自治社区使用一个自由使徒的名字，那就是米歇尔-蒙田社区，他们在斐扬教堂集合，遂使《随笔集》的坟墓逃过一劫。

一八○○年，那是荣耀来临：蒂博多省长决定，"哲学家"的遗骸不能埋葬在教堂内，大张旗鼓迁移（第三次！）到波尔多科学、艺术、文学协会博物馆的大堂里。搬运棺椁的礼车后面跟随声势浩大的仪仗队。

两年半以后，有人发现其中出了差错，躺在博物馆内的不是蒙田的遗骸，而是他的女家侄女玛丽·德·布里安的尸体，也就是居伊·德·莱斯托那克的亡妻。米歇尔的后人约瑟夫·德·蒙田，让人对德拉克鲁瓦省长说，前波尔多学院的凯拉男爵给教会提供了其中出了差错的决定性证据。莱斯托那克夫人的遗骸又放回到她自己的坟墓，在原来置放蒙田遗骸的地方重建一座陵墓。

这座纪念物以后还遇到更大的厄运。一八七一年五月教堂遭遇一场大火时，坟墓损坏已经相当严重，教堂烧毁后将近十年根本无人过问。坟墓破败不堪，铅棺也处处伤瘢。一八八○年十二月把棺材打开，把他的遗骸又放在一口橡木做的新棺材里，暂厝在查尔特勒修道院里，代为保管。这一留又是将近五年。一八八六年三月十一日，仪式庄严地把米歇尔·德·蒙田的遗骸迁移和安放在波尔多大学学院大楼的入口大堂里，学院大楼今日已改成阿基坦博物馆。在第二次世界大战期间，据说坟墓成为抵抗战士的"邮箱"。由于担心损坏，后来坟墓又移入博物馆的一个大厅里。今天我们可以在那里看到。

这是一具长方形的棺椁，放在一个基座上，蒙田躺着，身穿盔甲，两手合拢祈祷，头后面一顶钢盔，两旁两副护手甲，一头狮子卧在他脚后，不朽的贵族形象，这点大约不会叫他不开心。

有两篇墓志铭，一篇希腊语，一篇拉丁语，环绕他的族徽，这符合他的品性吗？那篇希腊语可能引起疑问，在过路人看来他的说话有点夸夸其谈，看出他把基督教教条跟皮浪的怀疑主义结合一起。那篇拉丁语较为恰当，把重点放在他不可比拟的判断力，他对祖先的信仰和国家法律的坚守，他面对痛苦与死亡表现的勇气，他的行为与信条符合一致，这使他过完美丽的一生，也得到美丽的死亡。文章最后是弗朗索瓦兹·德·拉·夏塞尼的哀悼词，她竖立这座纪念物缅怀丈夫。他不曾有过其他妻子。她今后也不会有其他丈夫。

蒙田对自己遗骸的不幸遭遇大约会付之一笑。大家对他的缅怀会不会叫他高兴？会的。他只是希望这是对他的真正价值而表示的。他在人生即将结束时这样写道："从现在起，我不接受人家不是因为我配得上，而是我死了要给我唱的赞美诗。"在他的眼里，他真正引以为荣的是《随笔集》。

他去世了，没有留下一个继承人传宗接代。但是他留下一部书，里面记下了自己的一切，比一个亲生骨肉还受人爱戴，后来也使他在人世活得更长久。他愿意自己和这部作品作为读者的"侍酒随从"，让他们借他的例子来尝试找到自己和自己的生活艺术。他曾经热切希望跟认真的读者对话，进行讨论，发现矛盾，相互了解。这点他得到了满足。他的《随笔集》此后不断给他引来评论者（真是数不胜数啊！而他又那么讨厌评头品足）、激动的对手、他那么期盼的朋友。他死前几天已经丧失说话能力。从今以后说话的是他的《随笔集》。因为"自己说话坦率也使别人坦率说话，把心事和盘托出，犹如酒和爱情。"

图书在版编目(CIP)数据

蒙田传/(法)拉扎尔(Lazard，M.)著；马振骋译.
—上海：上海人民出版社，2015
（走近大思想家）
书名原文：Michel de Montaigne
ISBN 978 - 7 - 208 - 13246 - 7

Ⅰ.①蒙…　Ⅱ.①拉…　②马…　Ⅲ.①蒙田，M.E.
(1533～1592)-传记　Ⅳ.①K835.655.1

中国版本图书馆 CIP 数据核字(2015)第 188202 号

责任编辑　赵　伟
封面设计　张志全

· 走近大思想家 ·
蒙　田　传
[法]马德兰·拉扎尔 著
马振骋 译

世 纪 出 版 集 团
上海人民出版社出版
(200001　上海福建中路 193 号　www.ewen.co)
世纪出版集团发行中心发行　　上海商务联西印刷有限公司印刷
开本 635×965　1/16　印张 19.75　插页 8　字数 258,000
2015 年 9 月第 1 版　2015 年 9 月第 1 次印刷
ISBN 978 - 7 - 208 - 13246 - 7/K · 2427

定价 48.00 元